PSYCHOPATHOLOGIE DE L'ENFANT

PSYCHOPATHOLOGIE DE L'ENFANT

Annie BIRRAUX

In press

IN PRESS ÉDITIONS
Serge et France Perrot, Éditeurs
12, rue du Texel - 75014 Paris
Tél. : 01 43 35 40 32
Fax : 01 43 21 05 00
E-mail : InLine75@aol. com
www.inpress.fr

Maquette :
Marianne Adato

PSYCHOPATHOLOGIE DE L'ENFANT
ISBN 2-912 404-56-8

SOMMAIRE

TROISIÈME PARTIE

Psychopathologie symptomatique

La table des matières détaillée se trouve en page 229

AVIS AU LECTEUR

Ce manuel est une initiation à la psychopathologie de l'enfant ; s'il a vocation à être usuel, c'est dans les premières années d'études ou de stages où l'on est en droit de chercher encore ses marques et ses repères épistémologiques.

En raison même de ce qui le motive, il se compose de 3 parties :

La première partie est une introduction générale. Elle concerne d'une part, des notions fondamentales dans la pratique de la clinique, d'autre part, une évocation des grandes figures des théoriciens qui ont fécondé le champ de la psychopathologie psychanalytique de l'enfant.

La deuxième partie est structurale et concerne la construction du sujet psychique : elle traite de l'autisme et des psychoses, de la névrose infantile et de ses vicissitudes. Dans cette partie sont envisagés en amont, les cas limites : pré-psychoses et dysharmonies, en aval, la question des névroses de l'enfant.

La troisième partie est clinique. Elle cible les motifs les plus fréquents de consultation pédo-psychanalytique. La présentation a partiellement tenu compte du lien entre l'expression symptomatique et l'âge de l'enfant, respectant ainsi une certaine progressivité justifiée, par exemple, par le développement des fonctions instrumentales de l'enfant. Ce découpage cependant n'est pas entièrement satisfaisant dans la mesure où les troubles fonctionnels ou les troubles des acquisitions instrumentales sont modulés par les facteurs de développement et par la maturation pulsionnelle et qu'ils peuvent se décliner de manière complexe alors que nous avons tenté d'en simplifier l'exposé.

AVANT-PROPOS

La psychopathologie infantile s'est constituée au cours du XIXe siècle à partir des observations conduites d'une part, par les psychiatres d'adultes, d'autre part, par les pédagogues et les éducateurs confrontés aux enfants en marge des réseaux scolaires[1]. La première moitié du XXe siècle l'enrichit des découvertes de la psychanalyse. De plus, dans la deuxième moitié de celui-ci, on voit se multiplier les sources expérimentales à partir desquelles vont se décliner, sur des bases diverses, souvent hétérogènes, de nouveaux modèles théoriques concernant le développement de l'enfant. On pense en particulier aux théories systémiques, à celles de la communication, à la neuro-psychologie et au cognitivisme, à l'éthologie, qui se partageront ainsi avec la pédiatrie, la psychologie du développement, et l'épistémologie génétique, le champ pédo-psychopathologique.

Au cours de ces deux siècles, les conceptions sur les rapports entre inné et acquis se sont modifiées. La notion de « tare » s'est éclipsée bien que les progrès des disciplines scientifiques, de la biologie moléculaire et de la génétique soient régulièrement utilisés par certains « constitutionnalistes » pour la réactualiser. Dans le même temps, certaines recherches dynamiques ont fait la preuve de l'interaction entre le programme génétique et l'influence du milieu : la complexité des sciences du vivant ne se laissant

1. On pense, ici à la petite école de Bicêtre (1842), initiée par Bourneville et Seguin, aux travaux d'Itard observant Victor, le sauvage de l'Aveyron, mais aussi, dès 1890 aux travaux des commissions chargées de réfléchir à l'application de la loi sur l'obligation scolaire pour tous ceux qui ne sont pas obligeables : handicaps sensoriels, handicaps mentaux.

aisément ni pénétrer ni *a fortiori* réduire à une approche unique. Pour l'instant, aucune théorie ne peut encore prétendre rendre compte exhaustivement du développement du sujet somato-psychique.

Tout clinicien assoit sa pratique, le cadre de celle-ci, sur la théorie qu'il a élue, sur les modèles qu'il s'est constitué. Sans sous-estimer les apports des orientations sus-citées, nous précisons que notre référent sera ici essentiellement la théorie psychanalytique freudienne et post-freudienne.

La psychanalyse propose un modèle de compréhension de la construction du sujet psychique dont la validité ne saurait être mise en cause par les découvertes toujours nouvelles des sciences biologico-génétiques, même si celles-ci questionnent certains déterminismes psychopathologiques. On lui reproche aussi d'être trop intuitive, peu scientifique, non prédictive. Mais les modèles structuraux qu'elle a permis de dégager (névrose, psychose, perversion), l'économie du fonctionnement psychique que sa clinique a mis en évidence autorisent des généralisations qui ne sont pas probabilistes. De cette clinique et des processus dans la cure résulte un enrichissement de notre connaissance du développement de l'enfant ainsi que de ses avatars.

La psychopathologie psychanalytique de l'enfant a pour objet la compréhension des difficultés de l'émergence du sujet psychique dans sa relation à l'objet (I, chap. 2) à l'autre, l'environnement. C'est à la dynamique et à l'économie de la construction du sujet qu'elle accorde une priorité. Cette dynamique est essentiellement **sexuelle et inconsciente,** d'abord au sein de l'alliance narcissique primaire mère/enfant et ultérieurement, dans une trajectoire singulière dont le sujet rend compte par la parole. Avant l'apparition de celle-ci, c'est le langage du corps qui rend compte de l'économie psychique. Si le symptôme est un signe d'appel c'est le conflit interne qui le sous-tend dont il s'agit d'apprécier l'intensité et les modes de gestion. Aux origines, les conflits du nourrisson sont d'impuissance à résoudre ses tensions internes. De la qualité des liens primaires avec la mère ou avec celle qui en tient lieu dépendra l'évolution ultérieure, la constitution du narcissisme et d'une bonne sécurité de base, ainsi que la plasticité et la souplesse des investissements objectaux.

L'instabilité des états psychologiques de l'enfant, en raison des conditions de développement et de maturation inhérentes à la première partie de la vie somato-psychique rend critique l'appréciation de la valeur pathognomonique d'un signe ou d'une conduite. D'une part, ceux-là sont modulés par la dynamique spécifique et aléatoire de la constitution et du développement du sujet. D'autre part, ce qui se donne à voir n'est pas suffisant pour faire la preuve de la maladie : le repérage de la pathologie s'appuyant moins sur la séméiologie descriptive que sur la compréhension des lignes de force qui organisent les processus de croissance et d'adaptation ; il tend à être moins marqué par l'écart à un profil idéal du sujet que fondé sur l'appréciation des rapports entre la force pulsionnelle (les ressources), le conflit et l'efficacité des défenses. Il s'appuie sur la souplesse d'une organisation psychique et sur ses aptitudes à résoudre les conflits internes et externes et à organiser de nouveaux modèles relationnels. En bref, il s'agit moins de saisir « objectivement » ou symptomatiquement un tableau clinique, que d'apprécier la capacité d'évolution positive de ce tableau ou sa rigidité. Or, ces réalités-là ne sont pas immédiatement saisissables (chez le nourrisson par exemple) et impliquent des modèles de développement originaire qui ne peuvent être que des constructions.

L'évaluation de la pathologie chez l'enfant nécessite une appréciation, chez lui, de ce qui n'est pas pathologique, de ce qui n'entraîne pas de limitation, de handicap, d'obstacle à une adaptation suffisante au milieu extérieur, autant qu'à une vie relationnelle et personnelle satisfaisante. Pour dire les choses autrement, poser un diagnostic de pathologie nécessite une connaissance du développement et de la maturation optimale dudit enfant. Nous postulons que l'enfant « normal » de référence n'existe pas ; non pas qu'il n'existe point de normes sociales, variables d'ailleurs dans des cultures différentes ; non pas, non plus, qu'il n'y ait pas une certaine temporalité ou chronologie de l'évolution interne de l'enfant (stades libidinaux, apparition de mécanismes de défense de plus en plus complexes), mais le développement d'un enfant ne se réfère qu'à lui-même. L'enfant fait théorie unique de sa propre histoire et en ce sens il est à lui-même sa propre norme.

La maladie psychique de l'enfant ne se décrète donc pas sur des tableaux ou argumentaires comparatifs, mais sur un état de fait. Avant tout, on sera sensible aux expressions du conflit interne, de la souffrance psychique et des limitations que celle-ci impose sur le plan personnel aussi bien que dans les relations à l'environnement.

Ce manuel n'a pas la prétention d'être exhaustif : C'est une sensibilisation à une approche de la psychopathologie de l'enfant. En ce sens il n'est pas fait de place aux débats épistémologiques internes ou externes, lesquels, légitimement, s'inscriraient dans le cours de ce travail. Cette approche s'est construite sur une nosographie médicale qui constitue, quelles que soient les orientations des cliniciens, un cadre classifiant de référence, mais ne s'y enferme pas, laissant à chaque lecteur la possibilité de s'en échapper.

Tout corpus théorique, c'est-à-dire tout ensemble de connaissances concernant un objet scientifique, implique un vocabulaire spécifique. La théorie psychanalytique ne déroge pas à cette règle. Si certains concepts appartiennent maintenant au langage courant (ex. : complexe, inconscient, surmoi) c'est dans la mesure où ils ont été « dépossédés » de leur signification première. Pour faciliter la lecture de cet ouvrage, nous définissons, dans le texte ou en notes en bas de page, les notions qui pourraient faire obstacle à une bonne compréhension de l'ensemble. Le lecteur aura cependant intérêt à se référer au « Vocabulaire de Psychanalyse » de J. Laplanche et J.-B. Pontalis.

PREMIÈRE PARTIE

Jalons théoriques et repères historiques

CHAPITRE I

Généralités

1. Néoténie, développement, maturation : l'inné et l'acquis

1.1. Maturation et développement

On définit la maturation comme la capacité que porte en lui l'équipement neuro-biologique du sujet à développer des formes plus complexes. L'influence du milieu est accessoire. On définit le développement comme la résultante d'influences réciproques entre le milieu extérieur et l'équipement somatique du sujet.

Développement et maturation sont en interactions constantes. S'il est aberrant de penser que le devenir de l'enfant dépend de sa programmation génétique, il est tout aussi absurde d'accorder aux facteurs de développement l'exclusivité qu'ils n'ont pas.

La psychologie du moi avec Hartman, Kris et Lowenstein a différencié « les processus de maturation, où l'influence du milieu est minime, des processus de développement où le milieu extérieur et la maturation influent l'un sur l'autre »[2]. Cette distinction, pour obligée qu'elle fût, selon R. Diatkine, face aux partisans de Mélanie Klein qui ne tenaient aucun compte de la maturation, ne doit pas conduire à des positions extrémistes. La psychologie psychanalytique et la clinique que celle-ci éclaire montrent bien que l'organisation symptomatologique peut répondre à une certaine disposition de l'enfant : les troubles instrumentaux apparaissent plus facilement chez des enfants immatures sur le plan moteur (on pense ici à certains grands prématurés) : la maturation est donc un processus qu'il est bien regrettable de vou-

2. Cité par R. Diatkine in « *Du normal et du pathologique dans l'évolution mentale de l'enfant* ». Psychiatrie de l'enfant, Paris, PUF, 1967, X. 1.

loir ignorer dans les sollicitations précoces qui président aux premières acquisitions (pensons par exemple à l'apprentissage précoce de la propreté qui peut prendre alors la forme d'un dressage, mais aussi aux sur-stimulations cognitives). Le symptôme, même en ce qu'il révèle une insuffisance fonctionnelle, reste une production complexe dans laquelle l'achèvement du système anatomo-physiologique ne saurait être seul en cause.

1.2. Le développement psycho-moteur et la psychanalyse

Le propre de l'enfance est d'être un temps de développement vers l'autonomie à laquelle l'âge adulte est censé faire accéder. Ce développement est une nécessité parce que l'enfant vient au monde dans un état d'inachèvement neuro-physiologique, « de néoténie, d'impuissance à s'aider soi-même ». La maturation entraîne des changements de conditions d'existence et de dépendance, marquées par les caractéristiques du biphasisme sexuel. Qui dit maturation dit acquisition de potentialités de plus en plus grandes au service de la satisfaction des besoins et de l'adaptation aux exigences de la réalité externe, au service aussi de la création et du plaisir qui en découlent. Le rythme du développement ne peut cependant être balisé de manière universelle. Nous possédons un certain nombre de repères sur les moments féconds où se mettent en place les nouvelles aptitudes, telles la marche, le langage, la propreté, la socialisation, les apprentissages spécifiques, mais ceux-ci ne sauraient être rigides et tenir lieu de référence absolue. Le développement est une affaire historique singulière, marquée pour chacun de moments de stagnation, voire de régression, et de temps de progression et d'intégration de nouveaux schèmes de pensée, d'action et d'expression. Le développement tel qu'il est observé, est l'effet de la rencontre entre un donné de base qui n'est pas le même pour tous – l'équipement ou l'héritage génétique avec ce que celui-ci recèle à la fois de repérable et d'inconnu –, et une logique de satisfaction pulsionnelle singulière. Ceux-ci ne sont pas indemnes des désirs et fantasmes parentaux et transgénérationnels et des exigences culturelles, éducatives de l'environnement. Si l'école américaine de psychologie du moi a distingué les processus de maturation des processus de développement, convenons qu'il est extrêmement difficile de les séparer[3]. Malgré l'opprobre dont est victime le concept de développement chez certains psychanalystes, en raison de son

3. Si les processus de maturation concernent les déterminants internes qui président à la croissance ; s'ils sont essentiellement somatiques, notons qu'Anna Freud, dans son concept de « lignes de développement » y a inclus des déterminants psychiques (exemple de la conquête de l'autonomie affective ou de l'identification).

intimité avec les sciences du comportement, nous ne pouvons nous en passer. C'est le temps d'évolution entre l'immaturité de l'appareil sexuel et la conquête de logiques de plaisir organisées sous le primat fédérateur de la pulsion génitale, le temps de la mise en place somatique et psychologique des conditions de la maturité. Elles sont le produit des interrelations entre le monde interne pulsionnel immature de l'enfant et le monde externe tel qu'il s'impose essentiellement à travers la perception et le langage.

1.3. Pathologie de l'enfant : une économie familiale

Dans cette perspective d'une croissance et d'une maturation qui ont leur logique bio-physiologique autant que psycho-libidinale, l'alliance narcissique mère-enfant (chap. 4), et la relation de dépendance de l'enfant à l'environnement familial compliquent la question du déterminisme psychopathologique : Pourquoi l'enfant est-il malade ? La satisfaction des premiers besoins, les premières réponses aux exigences du nourrisson impliquent directement les désirs parentaux conscients et inconscients. L'immaturité de l'enfant limite la gestion autonome des tensions internes pulsionnelles et de surcroît empêche toute inflexion active des contraintes qui viennent de l'entourage familial et social : le bébé ne peut rien modifier des contraintes auxquelles il est soumis. La pathologie est ici une affaire complexe, d'écart par rapport à un résultat qui ne compromettrait pas la progression conquérante qu'implique toute croissance. Elle pose cependant les questions suivantes : qu'est-ce que le symptôme de l'enfant vient révéler d'une souffrance personnelle, maternelle, parentale ou plus largement familiale ? Qu'exprime-t-il en propre de la subjectivité de l'enfant si tant est qu'on puisse isoler celle-ci de ses étayages et de ses contenants et ce jusqu'à quel âge ?

1.4. Éducation et développement

Dans certains cas peut se poser la question de l'influence de l'éducation et de la manière dont celle-ci accompagne le développement pulsionnel de l'enfant ou au contraire s'y oppose. Mais si l'on peut penser l'éducation comme le contexte instrumental dans lequel l'enfant se développe et mature, – pensons aux carences comme aux sur-stimulations, aux injonctions à se taire comme à celles à tout dire – gardons à l'esprit l'idée que celui-ci est un choix parental dans lequel les motivations inconscientes composent avec les modèles imposés par l'évolution de la modernité. Il y aura donc lieu d'apprécier ce que le degré de soumission des parents aux pressions culturelles exprime de la qualité de leur investissement de l'enfant, de la place qu'ils lui font dans leur monde, des projections dont ils le nourrissent et des espaces qu'ils lui assignent ou dont ils le privent.

L'enfance est un terreau sensible à des influences nombreuses dont aucune ne doit être sous-estimée. À l'image du monde végétal où la productivité d'un sol est liée autant à la richesse de celui-ci qu'à la manière dont il est travaillé et encouragé par le climat, les ressources de l'enfant et la façon dont celui-ci prendra en charge sa vie pulsionnelle résultent d'un concours de multiples circonstances. Mais l'enfant n'est pas une argile molle sur laquelle s'impriment sans résistance les influences du milieu. Il est actif, compétent, et a sa dimension propre. La psychanalyse nous dit l'influence de la sexualité sur le monde interne, celui de la pulsion et des représentations. Elle nous a appris la prééminence du conflit psychique sur le conflit externe. Le rôle de la réalité externe est à appréhender à travers le filtre d'une vie et d'une logique de plaisir intérieures. La tâche du psychopathologue qui s'appuie sur la théorie psychanalytique, est de découvrir pourquoi le conflit interne s'alimente des éléments de la réalité extérieure et s'appuie sur celle-ci, ou, au contraire, pour quelles raisons le sujet ne peut assumer sa propre pensée et ses propres désirs et a besoin de cautionner son existence et sa souffrance des attitudes et des conduites de son entourage. La causalité psychique ne peut faire l'impasse ni sur l'externe, ni sur l'interne, ni sur les processus naturels, ni sur les processus culturels. Il n'en reste pas moins qu'au terme de sa maturation sexuelle et de son développement, le sujet, *idéalement*, doit pouvoir s'approprier ses pensées et ses désirs, dans une relation de paix avec les images parentales et, dans la mesure du possible, sans traîner avec lui le lourd fardeau d'un compte dont il se sentirait le débiteur insolvable.

2. Le normal et le pathologique

2.1. La norme

L'enfant vient rarement consulter sur sa demande, mais plus souvent sur celle des parents qui s'inquiètent de savoir si leur enfant est « normal » ou pas. La question de la norme ne peut donc s'éluder. Mais, si l'enfant « normal » de référence n'existe pas, sur quels critères établissons-nous le concept « d'individu sain »[4] ?

Ce qui qualifie la norme est placé sous le sceau soit de la statistique –

4. Winnicott D.W. *Le concept d'individu sain (1967)* in Conversations ordinaires, Paris, Gallimard 1988.

c'est la loi du plus grand nombre – soit de l'injonction sociale et de ses pressions – ce qui doit se faire – soit d'un jugement philosophique, fût-il implicite, sur ce qu'il convient d'être. La notion de norme est donc ambiguë et véhicule une diversité de sens qui ne se laissent pas facilement réduire. Ce pourrait être à la limite une affaire subjective, proche de ce qui nous est familier ou de ce que nous reconnaissons comme nous appartenant en propre ou de ce qui est idéal : mais de l'idée de ce qui est naturel, bien, opposé à ce qui serait critiquable et donc mal, à celle d'une expression mathématique caractérisant le plus grand nombre, la plus grande fréquence, en passant par celle d'un donné de causalité bien vague fondé sur des valeurs sociales et conservatrices, se déclinent donc des figures qui toutes méritent intérêt mais qui engagent toutes dans des domaines de définition insatisfaisants en sciences humaines parce que réducteurs.

La question qui se pose au clinicien de l'enfant est de savoir si le symptôme est limitatif ou participe d'un mouvement interne progressiste, si le trouble ponctuel ou durable qui amène à consulter s'inscrit dans une organisation qui portera ultérieurement préjudice au sujet en pesant sur son fonctionnement psychique, ou s'il appartient à un mouvement créatif. Bref, il faut tenter de savoir s'il présente des potentialités péjoratives ou positives et secondairement s'il faut ou non, poser une indication thérapeutique.

2.2. De la plainte au pathologique

On pourrait en référer au patient et se fier à sa conviction d'aller bien ou au contraire de se sentir mal. Mais s'il existe, effectivement des états où le malaise fonctionnel est suffisamment au devant du tableau pour mériter le qualificatif de pathologique, il en est d'autres où la plainte (qu'elle émane de l'enfant ou de sa famille) n'évoque rien d'autre qu'une gêne banale. Par exemple, la dépression est une figure de la pathologie mais la frustration ne l'est pas, qui peut chez certains sujets entraîner des manifestations subjectivement très proches.

De plus, chez l'enfant, la notion de santé n'en réfère qu'au corps. Le sentiment d'anormalité peut exister, chez l'adolescent ou chez l'adulte, qui implique la référence à l'autre, au jugement de celui-ci. Il est rare cependant de rencontrer des enfants qui motivent leurs « éprouvés de souffrance », leur inquiétude, leur tension interne d'un quelconque ressenti « d'anormalité ». Le clinicien doit se ranger à l'idée que si l'on peut décrire des conduites et des comportements non ordinaires, on ne peut les qualifier de pathologiques qu'au regard d'éléments latéraux et sous-jacents qui montrent leur fonction limitative ou désorganisatrice.

Ici, la tradition médicale qui consiste à décrire des maladies autonomes, avec un début, une période d'état, une évolution, une terminaison, n'est pas utilisable. Chez l'enfant, et plus généralement en psychopathologie comme en psychiatrie, le symptôme n'a jamais fait la preuve de sa causalité lésionnelle. D'une part, bien des phénomènes critiques de l'enfance se corrigent spontanément, et d'autre part le développement de l'enfant ne va pas sans créations symptomatiques « normales » qui en se résolvant peuvent amener d'ailleurs d'autres manifestations anormales temporaires pour enfin déboucher sur des acquisitions et des conquêtes et réamorcer ainsi une évolution momentanément compromise. On pense ici aux phobies normales de la névrose infantile, aux obsessions et rituels, aussi bien qu'aux réactions que peut entraîner la naissance d'un puîné et qui peuvent être transitoires : troubles du sommeil ; conduites hyperactives réactionnelles qui marquent un état dépressif sous-jacent et le besoin d'explorer la disponibilité d'un bon sein maternel.

2.3. Crises maturatives ou désorganisatrices

Le développement de l'enfant est fait d'une succession de crises qui sont porteuses de potentialités adaptatrices ou au contraire désorganisatrices jusque la rupture. Ce qui fait symptôme contient toujours les éléments d'une évolution maturative mais peut aussi dans certaines conditions constituer un point de fixation tel qu'il engage dans des fonctionnements répétitifs et stériles. Il n'existe pas cependant de modèle éducatif idéal qui permette d'éviter le risque psychopathologique. L'éventualité d'achoppement du développement et de la maturation de l'enfant n'est jamais prédictible. Ainsi une séparation transitoire peut être l'occasion pour l'enfant de s'effondrer et de vivre une dépression qui laissera trace dans l'organisation de la psyché mais a contrario, elle peut stimuler des mécanismes adaptatifs qui seront utilisés ultérieurement dans d'autres circonstances. Une éducation très rigide et sévère peut aboutir chez certains à une inhibition grave de la vie pulsionnelle et de la pensée aussi bien qu'elle peut susciter chez d'autres des formations réactionnelles de type agressif et clastique, en particulier au moment de l'adolescence. Une maladie grave de l'enfance peut laisser des traces profondes de fragilisation psychique ou au contraire constituer, pour l'enfant qui guérit, la preuve de sa force, de son courage et de sa combativité. Ces exemples pour insister sur le fait que les effets d'une cause *a priori* pathogène ne sont pas systématisables, que celle-ci ne produira pas chez tous les sujets les mêmes conséquences. Ajoutons cependant que la « sommation » de micro-traumatismes, apparemment insignifiants et anecdotiques reste un facteur critique.

2.4. Normalité et normalisation

« Nous parlons de normalité quand nous avons l'impression d'un équilibre intérieur satisfaisant auquel correspond un degré égal d'adaptation à l'entourage »[5] dit Anna Freud en introduction d'une réflexion sur les complexités et les inégalités de développement chez le sujet humain et sur la nécessité en clinique d'en faire théorie. La formule est convenable puisqu'elle laisse place à des variations d'un sujet à l'autre et privilégie l'harmonie entre le monde du dedans et celui des contraintes externes et des nécessités adaptatives. Mais ce concept d'adaptation est insuffisant à rendre compte du bon fonctionnement psychique du sujet s'il fait de celle-ci une qualité caméléonesque de soumission, de conformité aux pressions extérieures et sociales. On connaît aujourd'hui une pathologie qui s'exprime à travers une excessive conformité au milieu : il s'agit des « faux self » décrits par Winnicott ou des « personnalité as if » décrites par H. Deutch.

Nous postulons que la norme comme expression de la variabilité historique humaine n'est pas définissable. Cependant, c'est un concept « porteur » qui mobilise chez chacun d'entre nous un certain nombre de vertus dynamiques, attractives en ce sens qu'elles sollicitent le désir de tendre vers ou d'être conforme à. Nous proposons d'ouvrir à son sujet trois mises en perspective :

– La première concerne les rapports de la norme et de l'adaptation. L'adaptation n'est pas seulement la soumission passive à des contraintes extérieures mais la possibilité pour le sujet lorsque son équilibre est perdu de rétablir cet équilibre (qu'il s'agisse de l'équilibre biologique ou de celui qui met en question des facteurs d'environnement). *« La vie est un débat avec le milieu »* dit Goldstein. *« La santé, c'est une marge de tolérance aux infidélités du milieu »* dit D. Lagache, commentant Goldstein. La norme est l'utilisation maximale et harmonieuse de ses possibilités.

– La seconde concerne les rapports de la normalité avec l'histoire de l'individu et celle du contexte social dans lequel il vit. L'approche de l'enfant ne s'impose pas de la même façon dans nos sociétés industrialisées et dans les cultures très traditionnelles par exemple. Elle ne se décline pas de la même manière pour un enfant handicapé physiquement et pour un enfant qui n'a pas de limitation fonctionnelle. *« La maladie n'est pas une variation de la vie, elle est une nouvelle dimension de la vie »* dit encore D. Lagache. La norme est relative.

5. Freud A. *Le normal et le pathologique chez l'enfant.* Paris, Gallimard, 1968, in Avant propos à l'édition française.

– La troisième enfin interroge la norme moins par rapport au jugement de l'expert et de la science médicale que par rapport à la question même de la vie, de sa logique et de sa dynamique[6]. *« Si l'on peut parler d'homme normal, déterminé par le physiologique, c'est parce qu'il existe des hommes normatifs, des hommes pour qui il est normal de faire craquer les normes et d'en instituer de nouvelles » (Canguilhem).* La norme est une adéquation entre les aptitudes et qualités du sujet et les exigences du milieu auquel il appartient.

On retiendra enfin, de l'œuvre de Freud que l'opposition entre normal et pathologique se réduit à une différence quantitative. La psychopathologie ne constitue pas un champ structurellement ou qualitativement distinct de celui de la santé psychique. La maladie psychique de l'enfant résulte d'un déséquilibre quantitatif entre l'intensité de la vie pulsionnelle, le conflit et l'opérativité des défenses et des contre-investissements. *« Entre le normal et le pathologique, la frontière est conventionnelle ; d'ailleurs tout individu la franchit plusieurs fois par jour »*[7].

Le clinicien est cependant amené à engager des critères personnels (que ce soit ceux de son expérience ou de sa sensibilité) dans la définition du champ psychopathologique, car ce sont moins les symptômes que leurs effets qui permettent d'apprécier les troubles du fonctionnement psychique. Les diversités culturelles, sociales, éducatives de la population compliquent ce problème. Ce n'est pas « l'écart à l'idéal de développement » qui signe la maladie mais la souffrance et les limitations de l'enfant dans sa vie, ses relations et ses investissements. *« Névrosés et normaux (étant) encore naturellement beaucoup plus proches dans l'enfance qu'ils ne le seront ultérieurement »*[8] on peut convenir que dans l'enfance, c'est la capacité du moi à organiser des activités nouvelles et à progresser ou au contraire sa tendance à s'épuiser dans des processus défensifs répétitifs et stériles qui ponctuent les limites de la psychopathologie infantile.

Il n'est donc pas conforme à la clinique de l'enfant, de penser la finalité d'une prise en charge de son symptôme comme une entreprise de

6. On retiendra une conception dynamique de la norme ; non plus une constante qui à l'instar des indices statistiques qualifierait quantitativement un fait. La norme ne serait pas l'expression du plus grand nombre, mais « la forme d'écart que la sélection naturelle maintient. C'est ce que la destruction et la mort concèdent au hasard ». « Une théorie mutationniste de la genèse des espèces ne peut définir le normal que comme le temporairement viable ». « Le vivant malade est normalisé dans des conditions d'existence définies, il a perdu la capacité normative, la capacité d'instituer d'autres normes dans d'autres conditions. » (G. Canguilhem)
7. Freud S. Le délire et les rêves dans *La Gradiva.* Paris, Gallimard 1990.
8. Freud S. *Les théories sexuelles infantiles* in La vie sexuelle, Paris. PUF. 1973.

« normalisation » ou de mise en conformité avec un modèle donné. Chaque activité de l'enfant porte en elle des capacités de déploiement ultérieur ou au contraire de stérilisation morbide. C'est ce dernier risque, actuel ou futur, qu'il s'agit de prendre en compte dans nos évaluations.

3. La consultation ou l'examen de l'enfant

3.1. La première consultation

La consultation psychanalytique en psychopathologie de l'enfant est un acte bâtard. C'est en effet un moment nourri, et de la théorie métapsychologique et de celle de la cure analytique (neutralité) aussi bien que des modèles pédo-psychiatriques qui ont véhiculé et véhiculent encore l'obligation d'un diagnostic, voire d'une recherche de causalité, en tout cas d'une indication thérapeutique quand ce n'est pas celle d'une prédictivité de l'évolution. Cette bâtardise de l'acte n'est pas à l'œuvre quand il s'agit de recevoir une première fois un enfant pour une psychothérapie. Ici le diagnostic et l'indication ont été posés par une personne extérieure et le psychanalyste engage d'entrée une relation thérapeutique dont il maîtrise la technique.

J'appelle « consultation », une première rencontre, dont on ne sait si elle donnera lieu à poursuivre ou si elle restera unique. Elle a pour finalité la compréhension de la problématique du petit patient, celle-ci n'étant pas isolable des conflits familiaux dans laquelle il faut la situer.

A. Freud et M. Klein ont chacune exposé leurs conceptions d'ailleurs divergentes de la consultation psychanalytique de l'enfant. Il y a lieu de noter qu'elles ne concernent pas le même objet. Il y a lieu de noter aussi que les conditions d'exercice de la psychanalyse, à l'époque, n'étaient pas comparables à celles que nous rencontrons aujourd'hui dans les services de pédiatrie et les institutions médico-sociales infantiles. Il existe en effet, de nos jours, une pression sociale, voire une exigence, qui a infléchi les conditions techniques classiques de la fonction professionnelle, de telle manière que la consultation psychanalytique est rarement indépendante d'un cadre institutionnel (paiement des actes à l'institution), ce qui rend caduc le principe de la relation duelle. Le psychanalyste résiste avec raisons à se laisser aliéner par ce contexte, mais il en est, quoi qu'il veuille, tributaire, au point que sa relation au patient, en ce qui concerne le cadre, les horaires, les disponibilités de prise en charge peut ne plus lui appartenir. La première consultation reste cependant l'espace où s'évaluent l'indication ou non d'une prise en charge analytique, sa pertinence et sa possibilité technique aussi bien que celle d'une assistance d'un autre type (orthophonie, aide pédagogique, psychomotricité etc.).

3.2. Les parents blessés

Dans la plupart des cas, l'enfant qui nous est adressé n'a rien demandé. Encore qu'il ne soit plus exceptionnel que des parents prennent spontanément rendez-vous parce qu'ils sentent leur enfant malheureux, le mobile de la consultation résulte plus souvent d'un jugement de non conformité ou de non adaptation à une institution que d'une appréciation de sa souffrance et de ses conflits internes. Or l'enfant n'est souvent que le porte-parole des conflits parentaux. Il s'agira donc d'évaluer ce qui lui appartient en propre, et le cas échéant le poids du symptôme dans la dynamique psychique synchronique et diachronique, son impact sur le monde interne et la vie de l'enfant : ou le symptôme n'entraîne qu'une gêne minime et s'inscrit dans un développement libidinal relativement harmonieux ; il ne gèle pas les investissements de pensée, de création, et n'hypothèque pas la capacité à prendre plaisir dans des activités mentales ou des tâches nouvelles ; ou le symptôme est pris dans une organisation mentale sans souplesse, où prédominent l'inhibition et la restriction des activités nouvelles. La rencontre de l'enfant doit permettre d'apprécier la réversibilité ou l'irréversibilité de la situation actuelle.

Le symptôme de l'enfant qui amène les parents à consulter est **toujours, pour ceux-ci** une blessure narcissique. Qu'il s'agisse d'un retard de développement, d'une insomnie, d'une crise d'angoisse, de problèmes d'agressivité ou de toute autre conduite c'est la preuve, pour les parents, de leur faillite éducative. Chaque parent a une théorie éducative personnelle implicite[9], des convictions, des espérances, un idéal, et ceux-ci sont mis à mal par la manière dont l'enfant semble y résister. La première consultation est donc toujours placée sous le signe d'une mise en échec de la fonction parentale. Les conséquences de celle-ci ne sont pas proportionnelles à la gravité du symptôme ou du problème mais en corrélation avec les projections idéales des parents. Dans le cas d'échecs scolaires par exemple, certaines difficultés banales peuvent entraîner des réactions d'une ampleur disproportionnée chez les parents, au point de transformer une difficulté ordinaire en un symptôme familial. Les parents portent alors en eux un éprouvé d'incompétence qui suscite une culpabilité consciente

9. Ceux qui réfutent cette idée arguant de leur disponibilité à accepter les conseils sont souvent ceux qui critiquent le plus sévèrement les attitudes éducatives de leurs voisins ou de leurs amis.

ou inconsciente et souvent des tentatives maladroites de réparation. Leur aptitude éducative s'avère imaginairement critiquable dès lors qu'elle ne produit pas les effets qu'ils avaient souhaités. Même s'ils ne le formulent pas ou s'ils témoignent à ce sujet d'une certaine discrétion, il est indéniable que leur idéal est blessé et qu'ils sont dans une position de profonde fragilité.

Il est d'autant plus important de penser cette position parentale qu'ils viennent consulter un clinicien qui dans l'imaginaire populaire (et moins populaire) est non seulement celui qui est supposé savoir mais de surcroît celui qui devine leur intimité, leurs vœux secrets, leur ambivalence et les choses de leur vie qu'ils préfèrent taire ou dissimuler.

L'attitude du clinicien est de neutralité, mais la neutralité n'est pas le silence. Elle signifie l'absence de préjugé, de jugement, de parti-pris ou de condamnation. Il est important d'encourager les parents à raconter, à se raconter, à parler, simplement en usant de paroles qui font écho à leurs propres paroles, dans la non-directivité, et sans engager un dialogue complice. Dans ce contexte, l'attitude du clinicien peut être perçue comme un soutien narcissique, non pas sous une forme active, ce qui empêcherait le travail ultérieur d'élaboration, mais de manière empathique, en tentant de se mettre le plus justement possible à leur place.

3.3. L'enfant dans la consultation

Il ne peut y avoir de « modèle » de consultation, celui-ci, par définition portant en lui le risque de circonvenir une expression qui doit être la plus libre possible. Il est cependant important que l'enfant sache pourquoi il est là. Un premier entretien qui ne donnerait la parole qu'aux parents manquerait son but. Les données d'anamnèse – les informations sur l'histoire de l'enfant sont importantes mais pas exigibles – pourront se recueillir dans un second temps, éventuellement avec les parents ensemble ou individuellement, ce qui pourra les aider à parler de manière moins convenue que devant leur enfant[10]. Il s'agira néanmoins de comprendre, si tel est le cas, pourquoi ils font silence sur certains événements familiaux qui concernent l'enfant et son histoire, ou pourquoi ils ne peuvent pas parler devant lui.

Dans cette perspective d'évaluation, essentiellement dynamique et éco-

10. Dans les institutions, il est fréquent que ce travail d'anamnèse soit dévolu à un tiers. D'évidence, la récapitulation systématique de l'histoire de l'enfant s'oppose à l'expression spontanée des parents mais un certain nombre d'informations qui ne trouvent pas à être dites dans le temps d'un premier entretien peuvent mériter d'être « déposées » dans l'institution dès les premières rencontres.

nomique, le temps est un partenaire indispensable : temps de la consultation qui ne doit pas être précipité, mais temps aussi de l'observation que l'on va conduire afin de recueillir le maximum d'éléments, enfin, temps de se donner la possibilité d'examens complémentaires lorsqu'ils s'imposent et peuvent contribuer à l'indication thérapeutique (tests, bilans intellectuels ou scolaires, tests projectifs). Ce n'est pas la tâche du consultant psychanalyste de prendre en charge les problèmes somatiques ou mêmes scolaires de l'enfant. C'est cependant une exigence professionnelle que d'estimer la pertinence d'interventions plurielles et l'éventuelle nécessité de recourir à d'autres techniques thérapeutiques. Il apparaît que cette idée soit encore à certains, telle une imposture psychanalytique, fondée soit sur la conviction que hors la psychanalyse, point de salut. Un enfant, cependant, grandit dans une logique d'apprentissages et d'acquisitions de tous ordres, qui requiert des outils très spécifiques (langage, lecture, motricité) auxquels la seule prise en charge analytique ne saurait se substituer.

En conclusion de ce rapide tour d'horizon sur les enjeux de la première consultation, rappelons que de cette première rencontre dépendent souvent les chances de succès d'un processus thérapeutique ultérieur, immédiat ou différé. Il n'est donc pas rare qu'*a posteriori*, on y retrouve aussi les causes d'échec d'une prise en charge. Rappelons aussi qu'au terme d'un examen psychopathologique de l'enfant, nous avons à transmettre « quelque chose » aux parents. Est-il nécessaire de les rassurer ? Est-il obligé de leur communiquer un diagnostic ? Les avis divergent ici. Pour ma part, je crois utile de formuler ce qui permettra de faire alliance avec les parents pour un éventuel parcours thérapeutique ultérieur. Chacun peut apprécier, en ce sens, ce qu'il faut dire aussi bien que ce qu'il faut taire de nos doutes ou de nos convictions.

4. L'évaluation et l'indication thérapeutique

4.1. Observer, écouter, repérer la crise

La linéarité paisible du développement de l'enfant est un vœu pieux. Celui-ci procède par paliers, dans une temporalité variable selon les sujets. À une phase très féconde d'acquisitions succédera un temps neutre de stagnation, peut-être même de régression dans certains secteurs. L'enfant a besoin de ré-expérimenter de temps en temps des conduites, des attitudes qu'il a abandonnées, ne serait-ce que pour se convaincre qu'il n'y trouve plus suffisamment de gratifications narcissiques ou libidinales. Les crises sont inhérentes à l'ordre du développement et de la maturation parce que les tensions et les conflits instinctuels sont nécessaires à la structuration du sujet. Elles ne sont pas systématiquement porteuses de potentialités évolutives péjoratives. Il n'y a pas de croissance ni d'évolution harmonieuses qui en fassent l'économie et il serait aberrant de vouloir faire en sorte de les éviter.

Cependant nous ne devons pas sous-estimer un moment « critique » en tant que signe d'appel d'une éventuelle inscription pathologique ultérieure, bien que ce qui qualifie le pathologique ne soit pas en corrélation avec l'ampleur du symptôme. D'une part, il s'agit d'estimer *hic et nunc* les tensions internes et externes dans lesquelles l'enfant s'est installé, d'autre part d'apprécier sa capacité à évoluer, à organiser de nouveaux modèles de fonctionnement ou au contraire à se rigidifier ou à se limiter, à hypothéquer ses chances ultérieures de développement.

Il est des cas où le symptôme permet à l'enfant de bien circonscrire son angoisse et de garder une bonne qualité d'investissements externes, ce qui amène des modifications de ses objets internes. Il en est d'autres où toute l'activité libidinale est focalisée sur le symptôme qui demeure le seul plaisir du moi. Ainsi, les manifestations de blocage, d'inhibition, d'arrêt dans les acquisitions instrumentales, intellectuelles ou relationnelles peuvent s'inscrire ou non dans le registre pathologique.

De même, les expressions d'affects douloureux anxieux ou dépressifs, soit sous une forme franche soit sous une forme larvée, entraînant ou non des perturbations fonctionnelles du sommeil ou de l'alimentation par exemple, ou des manifestations agressives mettant à l'épreuve l'environnement et ses objets n'appellent pas chez deux sujets différents le même diagnostic psychopathologique ni n'engagent le même pronostic.

4.2. Comprendre la situation

Dans beaucoup de cas, la situation n'est pas verbalisable par l'enfant en termes de souffrance ou de malaise, soit parce qu'il ne dispose pas d'un langage suffisamment élaboré, soit parce qu'il ne peut pas se représenter qu'il est non seulement l'objet mais aussi le sujet de son malaise. L'enfant n'a pas toujours conscience du fait que ses pensées, ses actes, ses conduites pourraient être différents pour son plus grand plaisir. Sa liberté d'être est beaucoup plus restreinte que celle de l'adulte, même si ses improvisations ou ses incartades peuvent nous laisser penser qu'il se joue des contraintes sociales et des conformités d'usage. L'enfant parle longtemps le discours de ses parents et est parlé par eux, à son insu. Son malaise, est souvent repéré par d'autres avant d'être formulé par lui. Les enfants sont capables de dire spontanément « j'ai des choses dans ma tête qui me font peur ou qui me font mal », mais ce sont généralement les parents qui formuleront leurs inquiétudes au sujet de difficultés d'endormissement ou d'alimentation, voire d'un manque d'entrain ; c'est l'enseignant qui remarquera un manque d'intérêt pour les activités collectives, le pédiatre qui signalera un arrêt inquiétant de la courbe de croissance ou la nature vraisemblablement psychique d'un trouble somatique récidivant ou d'un dysfonctionnement fonctionnel. Si les signes de ce malaise sont discrets, s'ils troublent ou dérangent peu l'entourage (et la tolérance de l'environnement à un symptôme n'est absolument pas liée à l'ampleur du symptôme) parce que les mécanismes de défense sont opérants de part et d'autre, même s'ils nécessitent un investissement libidinal important pour l'enfant, le conflit peut passer inaperçu longtemps et, cependant, quelle que soit l'évolution ultérieure, laisser dans la psyché des traces indélébiles.

L'évaluation du trouble, de la souffrance et des limitations qu'il entraîne est affaire de langage. Dans la période qui précède son usage, c'est le développement instrumental et fonctionnel qui en tient lieu (équilibre sommeil-alimentation, développement psycho-moteur, développement cognitif). Plus tard, il s'agira d'entendre le discours manifeste de l'enfant – car celui-ci ne peut être tenu pour accessoire bien qu'il soit marqué par la phraséologie parentale – et son discours latent (le jeu, le dessin, le squiggle). On tiendra compte d'éléments d'observations traduisant les tensions, les peurs, les angoisses, la dépression, on notera leur ampleur et la souplesse potentielle du fonctionnement psychique. On explorera les limitations de la pensée et des investissements intellectuels, les fantasmes sous-jacents, la nature des investissements et des contre-investissements, aussi bien que la manière dont l'environnement familial participe de ce fonctionnement. Par exemple, dans les cas si fréquents aujourd'hui au seuil et pendant la latence, d'hypersexualisation de la pensée, on appréciera les conduites parentales sur-stimulantes, leurs incitations érotiques implicites qui débordent systématiquement les capacités de contention psychique de l'enfant. L'autonomie de l'enfant est restreinte et il convient d'estimer l'espace de liberté de subjectivation qui lui est alloué et la réalité des contraintes externes au sein desquelles il se doit de gérer ses propres contraintes internes. En ce sens, il n'est pas envisageable de recevoir un enfant sans voir les parents et sans les entendre.

La difficulté d'une évaluation, du repérage de la potentialité pathologique du signe ou du symptôme est donc liée à l'immaturité de l'appareil psychique, et aux paliers critiques qui scandent son développement. En second lieu, elle est liée aux interactions avec l'environnement qui n'apparaissent pas toujours, d'entrée, pour ce qu'elles valent. Enfin, il faut noter aussi que l'appareil conceptuel nosographique infantile actuellement utilisé reste insuffisant. Son cadre, balisé par les grandes entités (Autisme, psychose, etc.) demeure peu perméable à une approche dynamique, marquée en cela par l'influence de la psychopathologie de l'adulte.

4.3. Évaluer : développement et organisation de l'enfant et de la famille

Malgré des troubles du comportement et des conduites, la croissance de l'enfant peut être saine. Les difficultés, si elles sont constantes peuvent n'être que des variantes de la normale. De même un certain nombre de formations pathologiques bruyantes et handicapantes peuvent être transitoires. Enfin, chez les enfants, les symptômes peuvent survenir de manière isolée, à la différence des adultes chez lesquels ils sont plus en lien avec une organisation structurale sous-jacente. En fait, le champ des troubles psychiques de l'enfant est beaucoup plus large et diversifié que celui de l'adulte[11] – d'évidence en raison de la labilité de l'organisation psychique, et de sa fragilité topique – mais ne lui est absolument pas superposable. Les organisations défensives sont moins développées, plus instables que chez l'adulte, quelquefois tout à fait inefficientes, si bien que le symptôme n'est plus formation de compromis entre le moi et le ça mais irruption directe du ça. Cette fragilité permet de comprendre aussi bien le caractère fugace d'un certain nombre de tableaux que l'irréversibilité d'atteintes dont la gravité n'était pas soupçonnable.

La difficulté d'une évaluation, dont il apparaît déjà qu'elle peut nécessiter un certain temps est cependant moins grande que celle du pronostic. À ceci aussi plusieurs raisons liées encore une fois aux imprévisibilités du développement et des facteurs externes associés. Ceux-ci peuvent fragiliser l'organisation de l'appareil psychique et les assises narcissiques ou au contraire contribuer à leur consolidation. Il faut insister aussi sur la difficulté de prendre en compte, dès les premiers entretiens, la qualité des relations archaïques et la constitution de ces assises narcissiques. Néanmoins il faut essayer de poser sur le tableau actuel un diagnostic évolutif. On sait qu'il n'y a pas de continuité séméiologique entre les troubles de l'enfant et ceux de l'adulte, mais on sait aussi les liens possibles entre les troubles graves du sommeil du nourrisson et la psychose, entre les troubles obsessionnels de l'enfant et la psychose « d'âge scolaire », ou entre l'anorexie sérieuse de la première enfance et les difficultés d'investissement intellectuel.

Le pronostic d'évolution, dont nous ne pouvons *a priori* rien dire dépend aussi de l'impact de la « révélation » d'une évaluation sur la famille, et de ses conséquences, qui ne sont pas prévisibles à court ou long

11. Freud A. in *Le normal et le pathologique chez l'enfant,* Paris, Gallimard, 1968, p. 123.

terme : pensons en particulier à la révélation d'un autisme ou d'une psychose, voire à celle d'un trouble moins sévère mais qui implique une prise en charge médico-psychologique pouvant entraîner des réactions familiales imprévues, soit de rejet, soit de surprotection, ou encore de mise à distance des structures de soin. Enfin, il est difficile de pronostiquer l'effet d'une prise en charge psychothérapique chez un enfant. D'une part, il n'est pas certain que la demande de l'enfant soit toujours soutenue par les parents, d'autre part l'enfant peut avoir intérêt, dans un milieu familial qui ne serait pas suivi parallèlement, à conserver les bénéfices secondaires de sa pathologie, même si elle est limitative ; enfin, parce qu'il est encore en plein développement et qu'il peut utiliser à des fins constructives ou défensives ses potentialités. L'immaturité du moi infantile rend celui-ci plus souple à des réaménagements mais aussi plus sensible à des expériences externes intériorisables qui continuent d'avoir un impact malgré les prises en charge thérapeutiques. L'évolution d'un trouble dans l'enfance n'est donc pas prédictible. Si les réparations peuvent sembler plus faciles qu'à l'âge adulte parce que les défenses sont plus mobilisables, la fragilité du moi, la dépendance aux objets parentaux, la précarité des équilibres relationnels ne restent pas moins des facteurs déstabilisants pendant toute la période de croissance.

5. La neutralité et la question du contre-transfert

Parmi les outils qui sont à notre disposition en clinique psychanalytique de l'enfant, citons d'abord la théorie. Celle-ci a beaucoup bénéficié, ces dernières décennies, des observations et élaborations développées dans les structures médico-psycho-éducatives (psychoses, pré-psychoses). L'évaluation des procédures thérapeutiques dans ces structures a contribué à son enrichissement, de même que les contributions de tous ceux qui ont investi le domaine de la néo-natalité et des interactions précoces. Dans ce dernier cas, on peut regretter qu'à ce jour ces contributions soient encore trop embryonnaires pour pouvoir nourrir une théorie psychanalytique des inter-relations.

Un autre outil dont nous disposons et dont il est important que nous fassions bon usage, c'est notre propre subjectivité. Dans la rencontre de l'enfant, l'insensibilité ou la sensibilité inconscientes de l'adulte à sa souffrance sont aussi importantes que l'objectivité de sa réactivité apparente, de son accueil. Les notions de sympathie ou d'antipathie inévitables à l'égard du patient, véhiculent ici des implicites beaucoup plus lourds de conséquences qu'en psychopathologie adulte, dans la mesure où l'adulte est censé posséder une capacité de décision que ne possède pas l'enfant. Par exemple, d'un côté, le tableau clinique peut susciter le désir de protéger l'enfant de manière urgente parce que nous sommes émus par sa situation ; à l'opposé, le tableau peut induire une sous-estimation du risque parce que l'enfant est ingrat ou au contraire trop séduisant. Dans les deux cas, il s'agira de positions sous-tendues par d'obscurs sentiments inconscients mettant en jeu l'enfant qui sommeille à l'intérieur de nous-mêmes. Il peut s'agir aussi de sentiments concernant nos images parentales intériorisées : les tendances peuvent être d'invoquer les carences éducatives, le laxisme ou l'absence d'autorité parentale voire l'incapacité des parents à ressentir la souffrance de l'enfant, ou bien de cautionner les attitudes parentales en accusant l'enfant de perversité ou de mauvaiseté. Le risque est en fait soit de s'identifier à l'enfant et à son immaturité et de faire porter à l'environnement la responsabilité de la situation, soit de s'identifier aux parents et de les soutenir dans des positions quelquefois pathologiques, au détriment de l'enfant.

En fait, l'exercice qui consiste à saisir ce qui motive nos impressions et sentiments en face d'un enfant et de ses parents est extrêmement difficile et ne peut se parer seulement d'intentions généreuses.

Si l'on définit le contre-transfert « comme l'ensemble des réactions inconscientes de l'analyste à la personne de l'analysé et plus particulièrement au transfert de celui-ci »[12] convenons que l'influence de l'enfant sur les sentiments inconscients du psychopathologue n'est pas d'un déchiffrement limpide. Je généralise ici le terme de contre-transfert pour en faire le modèle des sentiments inconscients éprouvés dans la rencontre de l'autre, en dehors de la cure. En face de l'enfant, à qui réagit-on ? à l'enfant qui nous fait part de sa souffrance, voire de sa détresse ou qui nous agace et nous dérange ? aux parents, auxquels nous nous identifions ? à ceux que nous combattons à l'intérieur de nous, trop exigeants, sadiques, insuffisamment contenants, rejetants ? Comment faire l'économie de cette relation aux parents dans la rencontre de l'enfant ? Pouvons-nous faire cette économie ou devons-nous reconnaître qu'en face de l'enfant se joue, pour nous, autre chose qu'une simple rencontre, mais à chaque fois les retrouvailles avec notre propre enfance, les conflits que nous y avons enfouis, les images que nous y avons préservées, les comptes que nous n'y avons pas soldés. Rappelons la place de la sexualité infantile dans la psychopathologie psychanalytique, non seulement celle du patient mais celle du clinicien. Elle est la trame de ce qui se noue et se joue dans la consultation.

La psychopathologie de l'enfant ne peut pas s'abstraire d'une dimen-

12. Laplanche et Pontalis in *Vocabulaire de psychanalyse* p. 103.

sion inter-subjective, laquelle nécessite de la part du clinicien une capacité d'auto-analyse qui balisera le cadre et la pertinence de ses interventions.

En conclusion, je voudrais dire un mot de l'usage de l'empathie comme capacité de se mettre à la place de l'autre, de ressentir ce qu'il éprouve et d'éprouver ce qu'il peut accepter ou refuser. L'empathie est sans représentation ; sorte d'en deçà des mots dans lequel se joue la possibilité de faire advenir la demande du patient aussi bien que la capacité du clinicien à gérer sa neutralité. C'est une attitude de suspension du jugement critique ; une disposition éminemment passive qui consiste à prendre pour soi la souffrance ou le plaisir de l'autre, sans reproche formulé, sans avis donné pour tenter de comprendre au plus près ce qu'il peut en faire. Sans empathie, il me semble difficile de mener à bien l'accompagnement et l'écoute d'un enfant, mais encore faut-il que cette empathie soit secondairement objet d'analyse pour le clinicien, afin qu'il puisse en mesurer les implications.

Ni l'empathie, ni la capacité d'analyse de son contre-transfert ne sont données en prime de la seule bonne volonté du clinicien et certaines structures de personnalité sont incapables de l'une et de l'autre. Si la seconde requiert un travail d'analyse personnelle approfondi, la première pourrait être une disposition naturelle à écouter et comprendre l'autre. Il faut probablement être ici prudent et faire preuve de beaucoup d'humilité, car rien n'est donné une fois pour toutes. L'expérience donne un savoir-faire, mais chaque consultation nouvelle mérite une élaboration.

CHAPITRE II

Les psychanalystes théoriciens de l'enfance et leur filiation

Pour que le lecteur puisse se situer dans les différents courants théoriques qui ont fondé la psychopathologie psychanalytique de l'enfant, il nous a semblé nécessaire de présenter schématiquement quelques auteurs. Le but est de mettre en évidence l'originalité de leur pensée, soit par l'exposé d'une idée centrale, soit par celui d'un concept organisateur de leur théorie.

1. Sigmund Freud : les stades de la sexualité

L'inventeur de la psychanalyse n'a pas, d'emblée, pensé aux applications de sa théorie aux troubles de l'enfance. C'est un peu par hasard qu'il s'intéresse au petit Hans et lorsqu'il relate son traitement il montre comment il y a impliqué le père, affirmant ainsi le rôle de l'éducation dans la bonne ou la mauvaise santé de l'enfant. C'est l'enfant dans l'adulte qui suscite l'intérêt de Freud. Ce sont ses héritiers qui développeront la technique psychanalytique applicable aux enfants.

Freud désigne sous le terme de sexualité infantile tout ce qui concerne dans la première enfance la mise en place de logiques de plaisir à partir de tel ou tel organe. La sexualité infantile n'est ni le sexe ni a fortiori la génitalité qui s'organise avec la poussée pubertaire et l'apparition de la fonction de reproduction. Dès 1896, dans *L'Esquisse,* Freud livre sa conception de « la périodicisation de la vie psychique et de la vie sexuelle, en anticipant sur la notion de période de latence qui sera empruntée à W. Fliess »[1].

1. Freud S. Lettre du 14. 11. 1897. Esquisse d'une psychologie scientifique in *La découverte de la psychanalyse.* Paris, Gallimard 1973.

« Nous devons supposer qu'à l'âge infantile, les décharges sexuelles ne sont pas encore localisées comme elles le seront plus tard, de sorte que les zones plus tard abandonnées (peut-être même toute la surface du corps) déterminent dans une certaine mesure la production de quelque chose qui peut être analogue à l'ultérieure décharge de la sexualité ». Il pose ainsi les bases de la notion de trace érogène et de sa fonction constituante de la sexualité adulte : *« Si l'on irrite les organes génitaux d'un enfant, il s'y produit bien des années plus tard, par effet après-coup du souvenir, une décharge sexuelle bien plus forte qu'alors parce qu'entre-temps, l'appareil déterminant et les produits de sécrétion se sont développés ».*

La sexualité infantile c'est donc l'histoire des premières activités de l'enfant en quête de satisfaction et de jouissance. C'est elle qui structure le sujet somato-psychique. Cette histoire est scandée par la fonctionnalité des zones érogènes bucco-pharyngienne, anale et phallique et supporte une description univoque dans la succession temporelle de ses phases ou stades. Le stade oral où la source de la pulsion est la bouche se développe entre 0 et 12 mois, le stade anal qui théoriquement commencerait avec le début de la maîtrise sphinctérienne, s'installerait entre 18 mois et 3 ans. Il est cependant vraisemblablement aussi précoce que le stade oral en raison, dès les premiers jours, des soins maternels qu'implique la défécation. Le stade phallique voit la recherche de plaisir de l'enfant et ses intérêts se déplacer sur les organes génitaux et concerne la 3e et la 4e année. Enfin le stade œdipien qui précède l'entrée en latence puis l'adolescence qualifie la période de 3-4 ans. Ce rappel est schématique. Chaque histoire est particulière. Le passage d'un stade à l'autre est une affaire économique, au sens large du terme, déterminée par la demande de l'enfant et les exigences parentales. Les stratégies de plaisir sont des choix individuels, bien qu'interactifs, dont le déterminisme ne se réduit pas à la qualité de l'événement externe. Ce dernier est toujours filtré par le monde interne de l'enfant bien que celui-ci soit « *hypnotisé par ses parents* »[2]. Ce que Freud a bien montré et que la clinique ne cesse d'illustrer, c'est que ces premières logiques de plaisir installées sous l'œil tyrannique ou gratifiant des parents intériorisés[3], ces premières expériences de satisfaction éprouvées dans le triomphe ou la culpabilité laisseront définitivement trace dans la psychè.

Ce schéma constitue donc le cadre général de l'évolution libidinale de

2. Freud S. *Traitement psychique* in Résultats, Idées problèmes. Paris, PUF, 1984. Vol. 1.
3. Cette image renvoie à la notion « d'introjection », c'est-à-dire, selon J. Laplanche et J.-B. Pontalis, au « *processus mis en évidence par l'investigation analytique, qui concerne le fait que le sujet fait passer, sur un mode fantasmatique, du "dehors" au "dedans", des objets et des qualités inhérentes à ces objets* ».

l'enfant, cadre à l'intérieur duquel s'appréhenderont les modulations singulières, les fixations, les régressions, les aménagements divers qui feront l'originalité, l'unicité de la personnalité du sujet. Cette centralité, cette essentialité de la sexualité infantile dans le développement de l'humain, autour de laquelle s'organiseront toutes les activités du sujet au cours de sa vie conduit à affirmer la précocité de la constitution des troubles psychiques ou au contraire celle de la garantie d'une immunité qui se tisserait ainsi dans les premiers investissements libidinaux[4]. La qualité des relations libidinales des origines est déterminante pour l'édification des relations ultérieures. Il n'empêche que rien n'est jamais définitivement joué et que des événements prévisibles ou inopinés peuvent à tout moment contribuer à consolider ou à déstabiliser les équilibres de la petite enfance. Ce n'est pas la qualité des dits événements qui est en cause, leur valence traumatique ou au contraire objectivement bénéfique, c'est ce que peut en faire l'enfant à travers le filtre de son monde interne.

Freud a beaucoup insisté sur l'évolution de l'appareil psychique et de ses instances[5], sur la forme de plus en plus complexe des conflits en fonction du niveau de développement atteint par l'enfant. D'une conception du moi comme ensemble de neurones à investissement constant (1895) « *dont la finalité est de contrôler et de réguler les charges et les investissements provoquant plaisir et déplaisir* » à l'idée « *qu'il est l'expression des pulsions d'auto-conservation* » (1916) « *qu'il n'est pas identifié au conscient* (1915) » et même « *qu'il est la partie organisée du ça* (1925) » ou « *qu'il est essentiellement préconscient (virtuellement conscient)* » mais que « *certaines de ses parties sont inconscientes* », se dessine bien l'exigence de sa définition. La sensibilité de Freud à la fragilité du moi infantile l'amène à penser les défenses psychiques comme relativement simples dans les premières années de la vie (refoulement, extériorisation, projection, déni) pour se compliquer en même temps que le moi devient un outil de médiation entre le monde interne et le monde externe (refoulement secondaire, déplacement, évitement, isolation etc.) doué de capacités de jugement et d'utilisation d'autres fonctions instrumentales d'apparition

4. À la différence de Jung, pour lequel la notion de libido désigne l'énergie psychique en général, Freud désigne par « libido » une grandeur quantitative, quoiqu'elle ne soit pas mesurable, des pulsions qui ont à faire avec tout « ce que l'on peut comprendre sous le nom d'amour ».
5. L'instance est une partie ou une substructure de l'appareil psychique. Celui-ci a été décrit par Freud selon deux modèles (les topiques). Le premier fait intervenir les systèmes Conscient, Préconscient et Inconscient ; le deuxième (1920) fait intervenir le ça, le moi et le surmoi.

progressive. L'organisation plus ou moins complexe de la libido sous le primat d'une zone érogène implique donc une progressivité dans le temps de l'évolution du moi. Ce point de vue est dit génétique[6] au sens de ce qui contribue à la naissance et au développement et non comme synonyme de ce qui serait véhiculé par les chromosomes. Les logiques de plaisir construites lors de ces stades s'emboîtent, se recouvrent mais ne disparaissent jamais complètement au profit du dernier arrivé. Le découpage du développement en stades n'est pas contradictoire avec l'idée que ceux-ci s'interpénètrent mais chacun possède une autonomie structurale qui autorise à parler de « langage » de la pulsion orale, ou anale ou phallique.

Ce point de vue psychogénétique donne vigueur à l'idée que les acquisitions successives de l'enfant, tant au plan sensoriel que moteur ou intellectuel contribuent à la gestion de conflits internes. La demande de l'enfant, si elle se modélise à partir de mécanismes de satisfaction relativement stéréotypés, se déclinera dans des formalisations de plus en plus complexes au fur et à mesure des acquisitions du moi. Il est donc toujours important d'appréhender les outils dont dispose le jeune patient pour gérer ses conflits, s'en défendre ou les dépasser. Cette grille de lecture de la structuration du sujet psychique ne saurait cependant contribuer à une mécanicisation de celle-ci. D'autres mises en perspective la problématisent dont celles qui introduisent les notions d'auto-érotisme et de narcissisme.

2. Anna Freud, les débuts de la psychanalyse d'enfants[7]

Historiquement, A. Freud est la première psychanalyste d'enfants. Sa pensée et son travail influenceront les premiers psychanalystes d'enfants en France.

6. Cette notion prête à débats en ce sens qu'une psychologie du moi pourrait y trouver son fondement et sa justification.
7. Freud A. (1895-1982). Naît en 1895, l'année de « L'interprétation des rêves ». On la décrit comme la vestale du temple freudien. Les témoignages de son entourage l'ont décrite comme une personne gaie, sportive, aimant la musique, l'Opéra et les opérettes viennoises. Son œuvre est indissociable de l'histoire de la psychanalyse et de ses développements actuels : on peut lui reprocher en effet d'avoir censuré la publication de la correspondance de Freud (E. Roudinesco), d'avoir psychologisé la psychanalyse (P. Ricœur), d'avoir infléchi la traduction anglaise de l'œuvre freudienne dans un sens psychiatrique au détriment de l'écriture métaphorique de Freud (B. Bettelheim) mais ces critiques n'entament pas le fait qu'elle est l'héritière « selon la chair » (Laplanche) de la psychanalyse. À 27 ans, elle est membre de la Société psychanalytique de Vienne et s'oriente vers la psychanalyse des enfants ; la psychanalyse des adultes est en effet

De son œuvre qui est constituée de nombreux travaux sous forme d'articles ou de conférences prononcées dans des symposiums, et de deux volumes publiés à presque trente ans d'intervalle[8] on retiendra le concept qui met en perspective son approche de l'enfant mais aussi sa limite : le moi. *« Le moi est vraiment le domaine auquel doit toujours s'appliquer notre attention »*[9]. La priorité accordée à cette instance, appréhendée à travers l'œuvre de S. Freud comme définissant avec le çà et le surmoi la topique de l'appareil psychique n'est l'objet d'un débat que dans la mesure où elle induit une conception normative, adaptative, éducative de la cure psychanalytique de l'enfant conçue comme une transformation du moi du patient sur le modèle de celui du psychanalyste en position parentale. A. Freud s'en justifie, et si *« le nom de psychanalyse devait,* (pour certains) *être réservé à la partie des découvertes nouvelles qui concerne la vie psychique inconsciente,... certains problèmes tels que l'adaptation de l'enfant au monde extérieur, certains concepts de valeur comme ceux de santé et de maladie, de la vertu ou du vice »*[10], ne sauraient s'exclure des préoccupations du psychanalyste.

« Le traitement analytique » dit-elle *« a de tout temps eu pour objet le moi et ses troubles. L'étude du ça et de ses modes d'action ne constituant qu'un moyen d'atteindre le but thérapeutique. Ce but reste invariablement le même : supprimer les troubles et rétablir l'intégrité du moi ».*[11] Cette introduction à son ouvrage de 1949 est sans ambiguïté. Le but de l'analyse est de soigner et par là de donner au moi une plus grande cohésion en réduisant ses limitations, en levant ses aliénations.

Certes, le moi[12] n'est pas pour A. Freud réductible au système perception-conscience, certes le moi est aussi inconscient, mais il ressort de sa

impossible pour les non médecins à Vienne. En 1923, elle échouera, en tant que secrétaire de la Commission Internationale d'Enseignement, à faire admettre aux États-Unis, la formation des laïcs à la psychanalyse. Ses œuvres écrites ont été publiées intégralement en Angleterre et aux États-Unis (7 volumes). Elle fut analysée par son père, bien que Paul Roazen ait évoqué dans son livre « Animal, mon frère, toi » sa cure avec Lou Andréas Salome (laquelle de son côté réfute l'idée d'une analyse en parlant de « conversations ordinaires »). Elle demeure le chef de file de l'École de psychanalyse de Vienne, par opposition à l'École Anglaise représentée par Mélanie Klein.

8. Le moi et les mécanismes de défense. Paris, PUF, 1949 et Le Normal et le Pathologique chez l'enfant. Paris, Gallimard, 1968 pour l'édition française.
9. Freud A. Le moi et les mécanismes de défense. *Op. cit.* p. 9.
10. *Ibid.* p. 7.
11. Freud A. Le moi et les mécanismes de défense, Paris, PUF, 1990, p. 8.
12. Le moi est donc une instance de la seconde topique, mais il est présent dans les textes freudiens dès les origines de la psychanalyse. C'est une instance en relation avec le ça, lequel est le pôle pulsionnel de la personnalité. C'est le réservoir de l'énergie psychique. Les contenus de celui-ci sont inconscients. Le moi est aussi en relation avec le

conceptualisation que le moi, tel un agent adaptatif au carrefour des exigences internes et des contraintes externes est l'interlocuteur de la cure au détriment de ce qu'il méconnaît : l'inconscient. « *Le moi* » disait Freud, « *est soumis à une triple servitude, et de ce fait est menacé par trois ordres de danger : celui qui vient du monde extérieur, celui de la libido du ça et celui de la sévérité du surmoi... Comme être frontière le moi tente de faire la médiation entre le monde et le ça, de rendre le ça docile au monde, de rendre le monde, grâce à l'action musculaire conforme au désir du ça* »[13]. A. Freud ne nie pas cette fonctionnalité mais au contraire s'y cantonne. Le moi immature de l'enfant fera donc obstacle à l'analyse.

D'une part, A. Freud estimera que nous n'avons pas, en psychanalyse infantile, les outils dont nous disposons en psychanalyse adulte[14], d'autre part, qu'il est difficile de psychanalyser l'enfant parce qu'il n'est pas encore un adulte, parce qu'il est dépendant de ses parents, et qu'il n'a pas de détermination personnelle et de volonté de guérir. Les indications d'analyse de l'enfant seront alors réservées aux cas les plus graves des névroses, l'éducation, éclairée par les connaissances psychanalytiques devant suffire à tous les autres enfants[15].

Pour J. Losserand, les théorisations d'A. Freud ont contribué à développer, « *pour la psychanalyse d'enfants, des limitations qui portent aussi bien sur la nature et le maniement du transfert, la portée de l'interprétation, l'attitude de l'analyste et les indications de l'analyse elle-même* ». Elle-même écrira « *tout ce que je fais avec les enfants n'a plus beaucoup de rapport avec la vraie analyse* »[16]. À partir de ses travaux, l'essor d'une psychologie du moi, développée outre Atlantique par Hartmann, Kris et Lowenstein engagera ses adeptes, ultérieurement, dans des prises en charge adaptatives, comportementales ou éducatives. Or, si la fonction du moi est de temporiser, de médiatiser, de faire la paix entre les instances, de servir l'une et l'autre pour le destin optimal du sujet, il n'empêche qu'il ne peut résumer la complexité du fonctionnement du sujet psychique.

surmoi et ses impératifs. Le rôle de celui-ci peut être assimilé à celui d'un juge ou d'un censeur à l'égard du moi. Dans la théorie freudienne, le moi et le surmoi ne sont pas fonctionnels à la naissance, ils se construisent, s'édifient de manière progressive.

13. Freud S. Le moi et le ça, 1923, p. 214.
14. « C'est ainsi que chez le petit enfant, nous n'avons pas encore les formations réactionnelles et les souvenirs écrans qui ne se forment que pendant la période de latence et desquels l'analyste extrait plus tard le matériel condensé en eux » in *Le traitement psychanalytique des enfants. Analyse infantile et éducation.* Paris, PUF, 1926. Trad fr. p. 58.
15. A. Freud, cité par Jean Losserand in *Le coq Héron* 1991, N° 119.
16. A. Freud, in Le traitement psychanalytique des enfants. *op. cit.* cité par J. Losserand.

On retiendra également de l'œuvre d'Anna Freud une contribution à la théorisation du conflit psychique avec l'approche des mécanismes de défense[17] qu'il implique. Sur ce point elle a approfondi un certain nombre de questions. Elle a repris la question de la chronologie d'apparition des mécanismes de défense en fonction de la qualité de différenciation du moi et du ça[18]. Elle a surtout insisté sur l'importance de l'observation directe de l'enfant pour mettre en évidence la fonction éventuellement pathogène de l'entourage et du milieu familial. En ce sens on peut dire qu'elle a inspiré les techniques actuelles d'observation mère-bébé.

On retiendra aussi qu'elle a étayé l'hypothèse que le développement harmonieux de l'enfant n'est pas la règle et que les inégalités et distorsions dans les processus de maturation et d'acquisitions du moi sont régentées par la notion de « lignes de développement » qui modifie le regard que l'on pouvait porter sur la croissance « linéaire » du sujet psychique. Son souci de maintenir l'édifice théorique freudien contre les vents et marées des querelles d'héritage l'ont amenée souvent à sous-estimer, voire à méconnaître les hésitations de Freud, ses contradictions, et même à clôturer le travail de pensée auquel celles-ci incitaient. Son opposition à Mélanie Klein en témoigne[19].

L'héritage d'Anna Freud est particulièrement sensible dans le mouvement de pensée psychanalytique actuel aux États-Unis. La confusion y est souvent grande entre ce qui se donne à voir et ce qui est de la conflictualité interne. On pense ici à Margaret Mahler et à son école et plus généralement à la psychologisation de la théorie psychanalytique dans beaucoup de secteurs de son application.

L'œuvre d'Anna Freud est poursuivie aujourd'hui à la Hampstead Clinic à Londres.

17. Freud A. *Le moi et les mécanismes de défense. Op. cit.*
18. *ibid.* p. 50.
19. Laplanche J. Faut-il brûler Mélanie Klein in *Le primat de l'Autre en Psychanalyse.* Paris Champs. Flammarion. 1993. P. 216-217. Laplanche montre comment l'opposition A. Freud – Klein sur la psychanalyse d'enfant « *dépasse un pur problème de technique* ». Il évoque d'ailleurs une héritière selon la chair et une héritière selon la lettre.

3. Mélanie Klein : une organisation précoce de l'enfant[20]

Les oppositions théoriques entre les deux grandes dames de la psychanalyse d'enfants, dont il sera débattu en 1927, s'organisent autour de la question de la constitution du sujet psychique aussi bien que de la technique de la cure et de sa finalité. Il est difficile de leur trouver une communauté de pensée et tout se passe comme si elles ne faisaient pas partie de la même planète épistémologique.

Mélanie Klein, à la différence de Freud, pense que le moi et le surmoi, en des formes archaïques ou embryonnaires sont donnés d'entrée en prime de la vie. De même, elle postule que l'objet est là et que l'angoisse est en quelque sorte, une propriété du vivant. L'enfant est dès sa mise au monde un sujet pulsionnel qui dispose de mécanismes de défense et de capacités élémentaires de représentation de ses éprouvés. Dans son approche de la psychopathologie, on ne discutera donc pas de la différenciation du ça et du moi ni de la genèse de l'angoisse. Par contre on accordera le maximum

20. Mélanie Klein est née en 1882 à Vienne. Elle épouse en 1903 Arthur Klein dont elle a trois enfants : Melitta (1904) Hans (1907) et Erich (1914). Elle découvre à 39 ans (1914) « L'interprétation des rêves » et entend Freud, en 1918 à Budapest, présenter « Les voies nouvelles de la thérapeutique psychanalytique ». Selon sa biographe, Phyllis Grosskurth, *la lecture qu'elle fit en 1914 de l'essai de Freud l'envoûta et la convertit à la psychanalyse.* Mais *pour avoir osé s'engager sur des voies d'investigation qui lui étaient personnelles, jusque dans des profondeurs spéculatives dont Freud s'était retiré, elle fut stigmatisée, vilipendée, bafouée.* L'histoire n'est sans doute pas aussi négative, mais il est certain que M. Klein eut beaucoup de difficultés à faire admettre une pensée qui était plus originale, plus personnelle que ne pouvaient le souhaiter certains. Mélanie Klein faisait travailler la pensée freudienne et prenait ainsi le risque de s'en écarter, mais c'est à ce prix qu'une science évolue. Elle fut analysée par Ferenczi. Elle a le mérite d'avoir montré la possibilité d'une analyse précoce de l'enfant (avant 6-7 ans, âge requis par A. Freud et H. Hug Hellmuth). Son œuvre sur la psychanalyse d'enfants et ses développements est importante. Elle publie son premier texte en 1920 « Le roman familial in statu nascendi », puis « La psychanalyse des enfants » en 1932. En 1934, son article intitulé « Contribution à la genèse des états maniaco-dépressifs » est selon Laplanche un coup de tonnerre dans le monde de la psychanalyse. Elle y réfute en effet la question de l'adaptation du bébé au monde externe pour exposer sa conception du monde interne régi par l'amour et la haine. En 1937, elle publie avec Joan Rivière « L'amour, la haine et le besoin de réparation », en 1948 « Contribution à la psychanalyse », et en 1957, « Envie et gratitude ». Notons aussi en 1952 « Développements de la psychanalyse », en 1955 « Nouvelles orientations de la psychanalyse » et enfin un an après sa mort en 1960 « Récit d'une analyse d'enfant »(1961). De nombreux articles sont publiés en France en 1967 sous le titre de « Essais de psychanalyse » (Payot).

d'importance d'une part au dualisme pulsionnel des origines (pulsions de vie, pulsions de mort) d'autre part à la notion de fantasme, ici expression mentale tout à fait précoce des pulsions. « *La sensation d'une pulsion dans l'appareil psychique se lie au fantasme d'un objet qui lui est approprié. Ainsi chaque incitation pulsionnelle contient un fantasme spécifique qui lui correspond. Au désir de nourriture correspond le fantasme de quelque chose qui puisse satisfaire ce désir : le sein.* »[21].

3.1. Le fantasme

Selon Mélanie Klein, la formation du fantasme est une fonction du moi et implique donc, aux origines, une organisation de celui-ci plus complexe que ce que Freud en avait postulé. Depuis la naissance, le moi établit des relations objectales avec le fantasme et avec l'événement. Le fantasme n'est cependant pas seulement l'expression mentale de la pulsion. Il doit aussi être appréhendé dans sa fonction défensive, protectrice, structurante même, comme moyen d'éviter la rencontre avec la réalité. De plus les fantasmes peuvent être mobilisés de manière défensive contre d'autres fantasmes ; « *En fantasmant un accomplissement de désir, le sujet n'évite pas seulement la frustration et la reconnaissance d'une réalité externe désagréable, mais ce qui est encore plus important, il se défend aussi contre la réalité de sa propre faim et de sa propre colère : sa réalité interne* »[22].

Une des contributions importantes de Mélanie Klein à la théorie psychanalytique qui découle de ce que nous venons de résumer est la place qu'elle a donnée aux objets internes.

Certes, la voie était ouverte par Freud dès 1896 avec le renoncement à la *neurotica* ou théorie de la séduction, au profit d'une théorie du fantasme[23] de désir de séduction. Elle était aussi plus largement balisée avec sa définition du surmoi comme objet parental introjecté. Pour Mélanie Klein cependant, l'analyse des premières relations révèle des fantasmes d'objets introjectés dans le moi depuis la plus tendre enfance, à commencer par le sein, idéalisé ou persécuteur, ou le pénis. Ceux-ci sont des objets dits partiels, qui rendent compte de la manière dont l'enfant les appré-

21. Segal Hanna. *Introduction à l'œuvre de Mélanie Klein*, Paris, PUF, 1976, p. 6.
22. *Ibid.* p. 9.
23. Le terme de fantasme a un emploi très étendu. Notons cependant que pour Freud, il s'agit « d'un scénario imaginaire où le sujet est présent et qui figure, de façon plus ou moins déformée par les processus défensifs, l'accomplissement d'un désir et, en dernier ressort, d'un désir inconscient » *(Vocabulaire de psychanalyse).* Le fantasme chez Mélanie Klein ne répond pas à cette exigence scénographique.

hende, c'est-à-dire comme des objets fonctionnels non susceptibles d'être désirants. À ces introjections succèdent celles d'objets dans leur totalité, tels le père, la mère, les parents ou ceux qui en tiennent lieu. L'objet total est un objet perçu comme être de désir et de jouissance[24]. Plus les introjections sont précoces et plus les objets sont déformés par rapport à leurs supports réels en raison de ce qui a été projeté sur eux, dont l'importance devient moins grande à mesure que se développe le sens de la réalité.

3.2. Le monde interne, les objets

La notion d'objet n'est pas spécifique à l'œuvre de M. Klein. L'usage qu'elle fait du concept nous engage cependant ici à en préciser la définition. L'objet, en psychanalyse répond à trois définitions :

D'abord, il est corrélatif de la pulsion, puisqu'il est ce par quoi et en quoi celle-ci cherche à atteindre son but ; Laplanche et Pontalis signalent qu'il peut s'agir « d'une personne ou d'un objet partiel, d'un objet réel ou d'un objet fantasmatique ». Ensuite, il est corrélatif de l'amour ou de la haine et implique alors une relation à une personne totale. Enfin, il est corrélatif du sujet percevant et pensant. Il a des caractères fixes et stables qui ne dépendent pas des désirs ou des opinions des sujets. L'adjectif qui correspond à cette dernière définition est objectif alors que celui qui correspond à la définition précédente est « objectal ».

L'intérêt pour les objets internes et à travers eux pour le monde interne de l'enfant ouvre, on le voit, des perspectives nouvelles du côté de la théorie du développement. Ce sont moins les facteurs externes environnementaux ou l'acquisition des fonctions du moi qui déterminent la « personnalité » du sujet, que la manière dont la relation intériorisée aux objets va se modifier par la maturation et l'organisation progressive des instances. Celles-ci permettront à l'enfant de traiter l'angoisse, de composer avec la pulsion de mort[25] en usant de fantasmes et de mécanismes de défense de

24. Birraux A. in *Fondamental de psychanalyse*. Paris, PUF, 1995. La notion d'objet (sous la direction d'A. et S. de Mijolla). Cependant, un objet objectivement partiel (le sein) peut être, sous certaines conditions (le bon sein), un objet total au même titre que la personne totale de la mère.

25. La pulsion de mort apparaît chez Freud dans le cadre de la deuxième théorie des pulsions. La première théorie opposait les pulsions d'auto-conservation aux pulsions sexuelles. La seconde, toujours dualiste oppose les pulsions de vie aux pulsions de mort. Initialement, pour Freud, la pulsion de mort est dirigée vers l'intérieur et tend à l'auto-destruction. Secondairement, elle pourrait être dirigée vers l'extérieur et s'exprimer sous forme de pulsion d'agression. Opposées aux pulsions de vie qui ont comme

plus en plus complexes et adaptés. Mélanie Klein définira ainsi sous le terme de « position » un temps pendant lequel la relation avec l'objet est placée sous le signe de mécanismes constants et de fantasmes identiques dont la nature sinon les figures sont communes à tous les petits humains. La position schizo-paranoïde est ainsi caractérisée, dans sa finalité, par la dérivation de la pulsion de mort sur des objets externes, par la lutte contre l'écrasement, l'anéantissement et la persécution des objets, grâce à l'usage, essentiellement du clivage et du déni. Simultanément, l'idéalisation de l'objet occupera le devant de la scène en même temps que la fonctionnalité de l'identification projective deviendra plus importante.

La possibilité pour le nourrisson de contenir ses angoisses précoces et de les maîtriser conduira à une organisation de plus en plus grande de son monde interne. Grâce à l'usage des mécanismes de défense archaïques (du déni, du clivage, de la projection et de l'identification projective) dont il apparaît qu'ils continuent d'être utilisés au cours de l'existence dans les situations critiques de reviviscence de ces angoisses primitives, il va pouvoir éprouver un sentiment de sécurité de plus en plus grand face aux objets de son environnement et ceux de son monde interne. Il aura moins peur de ses pulsions et s'appuiera davantage sur ses objets idéalisés. C'est le moment où apparaît la position dépressive, moment essentiellement marqué par le fait que le nourrisson reconnaît une personne totale et se la représente comme susceptible d'une jouissance dont il serait exclu. La position dépressive marque le temps où le nourrisson s'appréhende aussi comme personne totale à l'instar de sa mère, mais découvre avec tristesse et nostalgie qu'il peut être écarté de son plaisir, en tout cas, qu'il n'en est pas nécessairement l'instrument.

Cette évolution allant de pair avec une organisation plus grande des instances, la qualité des angoisses change aussi. Le nourrisson a moins peur d'être anéanti ou détruit par l'intensité de sa vie pulsionnelle mais s'inquiète de penser que celle-ci pourrait anéantir l'objet qu'il aime et dont il est encore dépendant. À ce moment surgissent les conflits d'ambivalence et tout un cortège d'éprouvés qui n'avait pas cours dans la précédente phase de développement, à savoir le regret, la culpabilité, la nostalgie, le deuil.

propriété de constituer des unités de plus en plus grandes et de les maintenir, les pulsions de mort, au contraire, ont pour finalité la déliaison et la destructivité.
L'existence de la pulsion de mort n'est pas admise par tous les psychanalystes. On peut en effet penser que sans invoquer l'existence de pulsions de mort, les pulsions de vie (Eros) portent en elles une capacité d'extinction naturelle.

La psychanalyse d'enfant doit beaucoup à Mélanie Klein. À l'opposé d'A. Freud qui en faisait une théorie et une technique « spécifiques » plus proches de la pédagogie que de la science freudienne, M. Klein a conforté l'idée qu'elle exprimait la continuité psychique du sujet, pour peu que des moyens techniques appropriés puissent rendre compte de son mode d'expression. Ses théories restent néanmoins discutées, en particulier en ce qui concerne les « intentions » qu'elle prête aux nourrissons.

Ses travaux ont inspiré l'œuvre de son continuateur : W. Bion et sa théorie de l'appareil à penser. La Tavistock Clinic à Londres reste un lieu de formation et de théorisation qui fait école à travers le monde. Les praticiens français sont nombreux à la fréquenter.

4. D.W. Winnicott : l'objet transitionnel[26]

Winnicott est formé à la pédiatrie avant d'être psychanalyste. Ses modèles sont remarquablement originaux et mettent l'accent sur les processus de différenciation du sujet et du monde extérieur dans les premières expériences de maîtrise subjective du monde et de création. Ils sont le fruit : d'observations de ce qui se joue de la structuration du sujet psychique à partir de la qualité de la relation mère-bébé ; et d'une pensée qui mettra surtout l'accent sur le monde interne maternel et ses paradoxes. *« Il me paraît intéressant de diviser les gens en deux catégories. Il y a ceux qu'on n'a pas "laissés tomber" quand ils étaient bébés et qui, dans cette mesure sont prêts à avoir le goût de la vie et du vivre. Il y a aussi ceux qui*

26. Donald W. Winnicott (1896-1971), débute sa carrière de pédiatre à l'hôpital pour enfants de Paddington Green en 1923. Il commence une analyse avec Joan Rivière et la poursuivra avec James Strachey. Dans le milieu des années trente, il est affilié à la Société de Psychanalyse londonienne. Il entame une supervision avec Mélanie Klein en 1935 et la poursuivra jusqu'en 1940. Selon Phyllis Grosskurth, ses méthodes de travail sont très différentes de celles de M. Klein et témoignent très tôt d'une très grande indépendance d'esprit mais chacun de ses collègues se souvient « qu'il n'avait pas de théorie structurée à enseigner ». Les relations avec Mélanie Klein se dégradèrent à partir de 1951 ; cette dernière en effet supportait mal que Winnicott puisse mettre en doute certains de ses postulats théoriques : il désapprouvait l'instinct de mort ou la notion d'envie innée et n'adhérait pas au concept de position schizo-paranoïde. Il lui garda cependant son estime jusqu'à la fin. Winnicott n'écrivait pas seulement pour les psychanalystes. Il s'adressait aux médecins, aux éducateurs, aux mères de famille. Ses travaux les plus connus sont *« Jeu et réalité », « La consultation thérapeutique de l'enfant », « De la pédiatrie à la psychanalyse », « Processus de maturation chez l'enfant », « L'enfant et sa famille » « L'enfant et le monde extérieur ».*

ont subi une expérience traumatique, due à un "laisser tomber" de l'environnement, et qui, toute leur vie doivent garder le souvenir (ou le matériel pour ce souvenir) de l'état où ils se trouvaient au moment du désastre »[27].

Car « un bébé seul ça n'existe pas ». Tel serait un des postulats sur lesquels repose la théorisation de cet auteur, qui engage la fonction maternelle, psychique et matérielle, dans le développement et la maturation de l'enfant. La mère du bébé est affectée, pendant la grossesse et lors de la naissance, d'une « maladie normale » que d'aucuns pourraient nommer « fonctionnement régressif » si cela ne lui permettait pas de se mettre à la place de son enfant pour en deviner les besoins et y répondre. Cette maladie normale ou « préoccupation maternelle primaire » pendant laquelle la mère est toute dévouée au nourrisson s'estompera progressivement pour laisser place à une attitude moins systématiquement gratifiante. La mère devient alors « une mère ordinaire normalement dévouée » qui permettra ainsi à l'enfant de développer l'illusion active qu'il a prise sur le monde et qu'il le crée. Cet éprouvé de toute-puissance, d'omnipotence permet à l'enfant d'une part de se constituer un bon sentiment de sécurité qui lui permet d'habiter son corps, d'accéder à un « self » vrai, d'autre part, de supporter les frustrations liées aux imperfections maternelles en investissant une zone intermédiaire d'expérience, ni interne, ni externe, à la fois moi et non-moi, susceptible de protéger, par projection, l'illusion de l'omnipotence et de la réalité de la vie fantasmatique. Cette aire est l'aire transitionnelle dont le représentant caractéristique est l'objet transitionnel, précurseur des objets culturels.

« *Cet objet relève d'un domaine d'expérience entre pouce et nounours, entre érotisme oral et véritable relation d'objet* »[28]. Il n'est pas un objet interne, c'est une possession et pourtant il n'est pas sous contrôle magique comme les objets externes et la mère en particulier.

La contribution de D.W. Winnicott à la théorie psychopathologique de l'enfant se résume difficilement. Il y a peu de situations sur lesquelles il n'ait écrit : évoquons la question des soins maternels aux enfants (handling, holding, object-presenting), la qualité de l'environnement, la question de la créativité, du jeu, mais aussi la déprivation, la délinquance, la haine dans le contre-transfert, la régression dans la cure, la santé, le groupe familial, l'adolescence etc. Il a contribué à poser les bases de la théorisation des interactions précoces mère-enfant. La conceptualisation de Winnicott illustre en effet le fait que la clinique du nourrisson et des troubles précoces du développement est une clinique de l'interrelation, de la communication inconsciente entre mère et enfant et de la possibilité ou des vicis-

27. Winnicott D.W. in *Conversations ordinaires*, Paris, Gallimard, 1988. p. 35.
28. Phyllis Grosskurth, *op. cit.* p. 514.

situdes de l'avènement d'un espace de différenciation moi-non-moi. Certes, comme pédiatre, il s'est toujours préoccupé de la « fonctionnalité » des soins maternels, de la qualité objective de la contribution des sages-femmes et infirmières au démarrage de la relation du bébé avec son entourage, mais c'est bien en analyste qu'il s'intéresse à ce sujet. Sa capacité d'identification aux mères lui permet de saisir le sens des attitudes et conduites mais il ne prêche pas l'attitude ou la conduite pour stimuler une interaction factice. Sa description des angoisses catastrophiques du nourrisson et de la reviviscence au cours de la cure de ces états de déprivation qui laissent dans la psyché des traces profondes témoigne aussi de sa capacité d'identification à l'enfant bien que selon Clare Winnicott, sa femme, *« il avait su, à la seconde où il avait ouvert les yeux sur le monde, qu'il était aimé ».*

La pensée de Winnicott est d'abord clinique. Elle laisse en suspens de réelles questions théoriques : celle de la symbiose primaire, celle du dualisme pulsionnel, celle aussi de l'introduction, dans la métapsychologie, de nouveaux concepts[29]. Elle modélise cependant une œuvre généreuse et féconde, souvent livrée à des détracteurs caricaturaux qui préfèrent les formules intellectualisées et abstraites à la mise en mots simples des réalités du début de la vie psychique, fussent-elles paradoxales.

Sans faire école la pensée de Winnicott s'est largement vulgarisée. Qui ignore l'objet transitionnel ou la mère suffisamment bonne ? Il faut pourtant noter que ce qui fait l'originalité de sa pensée clinique est beaucoup plus complexe que ce qu'il en paraît.

Qui sont les héritiers de Winnicott ? La question me semble ouverte. C'est un homme qui aura influencé une population importante et hétérogène d'analystes, mais aussi de pédiatres bien qu'il n'ait pas fait systématiquement école. La modestie du chercheur est évidente. Son intérêt pour les petites choses du quotidien relationnel de la mère et de son bébé ne permet plus de penser la maternité comme on la pensait il y a quelques décennies : Le pédiatre accorde un intérêt essentiel aux conditions « d'élevage » de l'enfant lesquelles, en soi, traduisent la qualité du lien entre la mère et son bébé, au point que l'on peut penser que toute modification d'une attitude, d'une conduite entraînera *de facto,* des transformations de leur relation, et donc de leur monde interne. L'analyste récuse la pulsion de mort et construit son appareil théorique autour de la notion d'espace transitionnel. Sans entrer dans les débats que peuvent susciter ces positions, reconnaissons qu'elles confirment, dans le développement normal de l'enfant, la place nécessaire d'un bon objet externe maternel, ce que personne ne saurait nier.

29. Gori R. La question Winnicott in *Psychanalyse à l'université.* Paris. PUF. Déc. 1979.

5. L'école française

5.1. Sophie Morgenstern et le service de Georges Heuyer : le dessin d'enfant devient langage[30]

L'histoire de la psychanalyse d'enfants, en France, débute dans le service de neuro-psychiatrie de Georges Heuyer, autour de Sophie Morgenstern[31].

> « *En animant l'activité du laboratoire, Madame Morgenstern nous rend les plus grands services dans l'étude analytique des troubles affectifs de l'enfant... Elle peut, en utilisant les méthodes de la psychanalyse, nous éclairer de situations obscures et expliquer des problèmes psychologiques qui nous paraissent être compliqués ou insolubles* »[32]

Il est évident cependant que la place réservée à la psychanalyse au dispensaire de psychanalyse institué dans le service de G. Heuyer, est un espace sous surveillance neuro-psychiatrique. La suprématie de celle-ci n'est pas mise en cause, mais l'intérêt que porte Heuyer aux travaux de Freud, rend possible un développement de la psychanalyse d'enfants qui préfigure l'avenir et la place qu'elle occupera ultérieurement dans les institutions. « Cet équipage rocambolesque », pour citer Jean Losserand, formera la première génération des analystes français.

S. Morgenstern n'a pas infléchi le paysage théorique mais ses communications témoignent d'une réflexion et d'une création personnelles sur la question du cadre et des outils psychothérapeutiques. Les positions qu'elle défend sont fidèles à Freud, proches de celles d'A. Freud. Le conflit psychique est psycho-réel et la dimension intra-psychique des problèmes est

30. Cette partie doit essentiellement à Jean Losserand et à ses recherches. Cf. *Le Coq Héron*. « La psychanalyse d'enfant ; le début en France ». 1991. N° 119.
31. Sophie Morgenstern est médecin, d'origine polonaise. Elle s'installe en France en 1924, sans avoir le droit d'y exercer, ayant fait ses études à Zurich, avant d'obtenir ses diplômes en Russie. Mais elle a été assistante bénévole de Bleuler à Zurich, de 1917 à 1924, sous la direction d'Eugène Minkowski, et c'est par son intermédiaire qu'elle rencontrera Georges Heuyer qui l'autorisera à exercer dans son service. Elle devient membre de la société psychanalytique de Paris en 1929. Ses publications sont relativement nombreuses, sous forme d'articles dans la *Revue française de psychanalyse* ou dans des revues diverses. En 1936, on lui doit « *La psychanalyse infantile. Le symbolisme et la valeur clinique des créations imaginaires chez l'enfant* ». Sa collaboration avec G. Heuyer fut sans faille. Elle ne survécut pas à la disparition de sa fille Laure et se suicidera le 13 juin 1940, à l'entrée des Allemands dans Paris.
32. G. Heuyer, Préface à l'ouvrage de Sophie Morgenstern, *La psychanalyse infantile*. Cité par J. Losserand in *Le Coq Héron*, 1991, n° 119.

largement sous-estimée. J. Losserand estime qu'on ne peut lui en tenir rigueur, compte tenu des limitations de son exercice dans le cadre du Patronage Rollet, « face aux exigences prégnantes de la réalité » et « à l'absence d'espace psychique qui s'y faisait forcément sentir ». Sa connaissance du débat Anna Freud/Mélanie Klein ne l'a cependant pas incitée à des positions partisanes.

Elle passe pour être la première psychanalyste à avoir utilisé le dessin dans un but thérapeutique. Or, selon son biographe, cette invention thérapeutique fut le fait du hasard « *elle fut obligatoire le jour où l'on nous amena un enfant qui, depuis quatre mois était muet, et avec lequel il était impossible de correspondre autrement que le crayon à la main* ». Il n'empêche que le dessin devient « langage », et est indicatif de la structure ou reflet de la maladie. La capacité d'identification de Sophie Morgenstern à l'enfant trouve là sa meilleure expression.

La figure et le rôle de cette pionnière sont un peu oubliés. C'est dans le service où elle exerça et quelquefois à son contact que se sont formés les neuro-psychiatres ou pédiatres qui s'orienteront après leurs études, vers la psychanalyse : (Serge Lebovici, René Diatkine, ou Françoise Dolto). L'influence qu'elle eut sur la psychanalyse d'enfants est immense et malgré sa trop courte vie elle est sans doute la figure la plus fédératrice de la psychanalyse d'enfants, en France, à ses débuts.

5.2. Françoise Dolto[33]

La contribution de F. Dolto à la clinique psychopathologique infantile est de première importance.

Contrairement à ce qui peut être dit concernant son œuvre, F. Dolto est d'une grande fidélité à Freud. Certes elle adopte les thèses de Lacan sur le langage mais elle ne renonce jamais complètement à un certain biologisme

33. Françoise Dolto (1908-1988). Elle fait des études d'infirmière, puis de médecine et s'oriente vers la pédiatrie. Elle soutient sa thèse en 1939 « Psychanalyse et pédiatrie. Approche théorique de la psychanalyse et exposé de cas ». Elle terminera son analyse avec René Laforgue en 1937. Dès 1938 elle adhère à la S.P.P jusqu'à la scission de 1953 où elle fonde la S.F.P. avec Lagache, Lacan et Favez Boutonnier. Dès 1940, elle exerce à l'Hôpital Trousseau où elle demeurera jusqu'en 1978. Pendant la guerre elle est une des seules analystes à continuer d'exercer à Paris. Elle exerce à Claude Bernard de 1946 à 1950, puis à la Policlinique Ney, en 1950, avec Jenny Aubry. En 1964, elle ouvre une consultation à Étienne Marcel, qu'elle poursuivra jusque en 1986. Dès 1954, elle publie dans *Psychanalyse (n° 3 et n° 6)* deux articles intitulés : « *À la recherche du dynamisme des images du corps et de leur investissement symbolique dans les stades primitifs du développement infantile* » et « *Personnologie et image du corps* » qui lais-

freudien. Son maître en psychanalyse est Sophie Morgenstern[34] dont elle disait ; « *Elle m'a appris à faire parler les enfants en confiance sans qu'ils craignent que ce qu'ils disent ne soit répété aux parents* ». F. Dolto a privilégié une approche du monde interne de l'enfant appréhendé dans sa complexité pulsionnelle. Les questions qui la préoccupent sont celles de la fonction du langage dans la structuration du sujet psychique. Son talent, c'est d'avoir situé cette dernière dans une perspective originale qui l'inscrivait dans le signifiant maternel. Pour E. Roudinesco, (p. 216) « *dans la foulée de l'œuvre de Mélanie Klein qui fut la première à inventer un univers spécifique de l'enfance, F. Dolto aurait créé une culture de l'enfance en choisissant de se placer du côté d'un peuple d'enfants* ». E. Roudinesco rappelle d'ailleurs comment la méthode psychothérapique inventée par Dolto consiste à s'approprier le langage enfantin pour lui donner un sens.

F. Dolto a beaucoup écrit et beaucoup communiqué. Son travail sur « *l'image inconsciente du corps* », qui est son travail théorique le plus achevé, nous laisse entrevoir comment sa représentation de la constitution de l'espace psychique se maille dans l'inter-relation mère-enfant, dans les signifiants que la mère accroche ou que l'enfant saisit dans l'érogénéisation de son corps.

L'image inconsciente du corps dans laquelle se source le fonctionnement du sujet somato-psychique n'est peut-être pas un bon concept dans la mesure où il s'agit de représentations, sédimentées, travaillées, retravaillées à partir d'un accrochage archaïque entre les fantasmes maternels et les désirs du nourrisson et qui ne se révèle jamais totalement. Elle serait plutôt une construction qu'une réalité appréhendable telle une « image », sauf d'une manière rétrodicible, au cours d'une cure. Elle donne cependant la mesure de ce qui se joue, libidinalement et fantasmatiquement dans les premières relations mère-enfant où les mots font advenir, condamnent ou piègent la jouissance.

F. Dolto ne s'est jamais définie comme une théoricienne. « *Quand on la pressait de se situer par rapport à telle ou telle théorie psychanalytique, elle se dérobait par quelque pirouette et disait "je dis ce que je pense, ce que je sens et je crois que c'est vrai"* »[35]. Gardons à l'esprit l'idée que son apport concerne essentiellement « l'épiphanie du langage »[36] qui a très tôt

sent pressentir les développements ultérieurs de son travail sur « l'Image inconsciente du corps » (1984). « *Le cas Dominique* » publié en 1971 soulève la question de la guérison de la psychose.

34. Cf. Losserand J. in *Le Coq Héron*

35. Descargues A. in *La ferveur du désir*, *Le Coq Héron*, 1989. N° 111/112.

36. F. Dolto « Au jeu du désir les dés sont pipés » in *Bulletin de la Société Française de Philosophie*, oct. 1972, Armand Colin.

été le vecteur de ses intérêts et le point d'ancrage de sa clinique. « *Tout est langage, et quand la parole a déserté la bouche, c'est dans le corps qu'il faut aller la trouver* »[37].

Comme pour Winnicott la pensée de Dolto est victime de sa vulgarisation. La simplicité avec laquelle elle communiquait son expérience, la facilité avec laquelle elle tentait d'expliquer aux parents, aux éducateurs, ce qu'était un enfant, ont pu laisser penser à certains que la psychanalyse était affaire de bon sens et qu'il existait des recettes éducatives. Pour ceux qui l'ont approchée et qui ont pu mesurer sa finesse clinique, son talent, le respect profond qu'elle avait pour l'enfant et le refus d'une appréhension réductrice de la complexité de son monde interne, ces positions relèvent d'interprétations défensives. Dolto a initié en France, un mouvement fécond concernant la consultation psychanalytique d'enfant.

5.3. Serge Lebovici[38] et le groupe de « *Psychiatrie de l'enfant* »

Dans ce bref rappel historique, mentionnons le mouvement de pensée qu'incarneront les fondateurs du premier secteur de psychiatrie infanto-juvénile (Alfred Binet. XIIIe arrt), sur lequel nous reviendrons constamment dans ce manuel. D'une part, il est le représentant mais en même temps l'interlocuteur de l'Association Psychanalytique Internationale (A.P.I) et de ses positions quant à l'analyse d'enfants, d'autre part, il contribue, par la formation des professionnels qu'il emploie, au développement de celle-là dans le cadre des institutions de soin, (C.M.P.P, C.M.P, services hospitaliers).

37. Descargues A. *op. cit.*
38. Serge Lebovici (1916-2000) Il fait ses études de médecine, est nommé à l'internat en 1935, mais ne le commencera qu'en 1942, à son retour de captivité. Chassé des hôpitaux en 1944 en raison des lois anti-juives, il ne deviendra psychiatre qu'après la guerre. De même, c'est après la guerre, en 1949, qu'il rencontre Sacha Nacht qui deviendra son analyste. Lebovici entre à la S.P.P. 4 ans plus tard. Interne, puis assistant de G. Heuyer, il quitte l'hôpital lors de son départ à la retraite et fonde, en 1959, le Centre Alfred Binet, Centre de santé mentale infantile qui constitue la première expérience française de psychiatrie de secteur. Un hôpital de jour est associé à ce dispositif. En 1978, il est titulaire de la chaire de psychiatrie de l'enfant à l'Université Paris-Nord à Bobigny. De 1973 à 1979, il est président de l'Association Internationale de Psychanalyse. Il a laissé une œuvre considérable, tant du côté de la clinique que de la théorie. Son travail sur la névrose infantile et la névrose de transfert a fait l'unanimité. Dans une série d'entretiens qu'il donne en 1992 à Émile Noël, et publiés aux Éd. Eshel, il exprime son intérêt pour le champ des « interactions précoces » et pour le concept de « self », en contradiction avec la théorie freudienne de la naissance de l'objet à partir la relation orale mère-enfant.

L'esprit de la pratique et de la recherche, dont René Diatkine et Évelyne Kestemberg sont les illustres représentants, est extrêmement fécond (création du psychodrame psychanalytique), dans l'orthodoxie freudienne. Alfred Binet est une institution de référence tant au plan de la clinique que des élaborations théoriques auxquelles elle donne lieu. René Diatkine incarnera, avec talent et générosité, jusqu'aux années 90, l'exigence de ce mouvement de pensée.

À partir des années 80, l'intérêt de S. Lebovici pour le bébé et les interactions précoces interroge la théorie freudienne de l'objet. Lebovici, s'intéressant à l'orée de la vie, adopte pour formaliser les interactions précoces le concept de self (le soi) et met à distance celui d'objet. « *Le bébé ne peut pas organiser des perceptions modalisées des situations qu'il vit ; il ne peut pas formuler : j'ai faim, j'ai froid, j'ai sommeil... Il vit des états temporaires amodaux... qui vont se combiner et peu à peu lui donner le sentiment qu'il existe, qu'il fonctionne. Jusqu'à présent le concept d'attachement et la théorie freudienne de l'objet me suffisaient. À partir du moment où je pense qu'il n'y a pas d'objet, de perception d'objet, donc pas d'objet interne, je suis bien obligé de chercher autre chose* »[39]. Ce questionnement de la théorie psychanalytique des origines ne concerne aucunement les conflits œdipiens et post œdipiens de la seconde enfance, mais, comme on l'a compris, met entre parenthèses les fondements « objectaux » de la théorie psychanalytique.

6. Autres figures psychanalytiques anglo-saxonnes

Évoquons Spitz et M. Mahler. Ces deux théoriciens et praticiens, proches d'Anna Freud ont contribué au développement de l'Ego psychology avec Hartman, Kris et Loewenstein. Nous restent de Spitz des observations intéressantes du développement de l'enfant, sa théorisation de la dépression anaclitique, des organisateurs du psychisme ou de l'angoisse du huitième mois, mais cette œuvre apparaît aujourd'hui sinon désuète en tout cas psychologisante au point qu'elle ne retient plus l'intérêt des psychanalystes d'enfants, sauf pour rappeler que la théorisation psycho-pathologique infantile passe par l'observation. Il n'a jamais été certain que l'apparition de nouveaux schèmes comportementaux (les indicateurs) dépendent directement des « organisateurs du psychisme » même si l'on s'est beaucoup penché sur les conséquences, en particulier psycho-somatiques de la non-apparition de l'angoisse du huitième mois. La question du sourire est aussi problléma-

39. Lebovici S. *En l'homme, le bébé. Entretiens avec E. Noël*. Ed. Eshel, Paris, 1992.

tique puisqu'il est admis, sans discussion possible, que le bébé sourit de manière intentionnelle dès les premières semaines de la vie et non seulement au deuxième ou troisième mois. De même la question du stade « anobjectal » soulève bien des interrogations.

Spitz a contribué à une théorisation du développement normal, basé sur l'observation du plus grand nombre, mais il a largement sous-estimé voire négligé la fonction de l'échange langagier précoce entre la mère et l'enfant et l'influence déterminante sur celui-là des inter relations fantasmatiques qui se dérobent à l'observation objective et ne sont appréhendables que dans la parole.

Les mêmes remarques valent pour Margaret Mahler et son école (A. Bergman et F. Pine). Si ses observations et études sur la séparation-individuation témoignent d'une réalité objective incontestable, il est moins sûr que cette réalité observable – la capacité physique de l'enfant de se détacher de sa mère – rende compte d'un processus psychique équivalent. Ce n'est pas parce qu'un enfant quitte sa mère qu'il a conscience d'être séparé d'elle. Ces travaux négligent considérablement la qualité des objets internes et des liens que l'enfant entretient avec eux et à notre sens contribuent à entretenir une confusion dommageable à la pensée psychanalytique entre les objets externes et les objets internes.

Conclusions

La psychopathologie de l'enfant doit aussi beaucoup à tous ceux et celles qui ont privilégié et privilégient aujourd'hui l'observation du nourrisson et à tous ceux qui ont contribué et contribuent au développement d'un mouvement théorique sur les interpellations précoces.

Dans ce champ, il faut citer S. Lebovici, L Kreisler et B. Cramer et plus récemment D. Stern. L'interaction précoce est une opération fantasmatique caractérisée par les investissements réciproques entre mère et enfant. Dans l'interaction précoce le bébé est à la fois réel, imaginaire et fantasmatique. L'enfant réel est l'enfant tel que le définit son équipement génétique, avec ses compétences spécifiques, ses caractéristiques données : enfant tonique ou hyperlaxe ; tranquille ou exigeant, pleureur ou silencieux, grand, petit, blond, brun etc. L'enfant fantasmatique est l'enfant du désir, celui dont le père et la mère ont rêvé ; enfant inscrit dans l'histoire familiale de chacun des parents et dans l'histoire œdipienne de chacun de ceux-ci, de même que dans le destin des images parentales infantiles. L'enfant imaginaire est l'enfant rêvé dans la toute-puissance et l'omnipotence de la projection maternelle. L'interaction fantasmatique telle que la définissent les auteurs cités tient compte des trois niveaux d'engagement relationnel et de résonance respective de chacun de ceux-ci sur la construction psychique du nourrisson.

Ce nouveau champ de recherches a permis l'exploration des perturbations fonctionnelles précoces du sommeil et de l'alimentation par exemple, des troubles psychosomatiques de la première enfance, et laisse juste entrevoir aujourd'hui les développements qu'il est susceptible d'ouvrir. Pour l'instant, en tout cas, insistons sur le fait que l'interaction précoce n'est pas une mise en perspective comportementaliste ou systémique mais qu'elle doit donner lieu à une théorisation sur les objets internes.

CHAPITRE III

Angoisse et dépression
La genèse des affects et leur élaboration

Le choix de consacrer un chapitre à l'angoisse et à la dépression se justifie par deux motifs. D'une part, ces deux affects infiltrent peu ou prou tous les tableaux pathologiques de l'enfance : la clinique de l'une se cristalliserait sous le thème des phobies, tandis que les figures de l'autre se déclineraient autour de la notion d'abandonnisme et il est didactique d'en « centraliser » l'approche. D'autre part, l'approche théorique de ces deux questions ouvre encore à des débats méritant d'être isolés des tableaux cliniques qui les impliquent.

1. L'angoisse

L'angoisse est « un affect pénible, en relation, soit avec une situation traumatisante actuelle, soit avec l'attente d'un danger de nature indéterminée ». Classiquement, elle est différenciée de la peur et de l'anxiété, et traduirait le versant somatique de cette lignée. En fait, elle qualifie les états de malaise, de « déplaisir », de tension interne associés à un éprouvé d'insécurité, de danger, dont l'origine est indéterminée.

1.1. Néoténie, impuissance

Il existe, dans l'œuvre de Freud deux théories de l'angoisse.

La première, développée dans les « *Trois essais* » et dans « *Introduction à la psychanalyse* » fait de l'angoisse la conséquence du refoulement d'une libido inemployée ou non satisfaite. Dès 1895[1], Freud écrit que « *la psyché tombe dans l'affect d'angoisse lorsqu'elle se sent incapable de liquider par la réaction correspondante une tâche provenant de l'extérieur (danger)* » et qu'elle « *en arrive à la névrose d'angoisse lorsqu'elle se sent incapable d'égaliser l'excitation (sexuelle) d'origine endogène* » ; en 1916[2], il atteste que « *l'angoisse infantile qui n'a presque rien de commun avec l'angoisse réelle, s'approche au contraire, beaucoup de l'angoisse névrotique des adultes ; elle naît comme celle-ci, d'une libido inemployée* ». Il ajoutera qu'une « *libido inemployée subit sans cesse une transformation en une apparente angoisse réelle et,* (que) *de ce fait, le moindre danger extérieur devient une substitution, pour les exigences de la libido* ».

Dans la deuxième théorie, développée dans « *Inhibition, symptôme, angoisse* », il n'apparaît plus que l'angoisse soit la conséquence d'une motion libidinale refoulée. Celle-là apparaît au contraire comme un signal avertissant le moi d'un danger pulsionnel. Ici, c'est l'angoisse qui va être suivie de refoulement et non le refoulement qui créera l'angoisse.

En fait, la seconde théorie n'exclut pas la première. On peut comprendre ces deux théories de l'angoisse comme rendant compte, chacune, d'une certaine fonctionnalité du moi. Mais que l'angoisse soit libido excessive et inemployée ou signal d'angoisse pour le moi, il faut au lecteur un peu de « liberté » pour noter que derrière ces deux modèles se dessine la notion d'impuissance à s'aider soi-même : *« Quel est le noyau, la signification de la situation de danger ? manifestement l'estimation de notre force comparée à la grandeur de celui-ci »*[3].

Précédant les conceptions les plus avancées sur l'enfant, Freud dès 1905 note que *« privé de la personne aimée, (celui-ci) se sent angoissé »* et que d'une autre manière « *Les enfants dont la pulsion sexuelle est excessive ou prématurée (naturellement ou par excès de cajolerie de la part de l'adulte) ont un penchant à l'anxiété* » mais plus encore que « *l'angoisse des enfants n'est rien d'autre à l'origine que l'expression du fait que la personne aimée leur manque* », *« qu'ils ont peur de l'obscurité parce qu'ils n'y voient pas la personne aimée et s'apaisent s'ils peuvent lui tenir la main dans le noir »*.

1. Freud S. Qu'il est justifié de séparer de la neurasthénie un certain complexe symptomatique sous le nom de « névrose d'angoisse » in *Névrose Psychose et Perversion*, (1895) Paris, PUF, 1973, p. 35. Trad. sous la direction de J. Laplanche. Il ajoute : « *Elle tombe dans la névrose d'angoisse lorsqu'elle se voit incapable de régler l'excitation d'origine endogène (sexuelle)* ».
2. Freud S. *Introduction à la psychanalyse*. Paris. Petite bibliothèque Payot, 1992, p. 386.
3. Freud S. *Inhibition, symptôme, angoisse*. Trad. J. et R. Doron. Quadrige, PUF, 1993.

L'angoisse est donc « débordement libidinal », naturellement, en raison de l'immaturité de l'appareil psychique, ou par défaut d'un pare-excitation environnemental, susceptible de métaboliser les éprouvés du nourrisson ou de l'enfant. En fait, on pourrait, pour comprendre ce qu'est l'angoisse, utiliser une métaphore. Imaginons un fleuve en crue que plus rien ne canalise : il fait table rase de ce qu'il rencontre, tente de forcer ce qui lui résiste, mais retrouve son lit si des digues sont renforcées sur son passage. L'angoisse est en fait comme un torrent libidinal que rien ne peut fixer. La digue, ou pare-excitation a failli, ou bien, les structures psychiques sont trop fragiles pour résister au flux.

Cependant, imaginer que l'angoisse de l'enfant puisse se justifier directement d'une quelconque « posture » maternelle est une vue de l'esprit car l'angoisse n'est jamais qu'une violence interne qui est celle de l'excitation propre au sujet sexuel. Ce qui angoisse l'enfant est de perdre la main de sa mère, parce que celle-ci est objet d'auto-conservation aussi bien que objet érotique. Elle lui permet de réguler le flux de sa libido, d'en limiter les débordements, et en même temps de mettre en place des expériences de satisfaction qui conditionneront les développements ultérieurs de ses logiques de plaisir. Mais ce qui engendre l'angoisse n'est ni plus ni moins que la tyrannie de la pulsion qui met en danger l'homéostasie du moi.

Pour R. Spitz, l'angoisse ne peut être éprouvée avant que l'objet total ne soit constitué. Cet auteur estime que lorsque l'enfant ne perçoit pas encore l'objet d'amour dans sa totalité, comme objet désirant, il ne peut éprouver que de la peur. L'angoisse trouverait son expression prototypique dans la crise du huitième mois, lorsque l'enfant manifeste symptomatiquement la crainte qu'il éprouve devant le visage de l'étranger. Selon cet auteur, avant cette période, le nourrisson ne peut ressentir que « du déplaisir », de la tension, éventuellement un état d'alerte d'un déséquilibre intérieur, mais ces éprouvés seraient purement somatiques. Ce ne serait que dans le deuxième semestre de sa vie qu'il serait en mesure d'éprouver de l'angoisse, en raison du fait qu'il aurait alors identifié le visage maternel et que l'éloignement de celui-ci susciterait un affect pénible.

Cette ontogenèse de l'angoisse heurte la conception freudienne de la sexualité infantile. Indépendamment du statut de la peur dans le développement de l'humain, indépendamment aussi de la question conceptuelle (*Ich habe angst vor = j'ai peur de*[4]), la vie pulsionnelle infantile ne se

4. Il est certain que l'utilisation du terme « angst » par Freud déborde largement ce que nous qualifions « d'angoisse » en Français. « La peur est lourde d'angoisse, l'angoisse se lie à la peur » dit Laplanche, mais peur et angoisse n'entretiennent pas ontogénétiquement un rapport de précédence.

décrète pas avec la constitution de l'objet total. Elle est aux origines, et pour scandaleuse que soit cette affirmation freudienne, il n'empêche qu'elle soumet le nourrisson immature à une situation périlleuse. Ce que vit le bébé c'est l'éprouvé de ne pas être à lui-même suffisant ; « le désaide[5] » ou la tragédie d'un risque de non-existence. Ceci n'est pas métaphysique, mais psycho-physique. Il s'agit d'une impossibilité à « s'aider soi-même » c'est-à-dire d'un vécu d'impuissance douloureuse parce que l'objet se dérobe aux forces vives de la libido. Celles-ci sont délétères si elles ne sont pas étayées. Toutes les situations ultérieures d'angoisse sont préformées dans ces premiers ressentis de détresse archaïque, dont l'intensité est variable selon les sujets, mais dont personne ne fait l'économie. Secondairement se met en place une ébauche de représentation causale qui modélisera l'angoisse du surmoi, (c'est parce que... et si l'autre me menaçait aussi ?) mais aux origines, l'angoisse, c'est le tumulte interne d'une vie suspendue aux incertitudes de l'objet.

D.W. Winnicott l'a aussi montré, qui définit le nourrisson « *comme un être immature continuellement au bord d'une angoisse inimaginable, dont nous ne pouvons avoir l'idée : se morceler, ne pas cesser de tomber, ne pas avoir de relation avec son corps, ne pas avoir d'orientation* » sont les variantes qu'il donne de ces angoisses catastrophiques, généralement tenues à distance par une mère normalement dévouée, « *qui a la capacité de se mettre à la place de l'enfant et de savoir ce dont il a besoin quant à son corps en général, et donc quant à sa personne* ». De ces expériences de détresse des premières heures ou des premiers mois, tous gardent les marques.

1.2. Dualisme pulsionnel et vie fantasmatique

Pour Mélanie Klein « *L'angoisse et ses modifications constituent un des problèmes essentiels de la psychanalyse* »[6] et cet auteur de rappeler, à la fois les moyens normaux de lutte contre celle-là, qui contribuent à la formation du moi, aussi bien que la fragilité du bébé ou du jeune enfant « *placé devant sa tâche principale qui est de maîtriser l'angoisse dont il subit la constante pression* ».

Pourquoi l'angoisse infantile ? Se pourrait-il que le bébé advienne au monde non seulement avec une disposition à éprouver ultérieurement un tel affect, mais plus catégoriquement, déjà angoissé ? Cette hypothèse heurte des sensibilités cliniques qui font de l'état d'angoisse du nourrisson une affaire induite par un environnement insuffisamment sécurisant. À

5. C'est le terme proposé par Laplanche pour caractériser l'impuissance infantile.
6. Klein M. in *La psychanalyse des enfants*, Paris, PUF, 1959, p. 191.

l'opposé d'une version angélique de l'enfance, victime précoce d'adultes névrosés, Mélanie Klein propose une conceptualisation de l'angoisse comme résultante de l'antagonisme pulsionnel des origines auquel le bébé doit faire face. Dès la naissance et indépendamment de la qualité des expériences à vivre ou déjà vécues, en relation avec le monde extérieur dont l'auteur ne tient d'ailleurs pas compte, pulsion de vie et pulsion de mort conflictualisent la vie psychique du nourrisson. Les bonnes expériences de satisfaction, de gratification instinctuelles, essentiellement orales, vont permettre à l'enfant d'introjecter, de prendre à l'intérieur de lui quelque morceau d'un bon objet. À celui-ci s'agrégeront d'autres bons objets pour constituer un premier moi fragmenté, proto-forme d'un moi définitif qui devra s'approprier ce qu'il a dans un premier temps rejeté à l'extérieur.

Au cours de cette phase ou position « schizo-paranoïde », le bébé garde à l'intérieur de lui ce qui est bon, expulse ce qui est désagréable et mauvais. Il constitue ainsi un objet mauvais dangereux, persécuteur, externe qui peut faire retour sur lui, et dont il doit se protéger de manière de plus en plus élaborée pour faire prévaloir son désir de vie sur les attaques destructives de la pulsion de mort. Simultanément, il construit un objet bon, gratifiant, idéalisé, interne dont il est le garant. Celui-ci cautionne en même temps sa continuité d'existence et sa sécurité interne.

Cette théorie de l'angoisse infantile donnée en prime de la vie, moteur même de la structuration du sujet psychique, puisque de sa maîtrise dépend la constitution du moi archaïque et du surmoi maternel précoce n'est pas sans conséquences. Elle implique d'une part, le postulat de la pulsion de mort, bien discutable malgré les dernières positions freudiennes et d'autre part, l'affirmation, à la fois, de l'existence d'imagos primitives et de la capacité de représentations, qui ne sont en rien le décalque du monde réel mais une création non perceptive du sujet.

1.2.1. La pulsion de mort

Le fondement de la vie psychique est une lutte objectivable entre deux pulsions dont les expressions ne sauraient ni naturellement, ni systématiquement, être liées. Les héritiers de Mélanie Klein, dont Paula Heimann[7] banaliseront les expressions quotidiennes de cette pulsion de mort de telle façon que *« les êtres mythiques »* que Freud voit s'affronter chez tout individu sembleront constituer ici une force considérable de destruction : *« les occasions ne manquent pas de voir des comportements auto-destructeurs, depuis de simples bévues que les gens commettent évidemment contre leurs*

7. Heimann P. et Isaacs S. La régression in *Développements de la psychanalyse* traduit par W. Baranger, Paris, PUF, 1966.

propres intérêts, jusqu'aux préjudices sérieux qu'on se porte à soi-même (la tendance aux accidents), au comportement grossièrement masochiste et au suicide »[8]. Certes, pulsions de mort et pulsions de vie sont intriquées et les premières n'ont le champ libre que lorsque la désintrication pulsionnelle, spéculation issue de la pratique clinique, les y autorise : « *Une sorte de défusion semble alors se produire où l'une des pulsions règne absolument. Je pense, poursuit P. Heimann à des exemples d'extrême sacrifice de soi ou d'extrême dévouement (sans le bénéfice d'un plaisir masochiste) d'un côté, et de cruauté aveugle et excessive de l'autre* »[9]. Cette hypothèse, cependant, semble faire la part mauvaise aux pulsions de vie dont la tâche essentielle serait de faire taire leurs sœurs rivales.

Pour l'école kleinienne donc, l'angoisse serait la résultante d'un conflit d'ambivalence à l'égard du sein maternel, objet du désir d'appropriation et d'introjection aussi bien que de destruction. Le postulat de base de cette conceptualisation est que le bébé vient au monde avec le désir d'attaquer celui-ci et de le détruire[10]. De là surgirait la crainte, non seulement de ses propres armes, mais des représailles de l'objet attaqué. De là aussi découleraient, et l'angoisse d'être habité par des objets internes sur lesquels le nourrisson a projeté son agressivité, et la culpabilité d'avoir mis en danger le sein maternel. Ce dernier sentiment induirait à la fois un mouvement expiatoire et un mouvement de réparation de la mère que nous verrons à l'œuvre dans la dépression.

La pulsion de mort, dans les derniers travaux de Freud, implique aussi la tendance à la destruction, à la déliaison, le retour à l'inorganique comme indissociable du désir agressif ou sexuel. Il n'est pas évident cependant que, dans ce tournant théorique de 1920, Freud ait souhaité annuler ses avancées antérieures. Pour suivre J. Laplanche sur ce sujet, nous pensons que « *la pulsion de mort cherche explicitement à* (éclairer) *ce qu'il y a de plus fondamental dans la notion de pulsion, le retour à un état antérieur, et, en dernier ressort, le retour au repos absolu de l'inorganique. Au-delà d'un type particulier de pulsion, c'est ce qui serait au principe de toute pulsion qu'il désigne ici* »[11]. La pulsion de mort serait le modèle par excellence de toute pulsion, rendant compte des phénomènes de répétition, de la clinique de la névrose obsessionnelle aussi bien que de la métapsychologie de la haine, mais elle serait le plus souvent muette.

En conclusion, on admettra avec certains auteurs que la pulsion de mort

8. *Op. cit.*, p. 306.
9. *Op. cit.*, p. 308.
10. Barande R. Mélanie Klein parmi nous in *L'inconscient* pp 119-134 N° 8 octobre 1968.
11. Laplanche J. et Pontalis J.-B. *Vocabulaire de la psychanalyse*, Paris, PUF, 1967.

est concevable comme mouvement ultime de la psyché au moment même de sa propre mort, sans en inférer nécessairement à un dualisme pulsionnel. Agresser, détruire sont des mouvements qui s'inscrivent dans le destin de la libido, et l'amour et la haine ne sont pas étrangers quant à leur source même s'ils sont antagonistes dans leur finalité. L'intérêt de la théorisation kleinienne est, à notre sens, d'une part, de mettre l'accent sur la précocité des états d'angoisse chez le bébé, d'autre part, de faire de celui-ci l'acteur de ses affects.

1.2.2. Les fantasmes du bébé et son monde intérieur

Sur la nature même de l'activité de pensée et de représentation du nourrisson nous sommes dans la fiction, mais dans une fiction nécessaire. Aucun des modèles invoqués en psychopathologie précoce ne peut trouver confirmation autrement que dans la reconstruction de la cure, ce qui reste une affaire bien confidentielle au regard des cohortes que l'épidémiologie requiert pour établir ses preuves. Ce que nous savons, c'est que cette activité de pensée est, à l'origine, métabolisée par le corps et la psyché maternels, que c'est la mère qui organise les activités de satisfaction du bébé et l'apaisement de ses besoins ; que c'est elle qui temporise, ordonne, métabolise ses excitations et que si elle est absente ou défaillante le bébé est soumis à des situations sur lesquelles il ne peut avoir prise.

Sur la fonction de représentation aux origines de la vie psychique il est pertinent de rappeler trois choses :

D'abord, pour l'observateur attentif du nourrisson, il est indéniable qu'il existe une vie psychique précoce. J'emploie délibérément le terme de psychique pour désigner la réactivité motrice, sensitive ou sensorielle aux stimulations externes qui n'est pas seulement réflexe mais engage une fonction mentale, colorée dans l'instant même de sa mise en route par des ressentis de plaisir et de déplaisir. Aucun de nous ne peut dire ce que se représente le bébé, quelle est la nature des images (si elles existent) qui sous-tendent ces éprouvés, (et l'on réalise, là, que le modèle kleinien est une construction théorique à partir de cures d'enfants et d'adultes). Il n'en reste pas moins que le tout petit bébé discrimine et communique des états intérieurs qui sont organisés autour de deux catégories d'affects : le plaisir et la souffrance. Autour de ces deux pôles se déclinent la quiétude, le ravissement ou l'excitation, et le désagrément, l'inquiétude, l'effroi. Le sujet « psychique » émerge au creuset de ces premières expériences, dans les opportunités qui lui sont données de lier entre elles les traces des bonnes expériences introjectées, pour nourrir son sentiment de continuité et d'existence et simultanément, pour faire barrage à la tendance à l'inertie des pulsions sexuelles.

Ensuite, les manifestations psychiques du nourrisson sont incontestables comme l'est l'intentionnalité de sa motricité si peu organisée soit-elle. Les rudiments de cette intentionnalité donnent progressivement lieu à des schèmes sur lesquels se construisent ses relations au monde extérieur. La mère est la première personne à les décrypter, à les interpréter. La question reste de savoir si cette proto-pensée organisant la logique des expériences précoces est un donné en prime de la vie humaine, une activité induite par la capacité de rêverie maternelle qui transforme pour le bébé le monde et ses objets, ou une pure fonction de neurones dont la maturation permettrait l'émergence d'images, de représentations et la liaison de celles-ci dans des scénarios universels, donc partageables. Quelle que soit l'hypothèse, l'implication d'un « autre », humain, est une condition nécessaire. L'expérience a montré (enfants loups ou situations de carences massives) que l'activité de pensée, c'est-à-dire l'investissement d'un système d'images et de représentations susceptible de donner corps et sens aux relations avec le monde externe aussi bien qu'interne, et de les modifier, n'était pas une fonction strictement « organique ». La pensée est consubstantielle de l'érogénisation du corps, du plaisir que la mère ou celle qui en tient lieu éprouve à partager, avec le corps du nourrisson et avec le plaisir que celui-ci lui manifeste : cette interactivité libidinale étant portée par le langage. Nous ne savons pas ce que réserve l'avenir aux chercheurs qui travaillent sur la représentation. La question est suspendue à des hypothèses bio-mécaniques dont celle de savoir à quel moment le cortex cérébral est susceptible d'une activité psychique. Peut-être pourrons-nous un jour prochain parler de la genèse bio-physiologique de la pensée. Il n'est en tout cas pas pensable que l'énigme du sexuel qui y préside soit jamais levée.

Enfin si l'on admet que quelle que soit la forme sous laquelle cette pensée, fût-elle embryonnaire, se manifeste, elle existe potentiellement dès lors que le bébé est pris dans le réseau des représentations parentales[12], rien ne nous dit comment s'organisent le désir et le fonctionnement affectivo-mental. Pour S. Lebovici, cette béance risque peu de se combler « *si l'on continue à métaphoriser à la manière française* »[13]. Cette réaction marque les

12. Sur la constitution du monde interne et la genèse de l'activité de penser, les travaux de Piera Aulagnier guident notre clinique. De cette activité de pensée chez l'infans ou le nourrisson, aucun sujet n'aura jamais connaissance : Il s'agit d'expériences que la mère vit et transmet par des mots ou des attitudes ou des sensations à son bébé. L'activité du nourrisson inclut deux sous-ensembles : « *le sous-ensemble du représentable et le sous-ensemble de l'intelligible.* » Ce qui relève de la première catégorie « *n'a d'autre forme d'existence pour l'homme que celle qu'il doit au savoir mythique ou scientifique, qui affirme... que l'on ne peut subjectivement rien savoir ni rien percevoir des activités fondamentales de notre organisme* » in La violence de l'interprétation. Paris, PUF, 1975.
13. Lebovici S. *En l'homme le bébé, entretiens avec Émile Noël* ; Ed. Eshel, 1992.

limites des constructions théoriques sur le fonctionnement psychique du nourrisson, qui ne visent pas à mettre en évidence « *ce qui se passe dans la tête des parents pour faire fonctionner celle du bébé* »[14]. S. Lebovici critique ici une sorte de délectation clinique consistant à ratiociner sur le fonctionnement mental et ses répétitions, sans chercher à comprendre ce qui l'a fondé aux origines de la vie. Sont visés Winnicott, les post kleiniens, Meltzer et Bion, lesquels s'écarteraient ainsi de la pensée freudienne. Lebovici s'irritera ainsi à propos des modélisations des contenus de la vie fantasmatique du bébé (mordre le sein, être mordu par le sein, détruire le sein) dont il dit qu'elles accordent à l'enfant une intention, une volonté qui éclipsent, dans l'interrelation, « le bébé rêvé par la mère ».

L'énigme est là, dans cette béance, et rien aujourd'hui ne permet d'y accéder. Mais si nous admettons le caractère excessif, hasardeux ou adultomorphe de certaines métaphorisations, ceci ne peut cependant pas nous priver de construire des modèles. Parmi ceux-ci, les travaux de Piera Aulagnier restent les plus convaincants et la lecture, la « représentation originaire » ou « pictogramme » s'éclaire de ce qu'Hochmann[15] propose de la fonction de la rêverie maternelle et de ce qui fait reste dans les tentatives premières d'accordage ou d'interactivité.

Au terme de ce rappel théorique, une question se pose qui concerne la qualification de l'angoisse : de morcellement, de séparation, de castration, de mort, et j'en passe sûrement, même en excluant l'angoisse dépressive et son cortège de caractéristiques (de perte, de séparation)[16]. Peut-on

14. *Ibid.*
15. Hochmann J. Cordelia ou le chant des sirènes in *Autismes de l'enfance*, Paris, PUF. 1994. : « *Dans et par la rêverie maternelle, les actions du bébé s'arrangent selon une temporalité, un avant, un pendant, un après. Ils se succèdent selon une causalité... Ils occupent un espace... On pourrait paraphraser : au commencement était la rêverie d'une mère*[15]*. Les mots que la mère met sur les agis du bébé ne sont donc pas un simple lexique, un décodage terme à terme. Ils sont unis par une syntaxe, forment la trame d'un récit... La rêverie maternelle opère donc sur les productions du bébé une transformation logique et sélectionne dans le matériel ce qui est compatible (presque au sens moderne des logiciels d'ordinateur) avec son fonctionnement mental, c'est-à-dire avec les contraintes à la fois personnelles, culturelles, voire phylogénétiques (...). Le reste rejeté, constitue peut-être cet ensemble que Piera Aulagnier qualifie d'originaire et qui ne peut se concevoir que sur un mode pictographique.* »
16. Dans son travail d'introduction à la psychopathologie infantile, J.-L. Lang distinguait jusqu'à cinq types d'angoisse : 1) Une angoisse archaïque (destruction, engloutissement, fusion, morcellement) 2) une angoisse de suspension (vidange ou éclatement) 3) une angoisse de séparation ou d'abandon, 4) une angoisse de castration et enfin 5) une angoisse surmoïque, chacune renvoyant à une fixation à un type de relation d'objet. In Dunod, coll. Psychismes, Paris 1979.

admettre que le ressenti de l'angoisse se colore au cours du développement et de la genèse des relations objectales, de figurations diverses dont les nuances engageraient le jugement clinique ? À notre avis, rien ne le permet. Si l'éprouvé d'angoisse et son expression varient avec la maturation, c'est dans la mesure où l'usage de mécanismes de défense de plus en plus élaborés va de pair avec « un moi qui se fortifie » ou « un sujet qui se structure », et des représentations de plus en plus élaborées. Les effets délétères de l'angoisse trouveront à s'abréagir dans la mesure où le moi initialement passif acquerra, dans la répétition, quelque maîtrise sur la situation interne, et s'autorisera des productions mentalisées de plus en plus efficientes.

2. Clinique de l'angoisse

Si l'on excepte les troubles phobiques sur lesquels nous reviendrons, les manifestations de l'angoisse chez l'enfant sont extrêmement polymorphes et difficiles à repérer dans la mesure où elles font partie du développement normal et peuvent être transitoires.

Il peut s'agir :

– D'un malaise général de l'enfant que l'on repérera dans ses attitudes, son maintien

– De plaintes somatiques variées : mal de tête, mal au ventre, vomissements.

– De troubles fonctionnels : perturbation du sommeil ou de l'alimentation.

– De comportements agressifs ou de passages à l'acte spectaculaires, voire de comportements inhibés

– Enfin, de l'expression orale, écrite, ou ludique, de fantasmes angoissants, répétitifs, durables, et qui semblent retentir sur les relations de l'enfant à lui-même et à son environnement.

Il peut s'agir aussi de troubles du comportement entraînant l'inhibition et l'évitement de situations (scolarité) perçues comme menaçantes.

En fait, tout peut se voir, car il est rare qu'un tableau symptomatique pathologique atteigne parfaitement son but qui reste d'épuiser, par des défenses inadéquates, l'angoisse engendrée par un conflit interne.

3. Psychopathologie de l'angoisse

« *Ce n'est pas la présence ou l'absence d'angoisse, sa qualité ou même sa quantité qui permet de prédire l'équilibre psychique ultérieur ou la maladie. Ce qui est significatif à cet égard, c'est seulement la capacité du moi à maîtriser l'angoisse*[17] ».

Plus que le rire l'angoisse est le propre de l'homme, au point que G. Amado a pu écrire *qu'aucune science, aucune technologie ne l'épuiserait jamais.* On ne peut sans doute pas démentir cette conception « existentielle », philosophique, mais il n'est pas certain que les psychopathologues parlent du même objet.

L'angoisse est normale au cours du développement et ce qui fait son caractère pathologique, c'est l'insuffisance de l'organisation défensive, son inefficacité ou sa rigidité. Les processus de développement entraînent systématiquement l'émergence d'éprouvés d'angoisse et d'anxiété (nous serons amenés à en parler dans le chapitre suivant) contre lesquels les enfants sont différemment armés pour se défendre. L'efficacité des moyens de défense qu'ils mettent en place est d'autant plus grande qu'ils auront pu tolérer et gérer les petites angoisses associées aux séparations d'avec la mère, au complexe d'Œdipe ou aux attaques du surmoi. La bonne qualité des parades ou défenses contre les premières angoisses est un bon critère de prédictivité d'une évolution ultérieure harmonieuse.

D'un point de vue psychopathologique, c'est-à-dire des conditions psychiques propices à l'éclosion d'états anxieux, il faut en revenir à la théorie. L'angoisse est un éprouvé d'impuissance et ses effets seront d'autant plus délétères que le moi est immature ou démuni. L'angoisse initialement pulsionnelle a toujours des retentissements narcissiques[18] et la construction du sentiment de continuité et d'existence en est affectée. Les angoisses très précoces, durables, qui mobilisent sur un mode défensif l'expression somatique (troubles du sommeil), ont toujours des conséquences déstructurantes, que le développement ultérieur pourra éventuellement émousser. Celles de l'enfant œdipien qui tente pour les éviter de les transformer projectivement en peur ou de s'en défendre en les isolant ou en essayant, intellectuellement, de les annuler, tout en étant aliénantes sont néanmoins réversibles et laissent moins de traces dans la structuration du sujet.

On évoquera aussi, au cours de l'enfance, les « angoisses induites » par des parents pusillanimes et peureux, ou très névrosés, et qui vivent l'environnement, l'autre, comme potentiellement dangereux. La vie pulsionnelle de l'enfant se trouve alors limitée dans ses investissements, imaginairement, toujours à risques, et les voies de dégagement sont toujours conflictuelles.

17. Freud A., *L'enfant dans la psychanalyse*, Paris, PUF.
18. On a vu que l'angoisse était d'essence pulsionnelle. Cette angoisse cependant, dans la mesure où elle n'est pas élaborée, retentit sur l'image que le sujet a de lui, sur son sentiment d'existence et de sécurité de base.

4. La dépression

En psychiatrie adulte, la mélancolie est la forme paradigmatique, c'est-à-dire le modèle de la dépression, à côté de laquelle on reconnaît des dépressions réactionnelles et des dépressions névrotiques, ou des formes cycliques de la maladie, alternant avec des périodes d'exaltation de l'humeur. Il n'en est pas de même en psychiatrie infantile.

Si la dépression, longtemps niée chez l'enfant, ne fait plus problème, si l'épisode dépressif est sur le plan sémiologique bien décrit, un certain nombre de difficultés subsiste cependant dans la pratique quotidienne : Existe-t-il une maladie dépressive de l'enfant qui fonderait par exemple la maladie dépressive de l'adulte ? Qu'est-ce que « la position dépressive » kleinienne au regard de l'état dépressif de l'enfant ? *Deuil et Mélancolie* nous instruit-il sur la métapsychologie de la dépression de l'enfant ?

4.1. La position dépressive

La position dépressive décrite en 1934 par Mélanie Klein[19] reste un modèle théorique central dans le développement psychogénétique de l'enfant. Elle apparaît aux alentours du sixième mois et correspond à la perception de l'objet total. Nous avons dans un précédent travail développé[20] cette évolution de l'appréhension de l'objet par l'enfant. L'objet est dit total lorsqu'il est perçu comme désirant ou, pour dire les choses autrement, lorsque le nourrisson s'aperçoit qu'il « n'est pas tout » pour sa mère[21]. Cet espace de l'autre pour la mère ne se révèle pas magiquement à l'enfant à l'aube de son deuxième semestre, et sa capacité d'halluciner la satisfaction lui permet de maintenir longtemps l'illusion d'une unité narcissico-libidinale absolue dont le tiers est absent. L'appréhension de l'objet total coïncide avec ce qui est décrit comme angoisse de l'étranger (Spitz, Sami-Ali) laquelle, une fois métabolisée, constitue une étape de structuration de la psyché[22] dont l'enfant

19. Klein M. *Contribution à l'étude de la psychogenèse des états maniaco-dépressifs.* 1934. Dans cet article la notion de position dépressive se trouve clairement posée.
20. Birraux A. L'objet in *Fondamental de Psychanalyse* sous la direction de A et S. de Mijolla. Paris, PUF, 1994.
21. « Jusqu'à sept ans j'étais Dieu » fait dire Erich Emmanuel Schmidt à son personnage Joshuah. In *La passion selon Pilate*, montrant ainsi combien la perception de l'objet total ne coïncide pas avec le renoncement total à la maîtrise de l'objet.
22. Winnicott dont la pensée est difficile à traduire dans le langage de la métapsychologie freudienne, (qui recourait souvent à la phénoménologie) trouvait que la notion de position dépressive « était un très mauvais terme pour un processus normal, bien qu'on n'en ait pas encore trouvé de meilleur », et considérait que celle-ci était un aboutissement, une progression, un résultat dans lequel s'exprimait la « sollicitude pour l'objet ».

ne peut faire l'économie sauf à se mettre en risque somatiquement (Kreissler, Fain, Soulé).

Jusque-là l'enfant est protégé de la souffrance dépressive par les mécanismes de clivage, de projection qui lui permettent de se délester à l'extérieur, des mauvais objets persécuteurs. L'appréhension de l'objet total va de pair avec la constitution du moi-réalité. Pour Mélanie Klein cependant, la phase dépressive survient après la phase schizo-paranoïde mais n'impliquerait pas un éprouvé d'affect radicalement différent. Simplement, au cours de sa maturation, l'enfant découvrirait que ce qui l'avait amené à cliver les bonnes et les mauvaises parties de l'objet et du soi, à idéaliser, à projeter, ne garantissent pas son contrôle omnipotent sur l'objet. Celui-ci n'est ni tout bon, ni tout mauvais, mais ambivalent. Bonne mère et mauvaise mère ne font qu'un seul objet et l'enfant craint alors que l'expression de ses pulsions agressives ne se solde d'une disparition de l'objet.

Dans les conditions d'un développement normal, l'enfant supporte sa souffrance mais tente, par des mécanismes de déplacement et de sublimation, de réparer l'objet qu'il a soumis à ses attaques sadiques.

Pour spécifique que soit cette phase, que constituent l'appréhension de l'objet dans sa totalité et l'obligation de renoncer à sa toute-puissance sur l'objet, il n'est pas probable qu'elle porte en elle une qualité dépressive. Winnicott suggéra d'ailleurs, pour éviter toute ambiguïté, qu'elle soit qualifiée du terme « d'inquiétude » ou « de compassion ». La phase dépressive n'est pas, en effet, le modèle psychopathologique de la dépression de l'enfant. Elle ne porte pas en elle les caractères sémiologiques de la dépression. Sur le plan structural, elle engage à penser les effets du renoncement nécessaire au contrôle omnipotent sur l'objet aussi bien que ceux de la perception de l'objet total dont les investissements peuvent alors concerner des objets multiples et insoupçonnés jusque là. Au cours de la phase dépressive, il n'y a pas perte d'objet mais modification de l'objet, et ceci dans une négociation où tout est à gagner (à savoir les bénéfices narcissiques du développement).

La question de la dépression s'éclaire aussi des contributions de Freud, de Bowlby et de Spitz.

Freud aborde la dépression à partir de l'idée de travail de deuil et du processus mélancolique. Le premier accompagne une perte d'objet réel. Il suppose, d'une part, une idéalisation de l'objet perdu, d'autre part, une introjection de cet objet perdu idéalisé et une identification à celui-ci en même temps que la réalité externe de l'objet est désinvestie. Il implique enfin un détachement de la libido de cet objet interne qui va permettre des investissements autres. Le second se caractérise aussi d'une perte d'objet mais d'une perte inconsciente, qu'accompagne une perte de l'estime de soi

« *comme si l'ombre de l'objet tombait sur le moi* ». Tout se passerait au fond comme si la mélancolie venait signer l'impossibilité d'un travail de deuil, la seule issue pour le mélancolique étant de détruire l'objet introjecté, quitte à se détruire lui-même. On mesure là, la force de la fixation de type narcissique à l'objet perdu, fixation qui s'expliquerait par des blessures narcissiques profondes et pré-œdipiennes (orales et cannibaliques) de l'enfance et par la répétition pathologique de cette atteinte au cours de la vie ultérieure, comme si de celle-ci, rien ne pouvait être élaboré.

La métapsychologie du deuil ou de la mélancolie ne rend pas compte de la dépression du nourrisson : Ces modèles supposent en effet la différenciation des instances psychiques telle qu'elle ne sera achevée qu'à la fin de la latence. À partir de la période œdipienne, l'intériorisation des imagos parentales et l'organisation du surmoi permettent de comprendre la culpabilité névrotique et le cercle vicieux de la dépression dans lequel celle-là entraîne lorsque, par exemple, un membre proche de la famille disparaît ou est victime d'un accident, voire même lorsque les parents divorcent. Avant les prémices de l'œdipe, les expériences subjectives de l'enfant (ses affects) sont trop peu élaborées pour que l'on puisse penser qu'il vive « des dépressions » à l'instar de ce qui se passe chez le grand enfant ou chez l'adulte.

Les modèles proposés par Bowlby et Spitz prennent en compte l'immaturité et l'impuissance de l'enfant.

Bowlby accorde aux premières relations d'objet et aux premières expériences de perte une importance primordiale. La théorie se construit à partir d'observations très probantes sur la nature du « lien » et la nécessité de sa continuité qualitative. Ainsi, si au cours de la première année, la relation dyadique mère-enfant ne fait pas l'objet de renforcements positifs suffisants, le système d'attachement à la mère se rompt et entraîne une succession de réactions : désespoir, découragement, détachement. Comparant ce qui se passe chez les nourrissons au regard d'un certain nombre d'études éthologiques qui concernent la séparation de certains bébés primates de leur mère, Bowlby note que *les manifestations de désespoir* qui se traduisent par des refus de s'alimenter ou de s'habiller surviennent après une *phase de protestation* lorsqu'advient la séparation. L'enfant sanglote, est inconsolable, appelle ses parents, les cherche partout. *La phase de détachement* s'installe ensuite pendant laquelle l'enfant consent à renouer des liens avec les personnes qui s'occupent de lui et au cours de laquelle il peut protester de revoir sa famille.

Pour Bowlby, ce sont les événements *réels* de l'enfance qui rendent compte des états dépressifs normaux ou pathologiques de l'enfance. Ce postulat évinçant la vie pulsionnelle de l'enfant et la qualité de son monde interne le rend quelquefois suspect au psychanalyste. Nous pensons qu'il s'agit moins des « événements réels » que de leur impact non différé sur l'organisation libidinale de l'enfant. En supposant une identité de ces situations réelles chez tous les enfants observés, il est probable que tous ne vivraient pas « la dépression », à moyen terme, sur un mode univoque, même si les conduites témoignent d'une réactivité commune.

Spitz s'est aussi intéressé aux « dépressions réactionnelles » à la carence de l'objet, dans la notion « d'hospitalisme ». Observant des jeunes enfants (6 mois à 18 mois) brutalement séparés de leurs familles ou (et) placés dans un environnement très carencé, il décrit, après une phase de pleurs, une installation dans le retrait et l'indifférence en même temps qu'apparaissent des conduites régressives, une perte du contact et un état global assez proche d'une vie végétative. Ce même syndrome ou « dépression anaclitique » de l'enfant est aussi observé en milieu familial en cas de carences affectives massives.

Ces deux modèles ont l'intérêt de mettre l'accent sur la dépression infantile comme conséquence de l'insuffisance d'investissement de l'environnement (de la mère) à son égard.

4.2. Clinique de la dépression

La dépression[23] de l'enfant est un état durable souvent ignoré par l'environnement et même par les parents, dont les signes ne sont pas nécessairement de souffrance apparente, de tristesse ou de dévalorisation, comme chez l'adulte. Il n'en reste pas moins qu'elle pose, comme chez l'adulte, la question de la perte et du deuil, celle de la culpabilité et celle de l'agressivité.

Son expression clinique est très polymorphe.

Sur le plan descriptif, on a pu constater que tous les symptômes de la psychopathologie de l'enfant peuvent être rattachés à la dépression. Nous retenons ceux que J. Sandler et Joffe ont décrits comme attitudes devant attirer l'attention et qui associent :

– une tristesse et un ennui apparents,

– une absence de relation d'intérêt aux objets de l'environnement, ceci de manière plus ou moins permanente.

– une très faible capacité à trouver du plaisir, en compagnie de quelqu'un ou dans le jeu : l'enfant déprimé ne joue pas.

– un sentiment d'être rejeté ou mal aimé, mais en même temps une incapacité à créer des liens et au contraire une tendance à se détourner rapidement des personnes qui viennent vers lui.

23. La question de la spécificité d'une maladie dépressive de l'enfant est encore discutée, et non admise par exemple aux U.S.A.

– une tendance générale à la passivité, à la régression et aux activités auto-érotiques.

– enfin, l'existence de troubles associés, soit somatiques (insomnie ou hypersomnie, troubles alimentaires) soit comportementaux (agitation, inadaptation scolaire).

On distinguera cependant les **réactions dépressives** de **l'état dépressif vrai**.

4.2.1 Réactions dépressives chez l'enfant

Le comportement de l'enfant se modifie progressivement à partir d'un événement qui peut avoir valeur réelle ou symbolique de perte ou de deuil : (mort d'un grand-parent, séparation des parents, mort d'un animal domestique familier, départ ou éloignement d'un ami, d'un frère etc.).

Dans la plupart des cas, ce n'est pas l'inhibition et la tristesse qui dominent le tableau, mais une certaine agitation stérile qui témoigne d'une absence d'attention à l'environnement et d'une fuite dans un monde imaginaire. Cette instabilité est souvent entrecoupée de moments de passivité, de vide, de contemplation sans objet, mais elle est aussi souvent ponctuée de moments d'opposition, d'agressivité. Les parents notent l'irritabilité, le manque de confiance devant des tâches nouvelles. Car s'ajoute à ce tableau une perte d'estime de soi, et une dévalorisation qui s'exprime par des expressions telles que « je suis nul » « je sais pas » « je réussirai pas ».

Ces enfants expriment volontiers leur culpabilité en disant « qu'ils ne sont pas gentils, qu'ils sont jaloux », masquant à peine leur sentiment de perte d'amour. On peut ajouter à ce tableau le désinvestissement des activités intellectuelles qui en impose quelquefois pour de la paresse, ainsi que des troubles alimentaires ou des troubles du sommeil. De plus, il n'est pas rare que chez le grand enfant, les idées de mort infiltrent ce discours.

Il est important de ne pas méconnaître une dépression réactionnelle chez un enfant, car la persistance de la souffrance et de la perte de l'estime de soi entraîne une véritable situation d'échec, scolaire et relationnelle, qui peut installer l'enfant dans la maladie dépressive.

4.2.2. La maladie dépressive

Ici, la symptomatologie est moins spectaculaire, plus floue. En fait elle est plus durable. Elle a aussi généralement été niée par les parents et l'environnement et lorsque l'enfant est amené en consultation, le tableau est souvent fait de troubles comportementaux ou caractériels installés. La souffrance dépressive est complètement masquée par une propension à revendiquer, à s'opposer, à s'irriter, à détruire ce que l'enfant ressent comme harmonieux ou susceptible de faire plaisir à l'autre. La maladie dépressive peut aussi revêtir le masque de l'inhibition, de l'isolement, du désintérêt, de l'ennui, mais ceci est moins fréquent.

Sur le plan scolaire, tout pose problème. L'investissement intellectuel est impossible dans la durée ; à de bons résultats vont succéder de longues périodes d'inefficience. L'intégration dans le groupe n'est pas facile. Le refus d'aller à l'école pour des motifs somatiques (maux de tête ou de ventre) peut s'organiser en véritable phobie scolaire.

Les idées de mort et les tentatives de suicide ne sont pas rares, bien que moins fréquentes que chez l'adolescent.

Certaines attitudes viennent ouvertement témoigner de la culpabilité et du besoin de punition : (on pense aux blessures répétées, aux conduites à risques, aux conduites auto-agressives ou aux punitions scolaires à répétition). Ces conduites cependant, dont la finalité est de triompher de l'affect dépressif peuvent laisser penser qu'elles s'inscrivent comme une défense maniaque à son égard, au point que la maladie dépressive de l'enfant pourrait être pensée, par certains, comme un évitement de la « position dépressive kleinienne ».

4.2.3. La dépression selon l'âge

Les tableaux cliniques de la dépression varient cependant en fonction de l'âge et des capacités d'élaboration de la perte.

Chez le bébé

Le modèle en est la dépression décrite par Spitz ou Bowlby, qui ont mis en évidence les réactions de détresse profonde des enfants précocement privés de leurs objets premiers d'attachement. Pour ces enfants, l'angoisse d'abandon est permanente, angoisse que l'on met généralement aisément en relation avec des expériences précoces de séparation et de carence à répétition. Ces enfants vivent dans une dépendance affective constante afin de masquer ou combler leur insécurité intérieure. Ils semblent toujours dans l'attente ; ils ont peu d'initiative et de curiosité. C'est « la dépression anaclitique » qui témoigne d'un besoin de s'étayer, de s'appuyer constamment sur l'autre. Ces dépressions s'observent encore dans des conditions de carences intra-familiales massives ou d'immaturité parentale.

Le risque évolutif est l'installation d'une organisation déficitaire. Ces bébés en effet sont indifférents à leur environnement, ne gazouillent pas, ne babillent pas, et trouvent leur sentiment d'existence dans une auto-stimulation nocturne et diurne (geignements, balancements).

Pour ces dépressions profondes du premier âge, il semble préférable de recourir aux termes d'abandonnisme, d'hospitalisme, de déprivation, de carence, dans la mesure où le pronostic évolutif n'est pas celui des dépressions réactionnelles mais bien plus celui des angoisses catastrophiques.

Chez l'enfant après trois ans

Les manifestations de la dépression sont à cet âge extrêmement variées, mais témoignent peut-être moins d'une véritable souffrance dépressive que d'une lutte contre elle. Ainsi on observe le plus souvent une conduite agitée, instable, agressive, hétéro-agressive, clastique, qui contraste avec l'attitude de retrait ou d'isolement qu'impliquerait la tonalité du monde intérieur.

En fait, la dépression de cet âge s'exprime sur un terrain désorganisé au plan des acquisitions, chaotique au plan de la maturation affective. Par exemple, une demande affective intense alterne avec un rejet de toute relation, des attitudes de prestance avec des mouvements de dévalorisation et de pleurs. Sur le plan social, les acquisitions sont hétérogènes. La pseudo-maturité « verbale » ne doit pas masquer la fragilité du monde interne. Il est rare que ces enfants soient autonomes dans les activités de la vie quotidienne. Ils ont fréquemment des perturbations associées du sommeil et de l'alimentation et manifestent une sensibilité extrême aux séparations. L'agressivité n'est jamais absente, le sentiment de culpabilité dénié.

En l'absence de traitement, ces dépressions évoluent vers des troubles plus graves du comportement lesquels induisent une problématique de la socialisation.

4.3. Psychopathologie de la dépression

Comment comprendre l'émergence d'une souffrance dépressive chez un enfant et quels sont les mécanismes psychiques des dépressions infantiles ?

L'enfant déprimé est un enfant qui éprouve le sentiment qu'il lui manque quelque chose, qu'il a perdu quelque chose, quelqu'un, un objet, un environnement, un contexte, dont dépendait son bien-être. Ce manque, cette perte sont ressentis comme responsables d'un vide intérieur tel que rien ne peut le combler.

L'enfant déprimé est un enfant blessé narcissiquement. Il se sent dévalorisé et a une piètre estime de soi. Dans le même temps, il contient difficilement l'agressivité qu'il destine aux responsables imaginaires de son malheur.

Quelles sont les dispositions psychiques des enfants qui dépriment ?

Il est pertinent ici de différencier deux types de dépression chez l'enfant :

– d'une part, celle du premier âge, consécutive aux déprivations précoces, aux carences massives et que nous avons nommées « hospitalisme ou abandonnisme ». Elles constituent un obstacle absolu à l'harmonie d'un développement ultérieur. Elles sont moins le fait d'une perte d'objet que d'une absence d'objet. Le rôle organisateur de l'environnement étant défaillant, c'est dans un auto-érotisme rapidement insatisfaisant que l'enfant tentera de trouver son plaisir d'exister[24]. La qualité dépressive de l'affect est incertaine. Ce qui est sûr c'est que « l'envie de vivre » a déserté le corps et la psyché de ces bébés parce qu'elle ne leur est transmise par personne.

– d'autre part, celles du deuxième et troisième âge, qui sont consécutives à un manque ou une perte d'objet intériorisé.

Il n'y a pas de continuité psychopathologique entre ces deux états qui viennent témoigner de ce que maturation et développement autorisent à l'enfant de défenses différenciées contre des situations traumatiques identiques de l'extérieur.

4.3.1. Dépression et séparation

Bien que la séparation soit une expérience associée le plus souvent à l'émergence de l'angoisse, on ne peut pas en ignorer ses conséquences dépressogènes chez certains sujets.

Le modèle théorique de Margaret Mahler et de son équipe (Pine et Bergman) doit être évoqué. L'auteur situe l'apparition des premiers émois dépressifs chez l'enfant à la fin de la deuxième année, au moment où il amorce ce qu'elle appelle « le processus de séparation-individuation », c'est-à-dire une opération interne, structurante, maturative, qui lui donne le sentiment d'être psychiquement séparé de sa mère. C'est au cours de ce travail qu'il prend conscience de ses potentialités d'autonomie.

Nous avons, sur ce sujet fait part de nos réserves[25]. Il faut dans cette construction théorique, réintégrer le fonctionnement libidinal de l'enfant. L'enfant œdipien s'appropriant ses pensées et ses désirs, vit un éprouvé de triomphe mais aussi, de perte du recours possible au parent dont il s'éloigne. S'il se sent victorieux d'accéder à une telle étape, il ne peut pas ne pas vivre sans tristesse, nostalgie et agressivité le fait que sa mère puisse mettre un terme à cette unité narcissico-libidinale dans laquelle il s'était installé. Il y a bien lieu d'éprouver de la tristesse et de l'agressivité mais ce modèle évoque plutôt une réactivité à la frustration qu'une véritable dépression.

24. Diatkine R. Le développement de la relation d'objet et des affects. *Psychiatrie de l'enfant.* Paris. PUF, 1978. 2.
25. Birraux A. in *Psychanalyse à l'Université.* Paris, PUF, 1987. « Quelques remarques sur le processus de séparation individuation à l'adolescence ».

En ce qui concerne la dépression, en effet, les choses paraissent plus complexes. Ce qui frappe chez ces enfants, (et chez certains adultes) c'est leur sentiment de l'irréversibilité de leur situation irrémédiablement placée sous le sceau du manque, de l'absence, et paradoxalement, leur éprouvé d'omnipotence, de toute-puissance. Celui-ci n'est pas seulement une défense, mais une séquelle d'un fonctionnement infantile auquel ils n'ont pu renoncer, si bien que la dépression de l'enfant (pas celle du nourrisson) pourrait avoir à faire beaucoup plus avec le désir de toute-puissance infantile qu'avec la perte de l'objet.

C'est en ce sens qu'il pourrait s'agir d'un évitement de la phase dépressive : en effet, dès lors que le jeune enfant appréhende l'objet dans sa totalité, la perte ou l'éloignement de celui-ci le confronte à ses propres pulsions agressives et destructrices dont il a peur qu'elles l'anéantissent. Il va alors tenter de réparer cet objet, et ce désir de réparation, qui participe du *processus de deuil,* va lui permettre de trouver une issue à la position dépressive et d'amorcer la mise en place de mécanismes de sublimations. Il a ainsi installé, à l'intérieur de soi, de bons objets internes qui lui permettent de dépasser cette phase d'angoisse dépressive et de trouver estime de soi et sécurité. Tel n'est pas le cas dans la dépression de l'enfant où l'appui sur les « fragiles » bons objets internes en dispute avec la quête de l'objet idéal. À des manifestations de tristesse ou de désintérêt pour le monde extérieur, de peur de perdre l'objet mais surtout de rage de ne le point maîtriser, se conjugue ainsi répétitivement la mise en échec de toute relation, par définition insatisfaisante.

La « position dépressive », phase de structuration et de maturation n'est en tout cas pas le prototype des expressions cliniques dépressives de l'enfant.

La question de l'existence d'une maladie maniaco-dépressive dans l'enfance, qui préfigurerait celle de l'adulte est discutée en clinique infantile.

Il semble que l'existence de formes monopolaire et bipolaire de la maladie ait été observée chez l'enfant prépubère (Tomason et Kuperman, 1990). Cependant, la classification française des troubles mentaux (Misès, 1988), n'inclut pas cette entité dans ses tableaux et lui préfère le terme de psychose dysthymique, dans la mesure où les psychoses précoces ne répondent pas rigoureusement aux critères nosographiques de la P.M.D.[26]

26. Pour D. Marcelli, « la maladie maniaco-dépressive, dans sa forme monopolaire, et plus encore dans sa forme bipolaire typique, peut être reconnue et isolée chez des enfants dès l'âge de 6-7 ans, bien que ces formes soient très rares. » Cf. *Psychopathologie de l'enfant*, Paris, Masson.

4.3.2. Dépression et angoisse

Si l'on partage les thèses de Widlöcher sur les deux grands types d'affects de base résumant les réponses psycho-biologiques aux situations menaçant la survie de l'humain, on évoquera l'affect angoisse qui constitue la réaction à un danger menaçant, et l'affect dépressif qui serait consécutif à une agression déjà passée. Sans pouvoir souscrire à une théorie de la genèse des affects s'inspirant de l'idée que ceux-ci sont les résidus de comportements qui ont eu un rôle utilitaire dans les espèces animales, nous retenons l'idée que la « dépressivité » entretient avec l'angoisse des liens très proches.

Absence ou faillite de l'objet

Angoisse et dépression sont les conséquences d'une disparition de l'objet ou de sa faillite fonctionnelle. Les auteurs kleiniens parlent « d'angoisse dépressive » pour caractériser la période au cours de laquelle le bébé perçoit le caractère illusoire ou les limites de sa toute-puissance sur l'objet. L'objet total est un objet qu'il faut perdre puisqu'il instaure la fin de l'unité dyadique et marque les premiers temps de l'appropriation de ses désirs propres. Mais n'est-ce pas cette même dérobade, cette même non-réponse à la demande de l'enfant qui suscite l'angoisse en l'absence d'une internalisation suffisamment solide ?

Ce qui différencierait l'angoisse et la dépression serait d'une part, la qualité du ressenti, de l'affect : débordement, effraction des systèmes de contention d'une part, tristesse de l'autre, d'autre part, le processus psychique que ces expériences internes vont initier : organisation défensive plus ou moins névrotique d'une part, deuil de l'autre. On notera que l'un et l'autre sont source de souffrances, difficiles à identifier et à qualifier chez l'enfant sinon de manière « projective ». Décrire les affects des bébés est une entreprise risquée. Ne prêtons-nous pas à l'enfant nos propres sentiments ? Nous l'imaginons désespéré alors qu'il est seulement démuni. L'affect dépressif serait invoqué dès lors qu'il existerait une perte ou une séparation réelles, ou une situation objective de détresse, ce qui créditerait les thèses de Bowlby. L'angoisse pourrait être supputée lorsque des inhibitions, des évitements, des barrages inexplicables aux activités motrices ou intellectuelles viendraient oblitérer le développement.

Il faut cependant noter qu'en psychopathologie du nourrisson angoisse et dépression sont des manifestations d'impuissance, de désaide, d'incapacité à s'aider soi-même. Si les états anxieux témoignent de l'insuffisance des mécanismes de défense et de contention de la libido, les états dépressifs pourraient montrer au contraire la capacité psychique à mesurer la fonction de l'objet et l'origine de la perte d'amour dont l'enfant se sent victime. De notre point de vue, si Widlöcher dit le « vrai » de la clinique, c'est en vertu d'un regard d'adulte qui évoquerait la dépression quand il y a eu « agression » de l'objet, soit externe (disparition, manque, imaginairement irréversibles), soit interne (délitement, friabilité de l'objet en raison de la mauvaise qualité des interrelations) : la dépression, pour s'installer, requérant le temps de cet évanouissement de l'objet interne, qui sera d'autant plus rapide que l'enfant est plus jeune et que les absences de l'objet externe ne peuvent plus donner lieu à l'espérance qu'elles seront comblées (ou à la fonctionnalité de l'hallucination). À notre sens, l'affect dépressif est chez le nourrisson une hypothèse hasardeuse et nous ne le retenons que comme une expression de l'enfant œdipien susceptible de qualifier sa relation d'objet et ses investissements.

DEUXIÈME PARTIE

Psychopathologie structurelle

Les vicissitudes de la structuration du sujet psychique

CHAPITRE IV

La structuration du sujet psychique

1. Le mythe de la symbiose

1.1. Les origines

Aux origines, l'unité narcissique mère-enfant n'est pas une entité symbiotique parfaite, mais une alliance bio-psychique temporaire dont le modèle est le parasitisme[1]. Cet état doit être consenti par la mère, laquelle n'est pas sans en tirer bénéfices mais la dynamique de cette première relation n'étant absolument pas symétrique[2] (la femme peut vivre sans enfant, l'enfant, lui, a absolument besoin d'une nourrice, laquelle dans le meilleur des cas est la mère[3]), nous devons renoncer à l'image d'une fusion primitive dont on ne voit pas, si elle existait, ce qui pourrait alors l'interrompre

1. « Est parasite l'organisme qui tire nécessairement et directement d'un autre être vivant, son hôte, les matériaux indispensables à l'entretien et à l'édification de sa propre substance. L'hôte subit toujours un dommage, grave ou léger, qui peut même devenir mortel mais ne l'est jamais immédiatement » in Aron M. et Grassé P. in *Biologie animale*. Paris, Masson 1966.
2. C'est en effet par un travail spécifique que la mère va donner l'impression d'une totale fusion avec son enfant. Sa capacité de régression ou préoccupation maternelle primaire ou « maladie normale de la grossesse » témoigne de son aptitude à s'adapter aux besoins du bébé mais en aucun cas ne rend compte d'une identification totale à l'enfant, ce qui serait potentiellement aliénant.
3. Nous ne sous-estimons pas les pathologies maternelles lorsqu'il y a mort d'enfant ou séparation et qui donnent à penser que la mère n'est pas indemne du besoin de son enfant. Leur capacité à survivre à la rupture du lien n'est cependant pas comparable.

pour ouvrir l'enfant à l'espace de la subjectivation. La mère volontairement parasitée, réquisitionnée dans son corps et dans sa psyché, pendant la grossesse par le fœtus, puis ultérieurement par le bébé qui vit à ses dépens, *n'est jamais, sauf pathologie, suffisante au bébé.* C'est dire que, même si la grossesse est faite de régression et de tendance à désinvestir le monde externe au profit de l'enfant elle ne sera jamais seule avec lui. L'idylle de la complétude n'est jamais qu'un rêve auquel, s'il existait, l'impérativité des besoins de l'enfant mettrait vite un terme. La mère adéquate ou suffisamment dévouée a à savoir que la symbiose est une métaphore qui idéalise la maternité et sous-estime, dans une image combien parfaite de la relation amoureuse, le risque latent d'une réalité autrement plus complexe[4]. De plus, cette notion de symbiose implique la mère dans une relation d'aliénation, ce qui laisserait sans solution l'issue de « la maladie normale de la grossesse ». La symbiose apparaît comme la version somato-psychique du paradis terrestre, là où le besoin est comblé avant même d'être éprouvé, là où le désir se languit de ne pouvoir advenir. La réalité de la relation mère-enfant, aux origines, n'est heureusement pas de cette nature, mais on peut comprendre qu'elle ait besoin de ses figures mythiques pour exorciser sa malignité.

Même si la situation peut en imposer pour un état de béatitude dans lequel les limites de l'un et de l'autre sont momentanément confondues, l'image du parasitisme est à mon sens plus pertinente pour caractériser les premiers échanges.

Certes, il existe entre la mère et son futur bébé ou son nourrisson, au cours de la grossesse et dans les premiers mois de la vie, une relation d'un caractère particulier qui évoque « la symbiose » mais n'en est pas, à savoir que cette *« association durable, sinon constante, nécessaire et à bénéfices réciproques... qui est en principe, harmonie qu'aucune note discordante ne vient troubler... qui joint des espèces rigoureusement déterminées et à besoins complémentaires »*[5], nous laisse mesurer l'impossibilité d'une application humaine dans la mesure où les besoins et désirs maternels outrepassent largement ce que le bébé peut satisfaire. Un bon accordage affectif entre mère et bébé laisse de l'espace à l'insatisfaction, au manque et implique chez la mère, l'investissement d'autres objets, même si le tout-petit a momentanément la priorité.

4. Cf. Winnicott dans « L'amour dans le contre transfert ».
5. Aron M. et Grassé P., *op. cit.*, p. 642.

1.2. L'espace psychique maternel

Toute la question du développement de l'enfant et de sa maturation s'articule à cette capacité initiale pour la mère de se penser disponible, bien qu'elle soit « occupée », de se penser désirante d'un amant, bien qu'elle soit absorbée par la demande immédiate de soin du bébé. « L'accordage affectif » dont parlent les promoteurs théoriques des interactions précoces, s'il rend compte de la nécessité d'une adaptation de la mère aux exigences d'un bébé actif, implique aussi un désaccordage initial, un espace psychique maternel qui fasse place au géniteur ou à l'amant et dans lequel le bébé fait l'expérience des limites de sa toute-puissance. Dans l'observation, par le psychanalyste, des premières inter-relations parents-bébés, il est constaté, admis, une relative indivision entre le psychisme de la mère et celui de l'enfant – c'est bien la capacité maternelle de rêverie et la manière dont elle est traduite en actes, en mots, qui vont donner corps à la pensée de l'enfant – mais l'organisation ultérieure des triangulations œdipiennes ne se fera pas si aux origines, « le tiers » n'existe pas dans la psyché maternelle. C'est en ce sens que « l'unité symbiotique » demeure modèle d'un fonctionnement pathologique. La nécessité d'une alliance originaire n'implique pas les excès de la fusion.

1.3. L'étayage

Si « *la vie pulsionnelle reste* – au cours de l'histoire de chacun – *primitive, et qu'il ne faut pas surestimer l'aptitude humaine à la vie sociale* », nous avons cependant, aux origines, d'un côté une inorganisation et de l'autre une histoire. L'alliance narcissique implique, d'une part, un sujet « étayé » qui a subverti la logique de satisfaction réelle de ses besoins instinctuels en une logique remaniée autour du désir, et un bébé dont l'histoire pulsionnelle est en constitution selon le principe même de *l'étayage*.[6] L'alliance narcissique primaire mère-enfant fédère toutes les activités libidinales partageables par les deux parties ; convenons cependant que la société ainsi formée n'admet pas l'égalité des pouvoirs entre les partenaires. Cette société réduite n'appartient néanmoins ni à l'un ni à l'autre des actionnaires, et l'on peut penser que les investissements de l'un y sont moins risqués que les investissements de l'autre.

6. Freud S. Sur cette question de l'étayage notons essentiellement dans *Les Trois Essais,* 1991, p. 105 (ajouts de 1915 : « L'activité sexuelle s'étaye tout d'abord sur une des fonctions servant à la conservation de la vie et ne s'en affranchit que plus tard » ainsi que « La sexualité infantile apparaît par étayage, à partir de la nutrition ») (p. 106).

1.4. L'espace mère-bébé

Cette asymétrie concerne aussi la capacité de représentation et l'impact de celle-ci sur le devenir ultérieur de la relation. Le bébé est, par exemple, indemne des conséquences de la représentation des catégories d'espace et de temps[7]. Sa relation à ces catégories existentielles est purement sensorielle. L'avant et l'après, l'espace et sa limite se structureront à partir des modalités de satisfaction des besoins essentiels : la faim, l'irritation cutanée, le sommeil, que la mère organise. Le psychisme du bébé est telle une argile humide sur laquelle vont s'imprimer, en fonction des éprouvés de plaisir qui y sont associés, les traces des rythmes auxquels le soumettent l'excitation et l'apaisement de ses besoins premiers. L'impossibilité à s'aider soi-même rend le bébé dépendant des logiques de satisfaction que sa mère estime bonnes pour lui. En aucun cas il ne pourra les inverser ; tout au plus tentera-t-il de les modifier si elles ne lui conviennent pas en manifestant par des cris, des pleurs, voire par un autre langage symptomatique. Il y a adaptation ou non du bébé aux exigences maternelles[8]. Celles-ci scanderont les activités libidinales du couple mère-enfant. La séduction originaire et sa violence sont bien l'expression de ce pouvoir que la mère exerce d'emblée sur le nourrisson à travers les soins tendres ou agressifs qu'elle lui donne, qui dépendent essentiellement de sa propre histoire libidinale. On sait cependant que les compétences et l'activité du nourrisson sont susceptibles d'organiser des défenses pathologiques contre ce pouvoir s'il le ressent comme despotique.

Les arguments en faveur d'une a-symétrie des origines se résument dans le fait que l'être humain vient au monde dans un état de totale impuissance. Il naît dépendant du désir de ceux qui l'entourent. Les besoins du petit d'homme exigent la présence, à ses côtés, d'un être de langage qui tente d'amortir, de partager, dans l'identification, son ressenti de l'hostilité du monde externe.

L'espace mère-bébé est donc un lieu dans lequel deux êtres trouvent un type de fonctionnement qui assure, dans le meilleur des cas, la continuité narcissique de l'un et la constitution narcissique de l'autre, grâce à l'investissement initial de la mère. Là aussi, le caractère différé des bénéfices éventuels de cet investissement et le risque narcissique majeur, pour elle, d'un tel investissement, ne prêchent pas en faveur d'une symbiose bien que

7. Catégories qui, intériorisées, sont constitutives du sentiment de continuité d'existence.

8. Ces exigences sont sous-tendues par des représentations inconscientes, mais aussi par des images tout à fait conscientes qui dessinent « un bébé idéal » sur lequel le dit bébé n'a pas son mot à dire.

la nécessité d'une adaptation de la mère aux besoins de l'enfant, le caractère souvent inexplicable (aux yeux de l'observateur étranger) de ses gestes, de ses attitudes, de son discours, peuvent en imposer pour une mise à disposition sans retenue de sa propre existence au profit de ce petit être dont elle est seule à interpréter la demande énigmatique.

1.5. Les interactions pathologiques

Deux types d'inadéquation relationnelle engagent ainsi précocement dans la pathologie :

En premier lieu le fonctionnement maternel est inadapté parce qu'il déborde l'attente de l'enfant. L'hyperstimulation[9] à laquelle il est soumis crée une situation d'excitation érogène permanente qui ne peut s'apaiser. Les insomnies, les troubles alimentaires sont au devant du tableau clinique, symptômes qui viennent révéler l'impossible contention pulsionnelle et le ressenti chronique d'angoisse (plus tard peut-être, l'instabilité, l'hyperactivité).

En second lieu, si la mère ne peut absolument pas répondre à la demande de l'enfant[10], les activités libidinales de celui-ci seront pauvres, dévitalisées ou dysharmoniques. Le tableau est celui de la dépression et de son cortège symptomatique. On rencontre ici aussi les débilités affectives : la vie pulsionnelle de ces sujets paraît profondément compromise.

Notons qu'il s'agit d'inter-relation. Ceci veut dire qu'il ne s'agit pas d'accorder aux attitudes et conduites maternelles, valeur en soi, pathogène ou non. Il est question de processus, c'est-à-dire d'un mouvement qui implique une dynamique interne. Il s'agit d'apprécier l'adéquation entre les exigences pulsionnelles, libidinales, de l'enfant et la manière dont la mère y répond.

2. La triangulation précoce : quel père ?

L'alliance parasite n'exclut pas la triangulation comme le ferait la symbiose. Le consentement au parasitisme est, pour l'hôtesse, temporaire. Il s'agirait plutôt d'un commensalisme si la balance des échanges était

9. Notons ici qu'il s'agit de mamans qui ne peuvent laisser leurs bébés tranquilles, qui les réveillent pour les alimenter, qui les interrompent lorsqu'ils jouent, etc. qui ne peuvent en fait perdre le contrôle de l'activité psychique de l'enfant.
10. Il peut s'agir de mamans déprimées, mais le plus souvent, de mamans elles-mêmes carencées affectivement, intellectuellement et souvent matériellement.

ponctuellement également favorable aux deux associés (mais ce n'est pas le cas). La mère ne renonce pas à d'autres investissements, tout au plus les met-elle entre parenthèses (pour une avance sur recettes qui n'est jamais certaine). L'amant ou le père peut être momentanément exclu, il n'en continue pas moins d'exister dans la psyché maternelle. Il peut être même associé à l'idylle mère-enfant[11]. Potentiellement, l'alliance narcissique originaire porte en elle de se dissoudre progressivement pour faire advenir un autre type de relation dans laquelle la place du père séparateur s'objectivera. En aucune façon, sauf situation pathologique, le père n'est absent de cette alliance parasite des premiers mois entre la mère et l'enfant. Au moins il en est témoin, au plus il en est complice. Même absent au quotidien, il est celui à qui la mère adresse sa rêverie sur l'enfant. Mais de quel père s'agit-il[12] ?

1. Initialement et systématiquement, du père de l'histoire infantile maternelle. Chaque enfant est un enfant du grand-père maternel et réactualise, sur un mode complexe, les problématiques œdipiennes de la mère. Le grand-père œdipien peut cependant porter les caractéristiques de la grand-mère œdipienne. Il s'agit là d'une construction inconsciente qui vient témoigner du lien de la mère avec ses propres parents, liens qui l'ont structurée et dont elle ne pourra jamais se défaire.

2. Génétiquement, du père réel qui, la plupart du temps donne son nom à l'enfant. Il coïncide plus ou moins avec le père idéal que la mère a fantasmé pour son enfant. Il est donc estimé à l'aune de figures paternelles qui ont marqué la mère dans sa propre enfance. Ce père nommé, inscrira sur les registres de l'état-civil, en nommant l'enfant, sa propre place dans l'espace de la relation mère-enfant. Lorsque cela n'est pas le cas, il peut être aujourd'hui identifié *a posteriori* grâce aux investigations scientifiques.

3. Enfin, du père amant de la mère, quelquefois éclipsé pendant la grossesse et les premiers jours de l'apparente idylle maternelle avec son nourrisson, mais qui n'en continue pas moins d'exister dans le désir sexuel de la mère. Il garantit le nourrisson de n'être pas l'objet de ce désir. Il est l'homme qui sépare et en même temps protège le nouveau-né d'un érotisme maternel qui pourrait être terrifiant pour son devenir.

11. Les éthologues (B. Cyrulnik) ont montré que l'implication du père réel dans les soins précoces que requiert l'enfant favorisait le développement de celui-ci.
12. La question mérite d'autant plus d'être posée que la réalité sociale aujourd'hui confronte souvent à des familles « monoparentales » féminines, dans lesquelles l'absence du père est une réalité concrète qui n'est pas une réalité psychique.

La triangulation est donc inscrite dès les origines dans l'histoire de l'enfant à moins d'un avatar dans l'histoire œdipienne personnelle de la mère. Le signe de la fin de « la maladie normale de la grossesse » et « de la préoccupation maternelle primaire » (*Winnicott)* est le réinvestissement objectif du tiers momentanément estompé[13] mais jamais absent. La capacité du père à saisir intuitivement ce qui se passe pour la mère (l'acceptation de ses positions maternelles et de sa régression) réduit considérablement la menace qui plane sur le trio d'être le théâtre d'une sécession. « La mère normalement dévouée » ne peut opérer ce réinvestissement objectif du tiers que dans la mesure où celui-ci tolère les éventuels excès de sa relation à l'enfant, étaie ses tentatives de s'en dégager, enfin répond à son désir sexuel sans objecter « qu'il n'est plus comme avant ».

C'est dans cette oscillation de l'investissement maternel (du bébé à l'amant) et dans l'équilibre et l'harmonie d'une telle situation que le fonctionnement mental du nourrisson émerge du fonctionnement psychique maternel avec lequel il a pu paraître confondu dans la mesure où il était interprété par elle. Le ressenti du manque, l'hallucination de la satisfaction du besoin, l'intégration des rythmes et scansions de la tension, de l'apaisement, de l'excitation, de la satisfaction, vont contribuer, dans l'échange sensoriel qui préside aux soins nourriciers, à l'expression d'une érogénéité propre qui fondera l'assise première des limites du corps et donc de l'appropriation de soi. Simultanément comme on l'a vu, la psyché maternelle fait place à d'autres préoccupations objectales et l'érotisme maternel aspire à d'autres objets.

C'est dans le langage que se maillent ces interactions et interrelations, et c'est par le langage que le nourrisson devient un être désirant.

Pour l'observateur des relations précoces entre la mère et son bébé, tous les bébés ne sont pas doués des mêmes aptitudes à se désengager de leur mère. Ils n'ont pas les mêmes compétences. La manière dont certains nourrissons appellent précocement le monde extérieur à la rescousse de leur curiosité, prennent de la distance vis-à-vis de leur mère, et dans le plaisir, investissent les objets du monde environnant, contraste avec la passivité de certains autres, leur tendance à l'attachement, le caractère frileux de leur curiosité. Les compétences du bébé sont tout autant que celles de sa mère, en jeu dans le processus d'objectivation du tiers qui met fin au

13. L'affaire n'est pas toujours facile et les intérêts de l'amant et de l'enfant sont parfois inconciliables. Si M. Fain peut écrire que la mère et la femme seront toujours des ennemies qui ne se réconcilieront jamais (in Prélude à la vie fantasmatique ; *rev. Fr. Psychanalyse.* 1971. 35.) l'amant en effet est toujours imaginairement menacé d'exclusion par cet enfant-pénis qui accapare si spontanément sa maîtresse.

parasitisme de la relation précoce. Certains bébés sont gratifiants et rassurent précocement leur mère des soins que celle-ci leur donne. D'autres[14] semblent ne pouvoir se satisfaire, exigent beaucoup, ne sont pas toujours gracieux à souhait et peuvent susciter chez les mamans des sentiments de culpabilité, ou en tout cas d'échec, lesquels engendrent de véritables angoisses. Le bébé quant à lui n'a aucune disposition innée à pressentir l'existence du tiers qui limite sa toute-puissance et d'une certaine manière son existence. Mais il est certain que la dialectique des relations précoces et les dispositions de l'enfant à les rendre plus ou moins agréables, exigeantes ou insatisfaisantes opèrent sur la facilité ou au contraire l'incapacité pour la mère d'objectiver le tiers.

3. Émergence du sujet somato-psychique : le stade du miroir

L'alliance narcissico-libidinale[15] des origines est donc amenée à évoluer. Le bébé mature et se développe. Ses aptitudes sensorielles, sa motricité progressent, ses capacités perceptives s'affinent. Ses compétences se font plus grandes. Bébé devient un interlocuteur à part entière, dont les capacités d'intégration ne laissent plus de doute. Bébé reconnaît les visages familiers, manifeste de manière intelligible ses désirs ou ses exigences. Bébé construit son monde interne et organise ses logiques de plaisir.

Ce moment d'émergence du sujet somato-psychique, qui révèle aux yeux des observateurs que l'enfant se reconnaît comme autre de sa mère a été théorisé par Lacan[16] sous le vocable de « stade du miroir ». Il s'agit d'un moment particulier du vécu psychique, au cours duquel s'amorce le complexe d'Œdipe.

L'enfant manifeste ici qu'il a conquis l'image de son propre corps. L'identification primordiale de l'enfant à cette image va promouvoir la structuration du « je », clôturant par là même le vécu psychique que Lacan désigne comme « le fantasme du corps morcelé ». En effet, antérieurement à cette phase, l'enfant ne se vivrait pas comme une totalité unifiée, mais comme un ensemble de morceaux. La pertinence de cette hypothèse est

14. Ceci est particulièrement notable chez les enfants qui souffrent d'une affection néonatale, mais aussi chez certains bébés initialement apathiques.
15. Nous désignerons sous ce terme le contrat implicite qui va lier mère et enfant, tant du point de vue affectif et érogène (libidinal) que du point de vue narcissique, c'est-à-dire de ce qui concerne la représentation de l'image de soi.
16. Reprenant les travaux d'H. Wallon sur « le corps propre et son image extéroceptive » in *Les origines du caractère chez l'enfant.* Paris, PUF, Quadrige. 1993.

vérifiée, soit dans le contenu de certains rêves, soit dans l'expression du dessin ou du discours des psychotiques.

La conquête progressive de l'image du corps se ferait en trois temps.

Tout d'abord, tout se passe comme si l'enfant perçoit l'image de son corps comme celle d'un être réel qu'il tente d'approcher ou de toucher. Cette première phase témoigne de la confusion entre soi et l'autre et l'assujettissement de l'enfant au registre imaginaire.

Ensuite l'enfant est progressivement amené à constater que l'autre du miroir n'est pas un être réel, mais une image. Il nous montre ici qu'il sait distinguer l'image de l'autre de la réalité de l'autre.

Enfin, l'enfant synthétise ces deux étapes précédentes. Il s'assure que le reflet dans le miroir est une image, mais il montre aussi qu'il a acquis la conviction que cette image est la sienne. Ainsi, l'enfant rassemble en une totalité unifiée, l'image d'un corps initialement morcelé. L'image du corps modélise donc l'identification primordiale du sujet.

L'émergence du sujet somato-psychique peut être référée aussi à l'apparition de l'angoisse du huitième mois.

Il s'agit d'une manifestation d'angoisse[17], observée par Spitz, qui surgit chez tous les bébés dans le deuxième semestre de la vie, à la vue d'un visage étranger. Le phénomène est diversement commenté par les auteurs[18]. Sa signification cependant est peu discutée quant à ce qu'il témoignerait de l'intégration du moi. C'est une expression d'attachement du bébé à la figure maternelle ou à celle qui en tient lieu, ou en négatif, une expression d'angoisse à la vue de personnes inconnues. Cette manifestation est une capacité nouvelle (basée sur des phénomènes perceptifs) de distinguer le moi, du non-Moi, le self, du monde extérieur, le « Je », de l'autre. Cette angoisse apparaît en effet quand l'enfant a acquis une représentation continue de sa mère, ce qui est avéré par les cris ou autres signes qu'il manifeste quand sa mère s'éloigne. Il semble que le bébé considère alors sa mère comme un objet total (psychogenèse de l'objet) et exprime le danger qui est lié à son absence. Il pourrait ainsi manifester aussi à cette occasion, la crainte d'être évincé autant que le désir de l'accaparer. L'angoisse de l'étranger ou du huitième mois est une première expression de souffrance liée à la conscience de l'absence du visage maternel et le premier signe de la conscience d'une différenciation somato-psychique.

17. Cette première angoisse est considérée par certains auteurs comme la première expression phobique. Cf. J. Mallet. *Les Phobies*, Paris, p. 1961.

18. Cf. Les travaux de Sami Ali et de Spitz.

L'existence de cette manifestation est indiscutable (encore qu'elle puisse ne pas apparaître[19]) et il ne fait pas de doutes qu'elle est un bon critère de développement : L'enfant diversifie ses relations d'objet, et développe ensuite des conduites d'imitation qui amorcent les processus d'identification. En ce sens, l'angoisse du huitième mois amorce le complexe d'Œdipe. Elle est la première manifestation de renoncement à la toute-puissance : l'enfant en effet, perçoit désormais sa mère comme susceptible de lui préférer l'étranger, l'autre. Cette manifestation sonne le glas de l'alliance narcissique et de l'unité mère-enfant fantasmée par le nourrisson. Elle signe pour l'enfant une première castration symboligène[20] qui ouvre à l'ordre du langage.

Cet événement, au même titre que le stade du miroir, est donc le creuset de l'Œdipe et sa valeur est organisatrice[21]. Le complexe d'Œdipe étant le complexe central de la névrose infantile[22], c'est dans les vicissitudes de son avènement que se repéreront les a-structurations psychotiques.

19. Cf. Kreissler L., Soulé M. et Fain M. *in L'enfant et son corps,* Paris, PUF, 1974, qui traitent de la relation entre survenue de la maladie asthmatique ou autres troubles fonctionnels et absence d'angoisse de séparation.
20. Dolto F. in *L'image inconsciente du corps.*
21. Le Guen Cl. *L'Œdipe originaire*, Paris, Payot, 1974.
22. Freud S. « *La sexualité infantile succombant au refoulement est la principale force motrice de la formation des symptômes, et le complexe d'Œdipe est la partie essentielle de son contenu, c'est-à-dire le complexe central de la névrose* ». « *On bat un enfant* » in *La vie sexuelle*. Paris, PUF, 1973.

CHAPITRE V

Les psychoses

1. Généralités

1.1. Évolution de la notion de psychose

La description et la délimitation des troubles psychotiques de l'enfant ont été profondément modifiées par les classifications internationales au cours de l'histoire. La notion de psychose infantile, qui succédait à la « démence précocissime » de Sanctis et à la « schizophrénie de l'enfant » de Lutz, a été remplacée en 1987 (DSM III R) par celle de « troubles envahissants du développement » et opposée à « l'autisme », alors qu'en 1994, (DSM IV) ces deux formes de psychoses se trouvent réunies sous le même item. Dans la classification française des psychoses précoces[1] cependant, l'autisme est différencié des psychoses précoces de type schizophrénique à expression déficitaire et des distorsions psychotiques précoces ou dysharmonies évolutives de structure psychotique.

La nosographie ou classification des maladies, interroge[2] évidemment le psychanalyste qui, s'intéressant à l'organisation pulsionnelle du sujet n'a que faire de classifications. Pourtant l'individualisation d'entités cliniques est une démarche que l'on retrouve dans l'histoire de la psychanalyse de ses débuts à nos jours. Abraham s'y était risqué, à partir des stades du développement infantile ; plus récemment les notions de « dysharmo-

1. Misès et Moniot. Séminaire de l'O.M.S, Paris, 1967.
2. Widlöcher D. Le psychanalyste devant les problèmes de classification in *Confrontations psychiatriques,* n° 24, 1984.

nie d'évolution ou d'état-limite » ont été proposées par des psychanalystes pour rendre compte de fonctionnements psychiques particuliers observés dans des cures analytiques et qui se différencient de fonctionnements névrotiques ou psychotiques en raison même des potentialités évolutives que véhiculent ces organisations spécifiques. Il est évident que le psychanalyste n'a pas besoin de la nosologie dans sa pratique, mais il apparaît aussi que la nosologie comme ordonnancement particulier du réel de la maladie mentale ne s'exclut pas nécessairement de son champ de pensée pour des raisons qui seraient d'incompatibilité ou d'antinomie. Au contraire elle peut constituer un cadre de réflexion qui pour imposer des limites, ne s'oppose pas au débat et à la recherche mais les stimule.

Il faut noter que l'évolution des entités nosographiques est aussi liée à des facteurs culturels. Le diagnostic de psychose infantile charrie un lourd verdict psychiatrique, et de ce fait, est souvent irrecevable pour les parents qui lui préfèrent des appellations moins connotées[3]. D'autre part, le courant contemporain en faveur d'une étiologie neurologique de l'autisme a mobilisé de manière regrettable des parents, des associations, des médecins pour inclure, dans cette entité, tous les troubles précoces et sévères du développement de manière à les faire bénéficier, au même titre que l'autisme, d'une prise en charge institutionnelle totale. Il s'agit là d'une position malheureuse qui « spolie »[4] un certain nombre d'enfants du droit au soin psychanalytique, mais qui éclaire la manière dont les classifications nosographiques peuvent être affectées par la politique de santé publique.

1.2. Définition et présentation clinique de la psychose de l'enfant

La psychose de l'enfant est un trouble de l'organisation de la personnalité et de la relation de l'enfant avec lui-même, avec l'autre et avec le monde extérieur.

Elle se traduit par :
- des comportements inadaptés à la réalité :
  . retrait autistique ou fragmentation du champ du réel,
  . restriction du champ d'utilisation des objets,
  . investissements hyperrigides,
- un fonctionnement intellectuel caractérisé par ses bizarreries ou ses dysharmonies :

3. Aux États-Unis, dans les années soixante, on parlait volontiers d'enfants « exceptionnels ».
4. J'emprunte ce terme à René Diatkine.

. pensée trop abstraite mais improductive, ou trop concrète mais peu mobile,
. investissements cognitifs obsessifs ou inconsistants, trop éparpillés ou trop focalisés
. vie fantasmatique pauvre ou au contraire magico-hallucinatoire.
– des troubles relationnels :
. au niveau de la communication verbale ou émotionnelle, l'échange est limité ou inapproprié,
. sur le plan des conduites, la relation au monde extérieur n'est pas adaptée à la demande.

Les critères cliniques sont marqués du sceau de la bizarrerie ; sur le plan structural, la psychose correspond à une absence totale ou partielle d'organisation du moi ; enfin sur le plan développemental, elle correspond à une indifférenciation entre soi et non soi, dedans et dehors, tout ou partie, présent et passé[5].

Nous postulons la psychose comme une des vicissitudes de l'évolution du lien primaire mère-enfant, soit de cette alliance narcissique des origines à partir de laquelle s'organise et advient le petit d'homme. Cette vicissitude est la conséquence d'une interrelation qui ne permet pas, pour des raisons qualitativement diverses, la structuration normale du nourrisson et la construction d'une relation normale à la réalité. Nous avons sur ce sujet plusieurs modèles de compréhension : Winnicott nous a sensibilisés à l'impact de la « *défaillance de la fonction de la mère ordinaire normalement dévouée, à un moment donné ou pendant une période donnée* »[6]. Piera Aulagnier ou, d'une autre façon et de manière extrémiste, Maud Mannoni ont construit leurs approches théoriques sur l'hypothèse que l'enfant psychotique est l'enfant d'un désir maternel d'aliénation : la toute-puissance phallique de ces mères refusant l'épreuve de l'altérité et de la castration. D'autres auteurs mettront l'accent sur les fixations aux stades précoces de développement. Nous y reviendrons.

Malgré les difficultés que soulève l'idée d'une « responsabilité infantile » du sujet lui-même dans sa psychose, il serait souhaitable que cette hypothèse ne soit pas rejetée d'entrée. Le nourrisson, en effet, n'est pas l'être passif et malléable que l'on croit. La psychose infantile, si elle implique une inadéquation des réponses maternelles aux exigences de l'enfant ne doit pas stigmatiser d'emblée la mère comme « mauvaise ». Si

5. Soulé M., Houzel D., Bollaerts S., Les psychoses infantiles in *Psychiatrie de l'enfant*, XIX, 1976, fasc. 2.
6. Winnicott D.W. *Le bébé et sa mère*, Paris, Payot, 1992, p. 27.

« c'est dans une perturbation primaire de la relation libidinale à la réalité, que la théorie analytique voit le dénominateur commun des psychoses, (la plupart des symptômes manifestes (construction délirante notamment) étant des tentatives secondaires de restauration du lien objectal) »[7], cette relation libidinale n'est pas prescriptible : chaque mère fait avec son histoire, ses imagos parentales et le poids inconscient mais souvent lourd de ses propres souffrances infantiles.

Pour citer encore Winnicott et insister sur le caractère à hauts risques de ce qui se joue aux origines, disons qu'une *« sorte de communication s'établit avec force depuis le tout début de la vie de chaque individu, et quel que soit le potentiel, l'édification des expériences vécues – ce qui devient une personne – ne tient qu'à un fil, le développement peut être suspendu ou dévoyé n'importe quand,* (comme) *il peut... ne jamais se manifester »*. La nature complexe de cette communication est connue dans les grandes lignes, mais ne l'est pas dans ce qu'elle recèle de plus intime, qui est l'attente singulière du nourrisson, laquelle ne peut être appréhendée que dans une démarche d'identification infiltrée de toutes nos projections.

Nous distinguerons les psychoses précoces, se manifestant dans les trois ou quatre premières années, qu'elles soient autistiques ou non, ou qu'elles comportent une dimension déficitaire ou non, et les psychoses d'expression plus tardives. Ces dernières, psychoses de la latence, ou psychoses d'âge scolaire (apparaissant après 6 ans) font aussi partie du groupe des psychoses infantiles. Elles sont plus rares et un certain nombre d'entre elles ne sont que des formes évolutives de manifestations de la première enfance qui avaient été étouffées.

2. Les psychoses précoces[8]

2.1. Approche clinique

2.1.1. Les psychoses autistiques

Bien que très rare l'autisme de Kanner reste le paradigme des psychoses autistiques.

7. Laplanche J. Pontalis J.-B. *Vocabulaire de la psychanalyse.* Paris, PUF, 1967, p. 356.
8. Sur le plan nosographique on notera la parenté avec les psychoses précoces, des dysharmonies évolutives à versant psychotique (Misè,s), des prépsychoses (Diatkine) et des parapsychoses (Lang). Cet espace intermédiaire entre les organisations névrotiques et les organisations psychotiques est un espace « d'attente » de diagnostic : l'harmonie du développement de l'enfant étant un mythe, la normalité, une notion difficile à cir-

Le tableau est très caractéristique dès l'âge de 2 ans, bien qu'un certain nombre de signes d'appel puisse permettre de faire le diagnostic bien plus tôt. Nous décrirons l'autisme de Kanner, tableau à partir duquel s'est dégagée la notion de psychose autistique.

Selon les auteurs la fréquence de l'autisme infantile est évaluée entre 0,5 et 4 pour 10.000 et celle-ci ne représente pas plus de 10 % des psychoses précoces. Le syndrome est plus fréquent chez les garçons que chez les filles. C'est un des troubles les plus graves de la petite enfance, dont le pronostic évolutif est toujours sombre malgré les mesures thérapeutiques et éducatives qui sont prescrites. Malgré sa rareté, l'autisme a suscité une quantité de travaux aussi bien neuro-physiologiques que psychologiques ou psychanalytiques. On peut d'ailleurs se demander si cette abondance de travaux n'est pas liée à l'étrangeté de cette affection et au mystère qu'elle véhicule quant à son origine.

C'est en 1943 que Léo Kanner, pédo-psychiatre américain d'origine allemande, présente dans une publication le syndrome d'autisme infantile précoce (A.I.P.) à partir de l'observation de 11 cas[9]. J. Hochmann[10] en 1994, relève le caractère déjà achevé, à l'époque, de la description de cette nouvelle entité nosologique. L'autisme est une création nosologique de Kanner, mais l'on peut penser que la description qu'Itard fait de l'enfant

conscrire, ces tableaux liminaires incitent le clinicien à miser sur la potentialité réorganisatrice d'un sujet victime de vicissitudes maturatives plutôt qu'à stigmatiser des limites qui ne seraient qu'hypothétiques. Mais ces entités voisines sont pour leurs auteurs, néanmoins spécifiques, avec des organisations structurelles propres, portant en elles des capacités d'évolution prédictives.

La difficulté reste grande d'établir une typologie schématique des psychoses précoces. La terminologie selon les auteurs est très variable bien qu'elle recouvre souvent des entités cliniques identiques. Ainsi l'Autisme de Kanner est-il recouvert par l'Autisme primaire anormal de Tustin, par la psychose autistique de Mahler ou par les psychoses autistiques de Mises. Les psychoses précoces de Diatkine, par les psychoses de développement de Duché, les psychoses symbiotiques de Mahler ; de même, les psychoses à expression déficitaire de Mises ou les dysharmonies d'évolution de Lang ne sont pas sans parenté. Ces différentes qualifications d'une pathologie unique, (celle de la structuration du sujet psychique) qui peuvent désorienter le jeune étudiant, ne sont en fait que l'expression des hypothèses théoriques privilégiées par les auteurs. En ce sens il est important d'avoir à l'esprit que toute dénomination est, tant soit peu arbitraire. De plus, les ancrages épistémologiques des auteurs diffèrent et il s'agira donc, dans notre utilisation d'une terminologie, d'en référer d'abord aux textes princeps de ces auteurs.

9. Kanner L. Autistic disturbance of affective contact, *Nervous child, 1942-1943*. 2-3 p. 217-230 in Berquez G. *L'autisme infantile*, Paris, PUF, 1983.

10. Hochmann J. Cordelia ou le silence des sirènes : une relecture de l'autisme infantile de Kanner. In *Autismes de l'enfance,* Monographies de la R.F.P. Paris, p. 1994.

sauvage de l'Aveyron est déjà une individualisation du tableau autistique : « *il se balançait sans relâche, mordait et égratignait ceux qui l'ennuyaient, ne témoignait aucune affection à ceux qui le servaient, enfin, indifférent à tout, il ne donnait attention à rien. Il prenait la main des adultes pour leur montrer ce qu'il désirait, il n'acceptait aucun changement et se souvenait avec précision de la place des objets dans sa chambre. Il reniflait et flairait les étoffes* ». La description de Kanner est cependant d'une telle rigueur qu'elle est définitive et « concerne tous les autistes à venir »[11].

Le tableau clinique conjugue des troubles du comportement, des troubles du langage et des troubles du fonctionnement intellectuel, lesquels expriment tous les trois le désordre affectif et l'impossibilité d'établir un système adéquat de relations libidinales avec l'environnement.

Les troubles du comportement

Comme son nom l'indique (autisme du grec *autos* = soi-même, terme proposé par Bleuler en 1911 pour décrire le repli sur soi de la démence précoce), le signe le plus précoce est l'absence de contact avec l'autre, qui apparaît dès la naissance ou dans les premiers mois, quelles que soient les stimulations proposées. Ce sont des enfants qui sont décrits par leur mère comme des bébés calmes, ne sollicitant pas l'environnement, ne demandant rien à personne. Selon Kanner, il s'agit « *d'une inaptitude à établir des relations normales avec les personnes et à réagir normalement aux situations, et ce, dès le début de la vie* ».

L'enfant semble éviter la rencontre avec le vivant ; il fuit le regard de l'autre, son regard ne se fixe d'ailleurs pas (regard périphérique) ; il est vide, absent, impossible à accrocher ou bien il s'égare et semble chercher des objets qu'il ne trouve pas ; l'enfant n'a pas d'anticipation posturale lorsqu'on le prend dans les bras mais manifeste par contre un intérêt particulier pour les objets inanimés, souvent pour des objets durs (fils, cailloux, morceaux de métal) dont il va faire le garant de son existence et qu'il ne quittera plus. Il les manipule dans une fonctionnalité étrange, mais souvent avec dextérité. Il n'est pas distrait de ses activités par le bruit extérieur et semble sourd : c'est souvent cette suspicion de surdité qui amène à consulter. En fait, lorsqu'il manipule les objets, l'autiste ne semble pas leur accorder un caractère d'extériorité, si bien que l'on peut parler de « self-objet »[12].

11. *Ibid.*, p. 30.
12. Fordham M. Contributions à une théorie de l'autisme infantile. *Psychiatrie de l'enfant,* 1965, 8.135-161.

Associées à l'absence de contact et à l'isolement et à la solitude dans lesquels se complaît l'enfant, apparaissent assez tôt les stéréotypies, qui consistent à répéter des gestes inhabituels, tels les doigts qu'il remue devant le visage, les bras qu'il agite comme des ailes maladroites. Dans ces attitudes apparemment stériles, ces enfants semblent puiser leur sentiment d'existence. Ils peuvent tournoyer sur eux-mêmes comme des derviches, marchant sur la pointe des pieds, donnant l'impression de vouloir voler ou flotter, et entretiennent un commerce particulier avec la salive ou les fèces. Ils peuvent se balancer, se bercer pendant des heures, entrecoupant la mélopée de leur musique intérieure de cris stridents et angoissants. Cette gestualité inhabituelle est singulière et donc différente selon les enfants et selon qu'ils manifestent plaisir ou déplaisir. La difficulté à contenir les émotions fait que le registre affectif est facilement accessible à l'observateur. Lorsqu'il pousse des cris stridents que rien ne calme, lorsqu'il se mutile ou se frappe, ses stéréotypies ne sont pas celles dont il use en période paisible.

L'enfant autiste a une exigence d'immutabilité du monde extérieur (sameness)[13]. Chaque objet qui change de place dans l'environnement le met dans une situation de rage extrême. Il hurle. Il hurle aussi dès que les conduites ritualisées dans lesquelles il se complaît sont interrompues. Pour lui, rien ne doit changer, tout doit rester identique. L'imprévu, l'accidentel, l'inhabituel sont insupportables. L'autiste les vit comme des intrusions effrayantes qui peuvent déclencher des « angoisses massives ». Celles-ci peuvent être déclenchées par des objets particuliers bien que familiers : les séchoirs à cheveux, les batteurs électriques mais aussi bien les lunettes noires, les ascenseurs ou tout autre chose.

Les troubles du langage et de la communication

Les troubles du langage sont toujours présents et souvent importants. Le mutisme ou l'absence de langage articulé caractérise les formes les plus graves d'autisme de Kanner. L'enfant est alors silencieux ou n'émet que des bruits bizarres. L'expression est faite d'une succession de cris aigus et déchirants, de grincements de dents, de bruits de crécelle.

L'apparition du langage est parfois très tardive vers 4 ou 5 ans, mais dans ce cas il est « *anarchique : des blocs de phrases entières sont correctement articulées alors que l'enfant ne répète pas de simples phonèmes* »

13. Il s'agit d'un terme qui n'a pas d'équivalent en français et qui signifie le besoin qu'a l'autiste « de *maintenir toute chose en l'état et de restituer l'environnement tel qu'il l'a perçu la première fois* ». Soulé et all. *op. cit.*

(Marcelli). En fait, lorsque les autistes parlent, le langage n'a pas valeur de communication. Il s'agit d'un néo-langage fait de stéréotypies langagières, qui consistent en phrases toutes faites, en maximes, souvent compliquées mais qui sont en décalage avec le contexte dans lequel elles sont émises. Ainsi un autiste disait sans cesse « Métro Villiers » à longueur de journée. Un autre répétait en hurlant « pénalités de retard » lorsqu'un élément de son environnement était modifié. Il est certain que ces mots ont un sens mais s'agit-il, comme le propose J. Hochmann de « morceaux de discours maternel ou d'éléments de fantasmes » ?

Le néo-langage est aussi fait de mots isolés, inventés, déformés, d'écholalies simples ou différées. D'une manière générale, le langage de l'autiste traduit l'impossible accès aux fonctions symboliques, au partage du code. Hochmann parle des mots qui peuvent prendre un sens littéral et inflexible et cite l'exemple d'un petit autiste qui avait remarqué que la porte du bureau de sa thérapeute était marron côté couloir et aubergine côté bureau et pour lequel le marron était synonyme d'extérieur et l'aubergine synonyme d'intériorité. Cet auteur parle aussi des mots qui se vident de signification, qui sont *« des signifiants désamarrés, des objets bruts et durs, de véritables objets autistiques, polis par la bouche à force d'être répétés »*.

Lorsqu'un langage existe, il est marqué d'anomalies de la tonalité et de la mélodie. Il est souvent chanté. De surcroît les confusions ou inversions pronominales sont la règle, de même que le « oui » est rarement acquis.

En conclusion, le langage des autistes n'est pas le véhicule de l'échange et du partage. Il est généralement si ésotérique, soit sur le plan syntaxique (évitement du je) soit sur le plan structural (évitement consonantique) soit sur le plan sémiotique lorsque les mots se vident de leur sens ou se réapproprient un sens énigmatique (mots-valises ou mots-phrases) qu'il apparaît comme une barrière dressée entre le sujet et l'autre, une sorte de miroir aux alouettes qui peut laisser l'impression que le discours de l'autiste est audible et pénétrable, mais qui est en fait un mur qui isole des autres et coupe du monde de l'humain.

Les troubles de la pensée

Les troubles du fonctionnement intellectuel et de la pensée que reflète l'usage du langage chez les autistes ont été décrits essentiellement après Kanner, par des psychanalystes d'enfants et essentiellement par D. Meltzer, E. Bick, F. Tustin, G. Haag et J. Hochmann.

Le déficit intellectuel au sens de la capacité d'avoir prise sur le monde et de le maîtriser est fréquent sinon systématique. Les apprentissages précoces sont généralement impossibles mais on note qu'il existe quelquefois des aptitudes tout à fait étonnantes (aptitudes au calcul mental) bien qu'anarchiques. La question de l'intelligence des autistes si souvent mise en exergue parce que spectaculaire (calculateurs de calendriers) reste problématique, car s'il existe des sujets doués de capacité mnésique (essentiellement) remarquable[14] qui leur permet des conduites relativement socialisées, la plupart de ces enfants ne compenseront pas le handicap de ces premiers liens libidinalisés non advenus par de talentueuses performances aussi sectorisées et resteront toute leur vie profondément dépendants. Quelles que soient en effet les aptitudes intellectuelles de l'enfant autiste, celles-ci sont tramées dans une pensée qui ne permet pas leur usage de manière créative et féconde.

Selon Soulé et all, Kanner avait insisté dans ses premières descriptions sur l'aspect intelligent de certains enfants autistiques, contrastant avec l'absence de communication et la pauvreté des activités. Les auteurs reconnaissent la capacité pour certains d'accomplir des performances dans certains secteurs, mais soulignent le caractère subjectif de ce critère « air intelligent ».

La pensée de l'autiste dit Hochmann *« est une pensée concrète, opératoire, robotisée. C'est une pensée digitale, binaire qui ignore l'analogique »*[15].

Il lui est donc impossible d'user de la comparaison et à plus forte raison de la métaphore. Celui-ci n'a pas recours à l'imaginaire. La pensée semble coller aux choses, sans distance. Le besoin d'immuabilité des objets, de mêmeté des lieux, de permanence des personnes, le condamne à la répétitivité de la relation à ceux-ci et sans doute à une identification adhésive à eux (Bick 1968).

Si l'on tente de résumer ce que nous ont apporté les recherches récentes des psychanalystes sur les processus de pensée autistiques, notons leurs différentes orientations, qui toutes, cependant, témoignent d'une restriction de la communication.

La pensée « démantelée » (D. Meltzer) : elle rend compte du sentiment d'existence « en morceaux » de l'autiste qui se vit dans un corps fragmenté où la sensorialité n'est pas intégrée dans un éprouvé global « d'être au monde ». Chez l'autiste, il y a un sujet qui voit, un sujet qui entend, un sujet qui touche, un sujet qui goûte mais en aucun cas ce sujet-puzzle ne fait un tout.

La pensée « adhésive » (E. Bick). L'autiste ne pouvant se représenter le mystère de l'objet humain se « colle » à sa surface et le fait sien ou se fait lui.

14. Capacité mise en évidence dans le film *Rainman*.

15. *Ibid.*, p. 33.

En conséquence les objets s'équivalent et la non-différenciation qualitative renvoie à l'image d'un chaos des origines dans lequel il se laisse absorber.

La pensée « auto-sensuelle » (F. Tustin et G. Haag). La formulation est sans doute rapide mais elle rend compte de ces phénomènes que F. Tustin expose dans ses travaux et qui ont été repris par G. Haag, à savoir que le monde de l'autiste, pré-narcissique, est le monde d'un soi initial qui n'existerait que dans et par le corps, et non d'une manière mentalisable.

La pensée « active défensive » (J. Hochmann) qui insiste sur le fait que les autistes ne sont pas, au départ, déficitaires, mais que leur pensée s'organise activement pour lutter contre une hostilité insupportable du monde. Citant Kanner l'auteur insiste sur la description suivante : « *Il (l'autiste) dédaigne, il exclut, il ignore, il traite l'objet menaçant comme s'il n'était pas là* ».

2.1.2. Les psychoses symbiotiques

Elles ont été décrites par M. Mahler en 1952 pour illustrer les vicissitudes du premier processus de séparation-individuation[16]. Dans ses observations, qui tendent à mettre en évidence l'autonomisation psychique de l'enfant, M. Mahler décrit essentiellement deux types de psychoses : la psychose symbiotique, et la psychose autistique, plus précoce, dont la symptomatologie est celle de l'autisme.

Selon Mahler, le syndrome symbiotique associe :

– une angoisse massive de séparation ou d'effondrement dans les situations courantes de la vie quotidienne (entrée à la garderie ou à l'école, hospitalisation).

– Des réactions vives, voire violentes, aux échecs et frustrations lors des apprentissages précoces. (selon l'auteur, ce sont des enfants qui peuvent abandonner la marche parce qu'ils sont tombés une fois).

– Une dysharmonie de développement et une vulnérabilité extrême du Moi.

Cette description cependant demeure théorique. Pour les cliniciens, ce qui caractériserait la nature symbiotique de la psychose, c'est l'absence de troubles du développement pendant les deux premières années. (pas d'insomnie agitée, pas de troubles psycho-moteurs etc.) et ultérieurement le repérage d'une sensibilité extrême aux frustrations et échecs (on dit qu'ils abandonnent la marche parce qu'ils sont tombés une fois).

Ces manifestations apparaissent vers la troisième ou quatrième année, au moment où le conflit œdipien exigerait pour sa résolution que se mette en place une certaine distance à la mère. Mais ce qui fait la nature « sym-

16. cf. supra.

biotique » de ces troubles, c'est que pendant les deux premières années, l'organisation psychique de l'enfant se soit faite entièrement sous le joug consenti de l'organisation psychique maternelle. L'illusion de la toute-puissance, du pouvoir sur le monde semblait ainsi ne pas pouvoir être menacée.

L'éclosion de la psychose serait la conséquence d'exigences de séparation, qui provoqueraient une désorganisation de certaines fonctions, du langage par exemple. Par la suite apparaîtraient des symptômes psychotiques, signant la tentative de réorganisation du moi.

Ces symptômes sont d'inhibition, de paralysie devant les changements ordinaires de l'environnement, ou de panique. Mais inhibition ou panique peuvent survenir sans motif. De même peut-on noter des signes de la série psychotique, gestes magiques ou manipulations fétichiques d'objets inanimés.

2.1.3. Les psychoses déficitaires

C'est une entité clinique récemment individualisée (Misès), et qui associe une symptomatologie de type déficitaire et une relation psychotique. Elle remplace, pour l'auteur « l'arriération-psychose » ou « la psychose greffée sur oligophrénie ».

Misès et Moniot (1970) soulignent que ces psychoses déficitaires sont caractérisées :

– Par un retard de développement, global, homogène ou partiel.

– Par des troubles psychomoteurs fréquents (anomalies posturales, dyspraxies, troubles de l'organisation temporo-spatiale).

– Par des troubles du langage, constants quoique variables.

Ces troubles impliquent une distorsion des relations, qui peut être accentuée par les troubles fréquents du comportement (conduites bizarres, perverses ou auto-agressives) et par les manifestations paroxystiques d'angoisse, souvent interprétées comme des crises de colère.

Cette entité pose la question des relations entre arriération et psychose et celle de la défaillance innée ou acquise de l'équipement neuro-biologique de l'enfant. Il faut noter cependant qu'en dehors des évolutions psychotiques venant compliquer les encéphalopathies avec arriération, rien n'a pu être mis en évidence d'une base organique de la psychose ; ni des lésions du système nerveux central, ni des troubles biochimiques, ni des anomalies chromosomiques (et ce malgré la plus grande fréquence de l'apparition de la psychose dans certaines lignées familiales).

2.2. Approche psychopathologique de l'autisme et des psychoses précoces

Les psychoses précoces témoignent d'une perturbation grave de l'alliance narcissique mère-enfant. La structuration du sujet psychique à partir de cette « monade » mythique[17] rencontre un certain nombre d'obstacles qui rend impossible pour le bébé l'appropriation d'une autonomie de pensée mais aussi l'appropriation du corps propre, de ses besoins et de ses désirs. La confusion entre soi et l'autre, (absence d'angoisse de séparation ou impossibilité de se séparer ; mise à l'épreuve du corps qui ne semble pas appartenir à l'enfant, non acquisition du stade du miroir), premier indice d'une inadaptation profonde à la réalité, voire d'une rupture avec celle-ci, perçue comme malveillante (repli autistique ou besoin de permanence de l'environnement) témoigne de cette impossible différenciation qui obture l'accès au champ symbolique. Tout se passe comme si les représentations de l'enfant psychotique ne pouvaient que lui renvoyer l'image d'un monde terrifiant dont il doit se défendre par l'agression ou l'isolement. La preuve clinique nous est apportée par les fantasmes qui trament les crises d'angoisse de ces enfants dès qu'ils sont exprimables dans des conduites, des jeux ou des dessins, ou dans la parole : de morcellement, de dévoration, d'anéantissement, d'explosion. Ces angoisses très primaires ne subissent pas, en effet, les modifications habituelles que la liaison des pulsions libidinales et agressives autorise au cours du développement normal. La capacité de symbolisation semble forclose (non-acquisition des notions de temps et d'espace) et les processus secondaires lorsqu'ils apparaissent sont parasités par un fonctionnement primaire qui contraint à penser le fonctionnement psychotique comme étayé par une néo-réalité.

La théorie psychanalytique des psychoses n'est pas « une », mais faite de contributions multiples, lesquelles, chacune, vont témoigner de la prévalence du modèle psychopathologique retenu par son auteur. Cependant, celles-là poursuivent les premières élaborations de Freud. Ainsi est-il acquis que la psychose est caractérisée par la prégnance des forces de déliaison sur celles de liaison, par la prévalence des investissements narcissiques sur les investissements objectaux, ainsi que celle des processus primaires sur les processus secondaires. Au refoulement, mécanisme de défense central au processus névrotique, se substituent le clivage et la forclusion.

17. C'est-à-dire de cette unité que constitue l'enfant et ce qui, de sa mère, lui est disponible.

2.2.1. Liaison, déliaison des pulsions

Le modèle kleinien, malgré les controverses qu'il suscite dans son application thérapeutique reste central. C'est bien de la conception kleinienne du monde interne archaïque de l'enfant que découleront les approches les plus nombreuses et les plus sophistiquées. La psychose est l'expression de la persistance de postures défensives archaïques qui sont la conséquence de l'intensité des pulsions agressives, lesquelles limitent l'expression des pulsions libidinales. Pour se défendre contre son agressivité archaïque, le sujet psychotique morcelle, clive et projette ce qu'il éprouve sur les objets de son environnement. À leur tour les objets deviennent persécuteurs et suscitent la nécessité de les morceler et de les cliver pour introjecter leur bonne partie et en rejeter la mauvaise. Ce fonctionnement très primitif que Freud décrit[18] comme économie du Moi-plaisir originel, à savoir la capacité de prendre en soi, « d'introjecter tout le bon et de jeter hors de lui tout le mauvais » ou de considérer « le mauvais, l'étranger au moi, (ou) ce qui se trouve au dehors (comme étant) pour lui tout d'abord identique » s'oppose à la conquête de l'ambivalence névrotique, à laquelle la maturation de l'enfant normal permet d'accéder.

L'enfant psychotique, pour Mélanie Klein est un sujet chez lequel persistent les défenses organisées chez tout un chacun contre les angoisses déstructurantes des premiers mois de la vie (déni, clivage). En ce sens on comprend que la relation ultérieure à la réalité soit oblitérée de ce sceau que constituent, la dangerosité des mondes externes et internes et la menace schizo-paranoïde originaire, et que les acquisitions inscrites dans la maturation (jugement, symbolisation) en soient affectées.

Parmi les proches de Mélanie Klein on retiendra les contributions de H. Segal à la question des troubles de la fonction symbolique chez l'enfant psychotique. La prégnance de l'usage de l'identification projective, et la confusion entre les bonnes parties des objets et du soi, impliquant une non distinction entre le soi et la réalité, entraînent une incapacité à déplacer dans une externalité objective les produits de la pensée.

2.2.2. Clivages, forclusions et autres défenses spécifiques

Les travaux de F. Tustin, de D. Meltzer, et en France de G. Haag, C. Athanassiou et J. Hochmann prolongent aujourd'hui les recherches kleiniennes sur l'autisme et les psychoses précoces. Ces courants de pensée ne résolvent pas l'énigme de l'étiologie de la psychose, mais éclairent son

18. Freud S. La négation, in *Résultats, idées, problèmes II*, Paris, PUF, 1985.

fonctionnement. Ils insistent, ou sur l'usage, par ces bébés, de mécanismes de défense spécifiques (le démantèlement par exemple), ou sur les conditions psychiques de mise en place de relations pathologiques à la réalité (Tustin), ou enfin, plus précisément sur les failles de l'alliance narcissico-libidinale des origines.

Ainsi F. Tustin, privilégie l'approche de la qualité des mécanismes de défense de l'enfant autiste. Dans sa description des trois types d'autisme, elle met l'accent sur l'impossible construction du sentiment de continuité du corps propre, en raison d'une rupture traumatique très précoce de la représentation de la continuité langue, mamelon, sein, lesquels sont vécus normalement comme des prolongements du corps.

Ses trois types d'autisme constituent des tableaux symptomatiques différents qui œuvrent dans une tentative de restaurer le corps propre en luttant contre les angoisses persécutives et destructurantes.

L'autisme primaire anormal est une prolongation de l'autisme primaire normal décrit par M. Mahler, dans lequel le bébé n'a pas conscience de son individualité propre pas plus qu'il ne distingue l'existence séparée de sa mère. C'est un état, marqué par un comportement inerte, que l'on retrouve chez des enfants ayant subi des carences affectives très graves et des déprivations de type « hospitalisme » et qui est caractérisé par une indifférenciation entre le moi et le monde extérieur.

L'autisme secondaire à carapace ou encapsulé où l'enfant semble coupé du monde extérieur et enfermé dans une sorte de coquille qui ne lui permet aucun contact, est très proche de l'autisme de Kanner. Il peut être mis en relation aussi, avec une rupture trop précoce des soins maternels. Ici la négation active du monde extérieur (non-moi) tient le devant de la scène et rend compte de la constitution d'une coquille de protection.

L'autisme secondaire régressif. Comme son nom l'indique, il traduit le repli dans un monde interne protecteur parce que le contact avec l'extérieur et le non-moi engendrent une terreur insurmontable. C'est un tableau qui se rapproche de ce qui était décrit sous la notion de « schizophrénie infantile ». La dysharmonie des acquisitions est marquée par la confusion des repères, mais ce qui caractérise le plus ces enfants, c'est qu'ils développent une vie fantasmatique qui n'existe pas ou peu dans les deux premières catégories.

La classification de F. Tustin, qui met en évidence des types de conduite défensive ne doit pas faire perdre de vue qu'elle concerne la gestion d'une problématique unique, à savoir « la dépression psychotique » contre laquelle l'enfant lutte de manière archaïque. L'auteur décrit la cassure du sentiment d'existence et de continuité, par la métaphore « du trou noir », ressenti contre lequel l'enfant lutte en usant « *d'objets autistiques* », objets souvent durs et froids qu'il manipule indéfiniment pour retrouver une sensation de permanence et de continuité ; *« de formes autistiques »,* qui sont des sensations que l'enfant se procure à partir de son corps, de sa peau, de sa salive, de ses excréments, *ou « de coquille autistique »,* dans laquelle l'enfant se crée un monde propre non menaçant.

D. Meltzer et ses proches, dont J. Bégoin, G. Haag et D. Houzel en France proposent une approche centrée sur l'idée de l'existence, chez l'enfant autiste, d'un « *conflit esthétique* » très précoce. Meltzer est influencé par les travaux de W.R. Bion et remet en question à la lumière de ceux-ci, l'héritage théorique de M. Klein et de Freud lui-même. Il introduit, d'abord, la fonction de l'identification projective normale dans le développement du sujet ensuite la question des relations contenant-contenu et de leurs rôles dans le traitement de l'angoisse.

Les travaux de Meltzer permettent de saisir la psychopathologie de l'autisme au travers de quelques notions structurales ou dynamiques qui sont très caractéristiques de son œuvre.[19]

Ainsi, la notion de démantèlement, ou la capacité du bébé à mettre les morceaux sensoriels de sa mère dans des espaces différents, (la voix, l'odeur, la douceur), sans pouvoir en faire la synthèse ; ainsi celle de compulsivité obsessionnelle dont il fait le principe économique prédominant au niveau du ça ; ainsi, l'accent mis sur l'identification adhésive qui amènerait le développement de la sensualité.

L'autisme dans sa forme absolue, impliquerait la confusion de l'espace et du temps. Le monde des autistes serait, lui, celui du temps circulaire et de l'espace immuable et fixe. L'identification adhésive, la nécessité de faire de l'objet absent un objet persécuteur témoigneraient de l'incapacité pour l'enfant autiste de concevoir le changement.

2.2.3. Hostilité extérieure, impuissance, retrait, sauvegarde narcissique

Si l'on considère l'apport de Bettelheim à la pathogénie et au traitement de l'autisme[20], on notera l'importance qu'il donne à la singularité de la réactivité du nourrisson dans sa relation à l'environnement. Le nourrisson ne serait pas l'être passif que décrivent les traités de pédiatrie, mais un être qui éprouve déjà la certitude que, de ses efforts va dépendre l'appropriation du monde. Le bébé ne serait pas un être symbiotique : ce qui compte

19. Cf. à ce sujet l'article de J. Bégoin « L'Être, l'Espace et le Temps » in Autismes de l'enfance, Monographie de la S.P.P, Paris, PUF, 1994.
20. Bettelheim B. *La forteresse vide*, Paris, Gallimard, 1975.
De Fréjaville A. in *Jeune Psychiatrie.* Revue des Internes des hôpitaux Psychiatriques. N° 24.

dit Bettelheim, « *ce n'est pas sa dépendance réelle, mais la conviction que ses efforts sont monumentaux* ». L'activité et la compétence du nouveau-né[21] sont des notions désormais admises par tous les cliniciens et les prérequis de Bettelheim impliquent cette option théorique : l'organisation autistique du bébé est la conséquence d'un éprouvé que les efforts n'ont aucune prise sur le monde, parce qu'aux origines, le monde a été insensible à ses efforts et à ses réactions. Ce monde a certainement offert des satisfactions, mais d'une qualité qui était probablement insuffisante à effacer les affres de l'attente. La *mutualité* des échanges est défectueuse. En tout cas le bébé a vécu ceux-ci dans la souffrance au point qu'il s'efforce de les retrouver (répétition et désir de maîtrise) dans un monde intérieur énigmatique. Le monde extérieur, comme le monde interne dont il n'est pas nettement différencié, est menaçant, et toute manifestation d'activité est dangereuse. L'enfant autiste considère ainsi que son monde interne est la représentation du monde et s'isole d'une perception de la réalité qui le contraindrait à renoncer à ses convictions.

Cette conception de la pathogénie de l'autisme a l'intérêt de mettre l'accent sur la part active que prend l'enfant dans l'établissement des premières relations. Elle évoque une disposition proche du « choix du symptôme », l'autiste dans son isolement ayant préféré rompre définitivement avec un environnement trop mauvais. En raison d'une souffrance incommensurable et indicible, le bébé serait amené à se retirer du monde et à chercher ses expériences de satisfaction dans son monde intérieur. Son isolement conduirait à penser qu'il trouverait dans ce débranchement des sources informatives, une possibilité d'instaurer un minimum de sécurité et de se mettre à l'abri d'objets persécuteurs et terrifiants. L'angoisse primitive de ces enfants serait écrasante et ceux-ci mobiliseraient leurs ressources motrices ou psychiques pour se « désafférenter », se mettre à l'abri des stimulations et sollicitations du monde extérieur. Mise à distance des objets, freinage pulsionnel pour réduire l'impact de l'objet sur le monde interne vont définir le mode d'être au monde de l'enfant autiste à travers les symptômes que nous avons évoqués.

La théorie de Bettelheim[22] a marqué son temps. L'autisme comme figure défensive de l'être en situation extrême, à l'instar de ce que vécurent dans l'univers concentrationnaire ces déportés que l'auteur côtoya est une hypothèse de travail qui a nourri les images de la « forteresse vide ».

21. Brazelton T., Comportement et compétence du nouveau-né, trad. O. Gage. Séminaires in perinatalogy, 1979, in *Psych. Enf.* 1981, XXIV. 2. 375-396.44.

22. Ainsi que l'application thérapeutique qui en a découlé à l'école Orthogénique de Chicago.

Les hypothèses de D. Marcelli sur *la position autistique*[23] éclairent autrement le fonctionnement psychique de ce premier temps des origines où le sujet commence à construire son rapport à la réalité, aussi sur la trame neuro-physiologique de son équipement. Ainsi, avant même l'émergence des mécanismes introjectifs et projectifs existerait une nécessité de filtrage de l'information : « *Le nouveau-né est bien plus plongé dans un flot de sensations qu'isolé dans une coquille protectrice. Le problème pour lui est de pouvoir trier ces diverses afférences sensorielles, de focaliser son attention sur une chose ou une personne, de coordonner ses perceptions afin de pouvoir organiser puis hiérarchiser ses premiers schèmes comportementaux* »[24]. Cette hypothèse nous donne à penser l'impact des premiers percepts sensori-moteurs (sensations de la limite ou du vide ; appréhension du corps propre) sur le jugement de qualité, de familiarité ou de dangerosité de l'environnement, sur la manière dont le nourrisson organisera son commerce avec lui, c'est-à-dire sur la construction du self et l'aménagement du sentiment de continuité et d'existence. Elle nous engage sur la question des hypothèses étio-psychopathologiques de la psychose infantile, à savoir des conditions sous lesquelles l'appréhension du monde par le nourrisson ou le jeune enfant déborde ses capacités d'élaboration et le soumet à une souffrance psychique intolérable.

Les choix théoriques de Marcelli impliquent la conviction d'une souffrance originaire du nouveau-né, infligée de l'extérieur, en vertu de la nature persécutrice du monde auquel il advient. Les informations douloureuses qui lui sont adressées par les objets de son environnement le débordent et ne peuvent plus être traitées, mentalisées à l'aide des mécanismes de défense adéquats (qu'il s'agisse de démantèlement ou d'identification adhésive pour Marcelli, ou du clivage et de la projection). Cette hypothèse ne sous-estime pas l'essence inter-relationnelle du fonctionnement psychique des origines, mais met l'accent sur les facteurs extra-libidinaux de la constitution d'une position autistique.

2.2.4. Achoppement du processus de séparation-individuation

Pour M. Mahler, la psychose infantile est le résultat de l'échec du processus de séparation-individuation soit en raison des difficultés de l'enfant

23. Marcelli D. La position autistique. Hypothèses psychopathologiques et ontogénétiques in *Psychiatrie de l'Enfant,* Paris, PUF, 1983. XXVI. 1. Marcelli s'appuie dans cet article sur les travaux de Meltzer et interroge la fonction défensive de l'identification adhésive et du démantèlement.
24. Marcelli D., *Ibid.*, p. 51.

(incapacité à neutraliser les pulsions, défaut de la capacité perceptive primaire, fragilité du moi) soit en raison de difficultés maternelles. L'enfant se bloque dans son développement en raison de la massivité des angoisses liées au changement et à l'évolution.

Dans la psychose autistique, l'enfant annule par des mécanismes hallucinatoires négatifs toute perception venant de la mère et du monde externe qu'elle représente.

Dans la psychose symbiotique, le monde s'organise autour d'une unité toute-puissante mère-enfant et un magma extérieur persécuteur. L'objet partiel semble constitué, mais l'enfant oscille entre le désir de fusion et la peur de l'absorption et de l'engloutissement par cet objet.

Les travaux de M. Mahler sur l'autisme et la psychose infantile se situent, dans la lignée d'Anna Freud, sur l'axe exclusif de la conquête de l'autonomie psychique du nourrisson à partir de l'unité narcissique primaire de la relation mère-enfant. M. Mahler décrit un autisme normal (cf. supra) dont le bébé émerge progressivement pour accéder à une phase symbiotique, lorsque, à l'éprouvé du besoin succède l'émergence du désir, fondé sur les traces mnésiques laissées par les expériences de satisfaction et de plaisir. Le bébé se vit en union symbiotique avec une bonne mère protectrice gardant à distance, à l'extérieur, les mauvais objets persécuteurs. La perte de cet objet le protégeant des excitations traumatiques ou métabolisant les projections, à cette époque du développement, est la perte d'une partie de soi-même et doit être tenue pour responsable d'amputations psychiques irréversibles. Succède à cette étape une phase de séparation-individuation qui aboutit chez l'enfant à la conscience d'être séparé psychiquement de la mère et de pouvoir prendre plaisir dans un fonctionnement autonome.

L'opposition entre ces deux types de psychoses précoces ne se maintiendra pas dans les travaux ultérieurs de M. Mahler qui admettra des formes composites ou de transition, mais la psychose symbiotique garde, en tant qu'entité nosographique, une qualité métaphorique telle que nous avons choisi de l'individualiser. Son existence conforte dans l'idée que la symbiose des origines est un risque plus qu'une nécessité.

2.2.5. Échec de l'adaptation de l'environnement maternel

Winnicott situe l'origine de la psychose infantile dans les vicissitudes de la relation précoce mère-enfant et de l'adaptation réciproque des deux partenaires. L'enfant, soutenu par une mère « normalement dévouée », vit dans l'illusion de la toute-puissance parce qu'elle le soutient, le soigne et lui présente les objets du monde de telle façon qu'il a le sentiment d'être lui-même aux commandes de sa propre vie. Une mère qui manque en ces temps premiers de la vie du nourrisson et c'est l'émergence « d'angoisses catastrophiques », « d'agonies primitives » dont la sensation de ne pas cesser de tomber, ou la perte du sens de réel constituent les séquelles. Pour Winnicott, la psychose infantile est une défense contre ces angoisses impensables et insurmontables puisqu'elles ne peuvent être liées à des représentations élaborables. Il ne s'agit pas pour cet auteur comme pour Mélanie Klein ou Margaret Mahler de fixations avec mécanismes spécifiques à des stades normaux de développement mais d'organisations pathologiques très spécifiques.

La position de Winnicott met, d'une manière pertinente, l'accent sur la qualité des liens premiers de la mère au bébé. Elle a l'avantage de cibler l'essentiel, à savoir la disponibilité avec laquelle la mère se laissera « parasiter » afin que le moi de l'enfant intègre ses pulsions, habite son corps et instaure une bonne relation d'objet. Peut-être manque-t-il à la pensée winnicottienne de faire place à l'activité précoce du bébé, à ses compétences et à sa capacité de mettre en question les bonnes dispositions de sa mère à son égard.

2.2.6. Toute-puissance maternelle et forclusion

Bien que Lacan ne se soit pas intéressé directement aux psychoses de l'enfant, son travail sur « le stade du miroir et la formation du Je » témoigne de sa contribution à la question. Maud Mannoni et Piera Aulagnier la développeront particulièrement. Pour celles-ci, le champ de la psychopathologie est le champ du langage, même si l'enfant ne l'a pas encore acquis. Le symptôme de l'enfant est un langage énigmatique qui met en scène les conflits mortifères de son environnement, et qu'il conviendra de déchiffrer.

La structure psychotique serait caractérisée par l'impossibilité d'intégrer le stade du miroir et d'intégrer à l'ordre symbolique du Je. Le mécanisme fondamental en serait la « forclusion » du nom du père, c'est-à-dire le rejet, hors de l'univers symbolique du sujet d'un signifiant fondamental, « le phallus » ou « le nom-du-père ».

2.2.7. Une conceptualisation de synthèse

Nous devons à J. Hochmann une contribution particulièrement féconde à la psychopathologie de l'autisme et de la psychose. Celle-ci s'appuie sur les travaux de Bion et développe[25] les attendus de la théorie. Revenant sur

25. Hochmann J. Cordélia ou le chant des sirènes in *Autismes de l'enfance, op. cit.*

la théorie de Bion, il rappelle comment le nourrisson se débarrasse par identification projective des « éléments béta » « morceaux de substance protomentale » qui n'ont pas reçu le statut de représentations. De ces éléments, la mère, s'identifiant à l'enfant fait une matière psychique qu'elle peut restituer à l'enfant par sa parole et par ses soins. Cette transformation en « éléments alpha » ou « fonction alpha » met en sens ce que l'enfant sous le coup d'une excitation créée par le manque, ne peut seul, décrypter. Avant que l'enfant ne développe sa propre pensée et sa propre rêverie, c'est de la capacité maternelle de rêverie que dépend la mise en sens de l'expérience précoce du sujet.

Se démarquant sans l'annuler de ce qui a été dit du bébé imaginaire et de ce que la mère véhicule de son histoire œdipienne et des fantasmes transgénérationnels impliqués dans le devenir du bébé, Hochmann insiste très spécifiquement sur la fonction métaphorisante de la rêverie maternelle : Cette fonction de traduction supporte trois caractéristiques :

1. Elle s'organise en un récit. « Au commencement était la rêverie d'une mère ». Puis le récit se décline avec un pendant et un après. Les actions du bébé s'organisent et se succèdent selon une causalité mais tout ne peut pas y figurer. Il y a choix, tri. La mère va sélectionner dans ce qui est traduisible à l'enfant, ce qui est compatible avec son propre système de représentations.

2. Elle est destinée à un tiers. Ce tiers, dit l'auteur « est une figure complexe où se condensent le géniteur de l'enfant et le partenaire sexuel mais aussi le père de la mère, sa mère, voire tout un cortège inconscient de ses imagos ». Ce tiers cependant est flou, il n'est pas désigné d'emblée dans la parole maternelle et se figure en creux et dont l'absence est indispensable à la production du discours.

3. Elle est une source de plaisir spécifique. Certes si ce plaisir est de nature érotique, il n'est pas de l'ordre de la jouissance sexuelle : c'est un « plaisir suspendu, anticipation d'un plaisir à venir avec le partenaire mais selon le mot de Saint Augustin « un plaisir d'aimer et non un plaisir d'amour ».

Ainsi les mots de la mère, en raison de la fonction transformante et métaphorisante de ceux-ci « plongent l'enfant dont elle traduit le vécu, dans l'illusion de la réalisation d'un désir impossible celui de tout dire. Elle exerce une sorte de tromperie. Mais cette tromperie charge les cris de l'enfant de significations multiples et les pare des beautés et des séductions du langage ».

À l'origine de l'autisme, Hochmann fait ainsi l'hypothèse d'un échec de l'identification de l'enfant à l'auto-érotisme de la rêverie maternelle et ce, soit en raison d'une dépression maternelle, d'une souffrance personnelle trop envahissante pour laisser place à une rêverie sur l'enfant, soit en raison d'une faillite paternelle de quelque ordre qu'elle soit, mais plus probablement pour des raisons multiples qui n'impliquent les parents que secondairement. Les recherches sur l'autisme ne sont encore qu'à l'aube de leur développement mais il ne paraît pas possible de réfuter la complexité d'un tel processus.

Le rappel des différents axes qui fondent l'approche psychopathologique des psychoses précoces a pour intérêt de mettre en évidence, à la fois, les différences épistémologiques des sources, et les déclinaisons thérapeutiques variées qui vont en résulter. Si dans ce chapitre nous avons essentiellement insisté sur l'autisme, au détriment des psychoses de la première enfance, c'est parce que l'autisme reste le modèle de l'organisation psychotique. En dehors de cette forme extrême, le diagnostic de psychose précoce véhicule un si lourd pronostic que l'on s'emploiera à prévoir « les virtualités évolutives des enfants examinés » (Diatkine). Il y aura lieu, sur ce plan d'évaluer la capacité, attribuée à cette organisation de se transformer sous l'effet des contraintes de développement et des exigences du monde extérieur – et ceci reste variable et dépendant des acquisitions du moi – mais quelle que soit la forme clinique des psychoses précoces, celles-ci, au plan métapsychologique témoignent d'un fonctionnement de l'appareil psychique régulé par les processus primaires et donc particulièrement entravé.

3. Les psychoses d'apparition plus tardive : les psychoses d'âge scolaire

Ces psychoses surviennent après une période de développement apparemment normal (entre 30 mois et 6 ans) et leur tableau clinique est variable. Celui-ci décline les symptômes de l'autisme sur un mode moins systématique : le langage est quelquefois préservé même s'il n'est pas investi comme outil de communication, l'isolement n'est pas absolu et la vie relationnelle peut exister dans des secteurs protégés. Globalement cependant, ces psychoses associent des troubles du contact et du lien social, des troubles affectifs (angoisses massives, labilité de l'humeur, intolérance à la frustration), des troubles moteurs (agitation, instabilité, inhibition, stéréotypies), des troubles cognitifs généralement déficitaires caractérisés essentiellement par des difficultés de symbolisation et en conséquence d'insertion dans la réalité sociale.

Schématiquement Lebovici[26] décrit :
a) les formes qui s'inscrivent dans le prolongement des formes précoces.
b) les psychoses de la latence qui comprennent divers syndromes
– L'isolement : syndrome d'inhibition-dépression.
– Les syndromes où dominent l'instabilité et l'excitation psychique
– Les modes d'expression et d'élaboration des fantasmes : ils posent le problème du délire chez l'enfant.
– Les manifestations anxieuses ou d'allure névrotique ou caractérielles
– Les manifestations de la série déficitaire.
– Le mutisme et autres troubles du langage.

Les désorganisations psychotiques survenant entre 6 et 12 ans, identifiées comme les psychoses d'âge scolaire, comprennent de rares éclosions de caractère « schizophrénique » ainsi que des manifestations traumatiques. Misés évoque à ce propos un certain nombre d'états manifestant une rupture brusque ou progressive de la courbe évolutive, mais pour l'essentiel, il estime que les psychoses ainsi nommées correspondent à des remaniements de psychoses infantiles, soit passées sous silence, soit déjà connues.

La séméiologie de ces psychoses prend des allures différentes selon le stade de développement qui voit leur éclosion. Clérambault parlait, à ce sujet, de « loi de l'âge ».

Quant aux psychoses de la phase de latence, elles sont souvent contestées au principe (G. Amado) il n'y a pas de latence chez les enfants psychotiques.

4. Devenir des psychoses

La question du devenir de la psychose de l'enfant reste bien celle de l'éventualité de la conquête d'un statut de « sujet », capable de s'approprier son corps, sa pensée, ses désirs. Les perturbations précoces de la relation à la réalité, les troubles fréquents de la symbolisation et plus encore l'expression déficitaire des fonctions cognitives (soit profonde, soit sectorisée) rendent cette hypothèse aléatoire. Le devenir de la psychose précoce, malgré les progrès du repérage et du diagnostic, malgré l'aménagement des prises en charge dans la continuité et l'amélioration des protocoles thérapeutiques ne permet pas un total optimisme. Ce que nous savons, c'est que, d'une part, un certain nombre d'organisations psychotiques de la

26. Lebovici S. Les psychoses de l'enfant. *Psychiatrie de l'enfant ;* XIV. 1971. Fasc.1.

petite enfance sont susceptibles, sous encadrement thérapeutique, d'aménagements favorables, d'autre part que même les formes cliniques les plus « opaques » méritent une prise en charge. Celle-ci ne saurait cependant pas se limiter à une prise en charge analytique. L'encadrement éducatif (les apprentissages), l'assistance aux parents sont des paramètres indispensables dans la cure d'un enfant psychotique.

On peut schématiser comme suit l'évolution des psychoses infantiles :

1. Beaucoup évoluent vers un état déficitaire souvent rapidement irréversible.

2. Certains s'organisent sur un mode psychotique chronique. Ce sont des sujets qui sont rarement délirants mais qui fonctionnent sur un mode déficitaire, n'utilisant pas leurs facultés intellectuelles, même si celles-ci existent.

3. Enfin quelques-uns évoluent favorablement vers une organisation pseudo-névrotique en raison d'un réamorçage des processus secondaires. Ces évolutions néanmoins restent très fragiles et le risque de décompensation reste omniprésent.

CHAPITRE VI

Pré-psychoses et dysharmonies d'évolution Les indéterminations nosographiques

1. Généralités

Le diagnostic et donc la thérapeutique des états névrotiques ou psychotiques de l'enfant se réfèrent à l'existence d'une clinique symptomatique ou structurelle, laquelle objective, en raison du mode de pensée, des mécanismes de défense spécifiques, un type de fonctionnement psychique. À la bordure des organisations franchement œdipiennes ou de la psychose avérée, (autisme, schizophrénie), existent des configurations qui, pour l'une ou l'autre raison. s'écartent des modèles prototypiques.

Sous le nom d'états limites, de borderline, de prépsychose, de parapsychose, de dysharmonie évolutive, de cas frontières, d'état préschizophrénique, on décrit ainsi des tableaux pathologiques ne présentant pas les signes caractéristiques de la psychose, mais dont l'organisation reste frappée d'une grande fragilité et d'une propension à la production de troubles hautement variés. Dans les cas les moins marqués, la symptomatologie ne s'écarterait des tableaux névrotiques qu'en intensité. Dans les cas les plus graves, le diagnostic différentiel d'avec la psychose ne serait pas évident. L'éclairage psychanalytique a largement contribué à l'identification de ces organisations frontières en montrant la spécificité de leur constitution et de leur dynamique.

Le questionnement sur « les franges de la nosographie infantile » permet de répondre à une exigence descriptive, mais, surtout, apparaît « *riche de réflexion et de découvertes en ce qui concerne l'organisation psychotique elle-même* »[1]. Il a, en effet, donné lieu à des hypothèses structurelles

1. Lang J. L., Les para-psychoses infantiles in *Psychanalyse à l'université,* 1, n° 3. 1976.

intéressantes. Si certains auteurs estiment que ces états ne sont que des variantes des entités décrites dans la nosologie traditionnelle, leur isolement constitue, pour d'autres, une tentative de compréhension de certains syndromes s'écartant des cadres classiques. Pour paraphraser Trillat, « *Il serait d'autant plus facile de parler de ces syndromes limites qu'on ne les laisserait pas parler* ».

Toutes ces entités, pour proches qu'elles soient, sont-elles différenciées, ou a contrario, superposables ? Bien que l'on puisse lire ici ou là que, dans ce débat terminologique, il s'agit toujours du même type d'enfant, chaque notion est affectée des particularités et nuances qui caractérisent l'approche théorique de leur auteur, et en ce sens, elles ne peuvent pas être confondues, mais il est vrai qu'à démultiplier les entités rendant compte de ces cas frontières, le risque est d'émiettement d'une nosographie, dont l'intérêt est au contraire de constituer un cadre unifiant. Le but de cet ouvrage étant de sensibilisation à la psychopathologie, nous n'argumenterons pas chaque concept. Le terme d'état limite étant en général réservé à la pathologie de l'adulte, nous ne nous attarderons pas sur sa genèse. Nous retiendrons dans ce chapitre les termes de « dysharmonie d'évolution » et de « prépsychose » dont nous montrerons les proximités cliniques et les différences théoriques.

Psychanalyse et classification

Sous les notions de dysharmonie d'évolution ou de prépsychose (de para-psychose ou de dysthymie grave pour Lang) se pose le problème des classifications, de leurs limites et des liens entre les entités morbides bien définies et celles susceptibles d'une évolution non prédictive, mais plus encore celui de l'individualisation d'entités cliniques à partir de l'expérience psychanalytique, ce que Kohut a vraisemblablement modélisé avec « les troubles narcissiques graves de la personnalité ». Widlöcher nous rappelle que si la démarche est claire : description des traits observables au cours d'une cure (modalités du transfert narcissique) ; description d'un système de pensée manifeste et latent (soi grandiose) ; diagnostic différentiel avec les états psychotiques ; enfin hypothèse causale, elle n'est pas sans risque, dont « *celui de regrouper sous un jour original des tableaux cliniques connus pour édifier ainsi de nouvelles entités* ».[2]

2. Widlöcher D., La psychanalyse devant les problèmes de classification. *Confrontations psychiatriques,* 24. 1984.

Les « critères d'une délimitation nosographique » de Misès[3] résumeraient ainsi l'exigence d'un travail qui évite ces écueils. L'intérêt clinique d'une notion telle que celle de « dysharmonie », qui, en regard de celle de « pré-psychose » laisse ouverte la question du pronostic et se réserve de montrer la spécificité de son organisation non psychotique serait, en ce sens, patent. La dysharmonie constituerait un terrain de recherche fécond, aussi bien en ce qui concerne les organisations psychotiques de l'enfant que les processus de névrotisation. Néanmoins, le débat taxinomique ne peut se clore d'une telle assertion : l'originalité de la notion se devant, en effet, de faire évoluer aussi l'approche thérapeutique !

Il ne faut donc pas se méprendre : La question nosographique est accessoire pour le psychanalyste, au premier chef, soucieux de qualifier les activités mentales et d'apprécier comment elles rendent compte d'une organisation cohérente du moi ou de son morcellement, de la secondarisation des opérations, des processus de symbolisation etc. néanmoins, il s'y réfère au moins implicitement et ne peut l'ignorer. Le débat sur les appellations des « indéterminations nosographiques », s'il le concerne dans la mesure où il sous-tend sa clinique ne le mobilise que dans la mesure où il est le vecteur de nouvelles perspectives de compréhension psychopathologique et de soin.

2. Les dysharmonies d'évolution

2.1. Définitions

La notion d'état dysharmonique de l'enfant est apparue dans les descriptions cliniques de l'arriération mentale, qui distinguaient les « débiles harmoniques » sans stigmates dégénératifs sur le plan physique, et les « débiles dysharmoniques » (Vermeylen). D'une façon générale, c'est encore dans le domaine intellectuel (dysharmonie aux tests, dysharmonie verbal/performance) qu'elle est le plus souvent utilisée. Il est à noter cependant, avec Ph. Jeammet,[4] que la « réalité clinique que recouvre ce terme de dysharmonie évolutive » n'est pas aussi statique, et qu'elle mérite, pour être comprise « *d'être située dans son contexte d'émergence* ».

3. Misès R. Les dysharmonies évolutives de l'enfant in *Information psychiatrique*, 1977, 53, 9.
4. Jeammet Ph. À propos des dysharmonies évolutives de l'enfant in *La psychiatrie de l'enfant,* Paris, PUF, XXI, 1978.

Il faut en effet faire référence aux travaux de Pierre Mâle sur la dysharmonie d'évolution de la crise d'adolescence[5] pour comprendre le sens que donne Misès à cette notion, « *conflictuelle et structurante* », car, « *elle ne saurait se concevoir en dehors de la dynamique conflictuelle qui a présidé au premier stade de l'organisation libidinale du sujet, et renvoie, en particulier à la dysharmonie, structurante elle aussi, des trois premières années, et notamment, des perturbations fixatrices, sortes de matrices sur lesquelles viendra buter le mouvement à la fois régressif et progressif de la crise pubertaire* »[6].

Mais si le développement normal peut être dysharmonieux, qu'est-ce qui fait le caractère pathologique de la dysharmonie chez l'enfant ?

2.2. Clinique des dysharmonies d'évolution

Comme dans les prépsychoses, les tableaux symptomatiques sont extrêmement diversifiés ; le polymorphisme et la labilité des symptômes coexistant ici avec une certaine rigidité des organisations sous-jacentes. Chez ces enfants, pour des raisons affectives ou d'équipement, il existe un décalage entre la maturation fonctionnelle et la maturation pulsionnelle, et cette dyssynchronie retentit sur l'appréhension de la réalité. Plus que la désorganisation cependant, ce qui frappe est bien de l'ordre du déséquilibre, de l'écart entre les différents axes de développement de l'enfant. On verra par exemple une sexualisation précoce côtoyer une organisation infantile du moi, ou une hypermaturité intellectuelle tramée sur des besoins affectifs régressifs, donc conflictuels. Le langage sophistiqué peut masquer une extrême immaturité. D'autres décalages sont possibles. Certains tableaux sont tout à fait atypiques, sauf dans leur tonalité limite univoque.

Les perturbations globales de la personnalité sont constantes « *liées à des fixations précoces, tissées souvent à travers les liens perturbés entretenus avec l'entourage, y compris dans le cas où le poids des atteintes neuro-biologiques est indéniable* ». Mais cette définition ne dissipe pas l'embarras des lecteurs, à savoir que « *l'on ne peut pas privilégier de façon excessive, les points de fixation, les distorsions précoces, les éléments tirés de l'actualité* », au point que la différenciation d'avec les dysharmonies partielles, les décalages transitoires, les états réactionnels est difficile.

5. « *Chargée de refléter la mouvance de cette période, où s'effacent les frontières entre normal et pathologique qui sont le reflet du jeu dynamique des forces en présence, des possibilités de mobilité et d'organisation du fonctionnement mental de l'adolescent et de son contexte relationnel* ». Jeammet, *op. cit.*, p. 641.

6. *Ibidem.*

On retiendra, comme dans les prépsychoses, que « parfois le tableau est bruyant et composite », parfois « la suppléance massive assurée par la mère vient dissimuler les failles sous-jacentes à la dysharmonie ». On retiendra aussi qu'en raison de ces difficultés le diagnostic de dysharmonie d'évolution peut nécessiter une longue période d'observation.

Pour Misès, *l'évolutivité*[7], caractéristique de la dysharmonie d'évolution exclut les formes fixées ou les états terminaux. Ce critère permet, en pédopsychiatrie de différencier les « arriérations » ou les « débilités », dont le potentiel d'évolution est sclérosé.

Enfin, et ceci résume l'espace de définition des dysharmonies évolutives, « *elles trouvent leur centre de gravité du côté des perturbations évolutives complexes où se discute leur situation vis-à-vis des grandes organisations morbides du jeune âge, psychose, névrose, certains processus déficitaires, psychopathies* ». C'est dire que la clinique est hétérogène et admet, non seulement des formes typées, mais des « organisations en mosaïque », dans lesquelles certains traits structuraux détermineront l'évolution. Pour Misès, il ne s'agit pas « *d'a-structuration ou de non-organisation, mais de moments de l'histoire de l'enfant ayant à la fois une potentialité organisatrice et un devenir ouvert* ».

2.3. Psychopathologie des dysharmonies d'évolution

Anna Freud fut la première à attirer l'attention sur la désorganisation induite par le déséquilibre entre « *l'insuffisante maturité du moi et du surmoi par rapport au niveau de l'activité pulsionnelle* » dans la mesure où alors, « *ni les relations affectives d'objets appropriés, ni un sens social et moral suffisant ne sont à même de lier et de contrôler les pulsions partielles prégénitales et agressives* ». La notion de dysharmonie d'évolution mettrait l'accent sur les écarts entre les différentes lignées maturatives, impliquant « le corps, le sexe, la dynamique pulsionnelle et l'équipement fonctionnel ».

En fait, il existe deux approches de la dysharmonie d'évolution : l'une qui résulte de son approche thérapeutique et l'autre qui est axée sur la psychopathologie génétique. Selon les auteurs, l'accent sera mis, soit sur le versant pulsionnel dont l'évolution serait déséquilibrée, soit sur le versant structurel et les réaménagements de celui-ci dans l'histoire du sujet.

7. La distinction entre dysharmonie évolutive et dysharmonie d'évolution, repose selon Misès, sur le fait que le premier terme met l'accent sur les éléments constitutifs, le second sur le devenir. En réalité selon l'auteur, l'interdépendance des deux versants donne seule sa fécondité à ses essais de compréhension. *Op. cit.*, p. 39.

Pour les premiers, (Lebovici, Diatkine, Green, Kestemberg), le déphasage entre les aptitudes fonctionnelles et le niveau d'organisation libidinal entraîne une activation des positions libidinales prégénitales, des clivages, des désinvestissements d'anciens objets qui remettent en cause les assises narcissiques ou constituent des occasions de fixation. Les défenses contre ce risque prennent souvent l'allure de formations réactionnelles ou bien provoquent l'extériorisation des conflits. La question restant de reconstituer le fonctionnement mental de l'enfant pour apprécier si le symptôme, en tant que défense contre un processus régressif « *garde un rôle protecteur, sans bloquer toute possibilité évolutive, ou, au contraire si l'on assiste à une restriction des conduites appétitives et des possibilités d'investissement, et à l'organisation de situations irréversibles* » (Jeammet). L'auteur ajoutera que la conservation du « plaisir de désirer » reste, dans cette perspective, un élément essentiel du pronostic.

Pour les seconds (Misès, Lang), le déséquilibre qui affecte la structure d'ensemble de la personne, « *souligne l'importance des interférences entre maturation des instruments, développement des fonctions, et évolution libidinale* ». Ils mettent essentiellement l'accent sur l'interdépendance des facteurs « *dans la mesure où l'immaturation des instruments vient bloquer, freiner ou dévier les communications, à soi, à l'autre et au monde* ». Pour J.-L. Lang, la structure de la personne est caractérisée par un déséquilibre, mais c'est autour de ce déséquilibre qu'elle s'est organisée. Cependant Lang estime que la dysharmonie évolutive est une notion trop extensive, un concept « fourre-tout », une entité qui dissimule les hésitations et incertitudes et il lui préfère le terme de « para-psychose », qu'il substitue aussi à la « pré-psychose ». Cependant, pour ces auteurs, les éléments les plus caractéristiques de la dysharmonie concernent l'organisation libidinale chaotique « *où co-existent des positions oro-ano-phalliques hétérogènes, plus ou moins mal investies et intégrées, et derrière lesquelles se profile une angoisse de déstructuration, de destruction de la cohérence de soi* »[8]. Cependant, ils estiment que dans certains cas, le développement libidinal est plus avancé. Dans tous les cas, les mécanismes de défense prévalents demeurent l'identification projective et le clivage ; les mécanismes de défense contre l'angoisse pouvant être soit névrotiques (phobiques ou obsessionnels) soit psychotiques (déni, idéalisation, repli autistique, réactions hypomaniaques, omnipotence narcissique).

Pour utilisée qu'elle soit dans les consultations pédo-psychiatriques, la notion de dysharmonie d'évolution reste fort problématique. Certes, elle réserve le diagnostic d'évolution que fait peser sur chaque enfant une éti-

8. Lang J.-L. Les dysharmonies d'évolution, in *Psychanalyse à l'université, 1977, 2, n° 6.*

quette qui inclut le terme de psychose, mais en même temps, elle ne solutionne pas la question de l'autonomie de telles organisations. Il demeure en effet de savoir s'il s'agit d'une entité qui aurait son mode d'organisation propre ou un fonctionnement caractérisé par une activité instable, changeante et labile. Le concept de dysharmonie pubertaire de Pierre Mâle, dont on a vu qu'il avait inspiré maints travaux en psychopathologie infantile, était, à cet égard, plus fécond, car d'une part, il s'agissait de décrire (et de comprendre), un état de déséquilibre généralement temporaire entre le développement somato-psychique (aptitudes à la procréation) et le niveau d'organisation libidinal, et que d'autre part, il n'avait pas vocation à éluder les organisations structurelles sous-jacentes. La dysharmonie d'évolution, même si elle demeure métaphorique d'un certain nombre de tableaux morbides de l'enfance ne doit pas nous illusionner sur le fait qu'elle est sous-tendue par une logique libidinale et défensive dont on a à faire la preuve qu'elle n'est pas celle de la psychose et qui serait donc susceptible de se fixer (à partir de quel âge peut-on poser le diagnostic de dysharmonie ?) ou d'évoluer vers une organisation névrotique.

3. Les prépsychoses

3.1. Définitions

La nosographie classique a fourni ses modèles aux troubles de l'enfant, mais cette approche clinique exigeait pour être pertinente, d'être problématisée par la notion de développement. La notion de prépsychose répond à cette exigence, en suspendant le jugement porté sur une réalité clinique incertaine pour en apprécier les modifications évolutives liées aux facteurs de développement.

La notion de prépsychose est, selon certains, imprécise, parce qu'elle peut qualifier à la fois une organisation susceptible d'évoluer vers la psychose ou une organisation définitive, fixée sous une forme symptomatologique spécifique. Certains auteurs, on l'a vu, lui préfèrent ainsi le terme de « para-psychose » (Lang) au principe que ce dernier « *ne préjuge, ni des modalités d'expression clinique dominantes, ni d'une éventualité pronostique, ni de présupposés pathogéniques* ». Pour Lang, ainsi, cette notion « *ne recouvre pas un diagnostic clinique, moins encore un cadre nosologique* » mais engage « *une tentative de compréhension s'écartant des modèles, ceci à travers l'abord psychopathologique de tels états* ». Malgré ces précautions terminologiques, l'auteur n'hésite pas à déclarer, d'un point de vue structurel, la « nature authentiquement psychotique » de ces troubles[9]. Le débat sur la notion est donc complexe. S'il revendique de pouvoir nuancer l'approche psychopathologique, on constate qu'il ne modifie pas la clinique et qu'il pourrait s'agir de querelles plus que de divergences théoriques, car au-delà du débat nosographique, les différences fondamentales restent assez confuses.

3.2. Description clinique des prépsychoses

Il n'y a pas de symptomatologie propre aux pré-psychoses. Peuvent se rencontrer des manifestations intra-psychiques (anxiété, angoisse, phobies plus ou moins invalidantes ou rituels obsessionnels) aussi bien que des troubles du comportement comme l'instabilité, l'hyperactivité ou l'inhibition. De même on peut voir des retards électifs, cognitifs en particulier, aussi bien qu'un retard global de maturation, dont l'acquisition du langage ou de la motricité, par exemple seront les témoins. De même, on peut rencontrer des troubles des fonctions somatiques essentielles (alimentation ou sommeil). Le tableau clinique peut cependant se limiter à des troubles relationnels, soit au sein de la famille, soit à l'école où l'intégration est souvent problématique.

Ces tableaux morbides à la limite de la nosographie sont souvent maillés à une expression « caractérielle », ou à des troubles du comportement, où l'instabilité, l'agressivité, l'hyperémotivité, l'anxiété, l'impulsivité, l'excitation ou au contraire la tendance au repli dominent la scène.

Au total, la caractéristique de la symptomatologie est d'être polymorphe et instable.

Ce qui ferait la spécificité des symptômes pré-psychotiques, c'est leur variabilité autant que leur diversité. Tous les symptômes peuvent se rencontrer mais ils sont extrêmement labiles. D. Marcelli donne l'exemple de « *tics qui apparaissent puis disparaissent pour laisser place à des terreurs nocturnes et à une insomnie relative, à laquelle succède une phase d'instabilité majeure avec des phobies plus ou moins variées* », pour illustrer le fait, qu'en réalité « *ces symptômes se caractérisent par leur inefficacité à lier l'angoisse, tant du point de vue économique que dynamique* ».

Ce polymorphisme clinique, associant des symptômes de niveaux structurels variés, co-existe avec des conduites et des comportements peu malléables, au contraire marqués par une certaine rigidité.

Le contact avec ces enfants pré-psychotiques est caractérisé par le manque de mesure. Certes, il n'est pas étrange ou bizarre comme dans la

9. Lang J. L Les para-psychoses infantiles, in *Psychanalyse à l'Université,* 1976, I, 3.

psychose, car, ici, les relations au réel objectif ne sont pas fondamentalement troublées, mais la relation donne lieu facilement à des débordements difficiles à canaliser ou à une inhibition massive. L'agressivité s'exprime très facilement. Les jeux ou le langage mettent en évidence des fantasmes crus.

Dans ce contexte, le passage à l'acte est fréquent, sous forme auto ou hétéro-agressive. Il est souvent extrêmement impulsif, si bien que ces enfants sont souvent amenés en consultation au motif de troubles du comportement ou du caractère, dans la mesure où leur insertion dans des groupes pose assez systématiquement problème.

Pour Ajuriaguerra, dans la tradition nosographique classique, l'ensemble « *de ce groupe possède une phénoménologie commune qui reflète la structure psychopathologique de base considérée comme l'expression d'un développement défectueux et fragmentaire du moi* », soit d'une désorganisation fonctionnelle (opposée à lésionnelle). Ces jeunes patients présentent des contacts assez pauvres avec l'environnement, des relations fragiles et instables avec la réalité, marquées par des revendications narcissiques constantes. Leur image corporelle est le plus souvent perturbée. Les troubles de la pensée et du langage sont fréquents même s'ils ne sont pas massifs. Sur le plan comportemental, l'auteur note une grande impulsivité et des fantasmes bruts, qui ne manquent pas de nourrir leur vie imaginative.

3.3. Psychopathologie des prépsychoses

L'approche psychopathologique de la pré-psychose, se nuance donc, selon les auteurs, de la conception même de la genèse de cette organisation. Schématiquement, deux théories organisent ici le champ de recherche : Ou la prépsychose est un stade qui annonce la psychose (Diatkine, Lebovici) ou, elle a sa spécificité structurelle et évolutive (Lang[10], Misès, Widlöcher). Pour les uns, il s'agit de pré-organisations instables dominées par le risque de décompensation ou d'évolution psy-

10. Pour Lang l'analyse structurelle de la para-psychose se caractérise « *par la coexistence de mécanismes, positions, processus d'élaboration, contenus, modes de relation objectale de caractère archaïque* ». La projection, l'identification projective, l'identification à l'agresseur sont les mécanismes prévalents dans le fonctionnement des enfants parapsychotiques. L'auteur insiste sur le caractère non lié des investissements, le travail de la secondarisation étant systématiquement mis en échec par les processus primaires qui tiennent les rênes de l'organisation libidinale. On peut donc noter que l'accent est mis sur les fonctions du moi et sur les failles narcissiques originaires qui compromettent celles-ci, mais il est important de noter qu'il ne s'agit pas d'une entité clinique mais d'un modèle psychopathologique.

chotique, pour les autres, il s'agit d'organisations archaïques, mais stables, de nature psychotique pour certains, non psychotique, pour d'autres (Widlöcher) et dont l'évolution est aussi variable et polymorphe que ne l'est la clinique.

Pour Diatkine, ces états sont des « pré-structures » des états véritablement pré-psychotiques qui constituent des amorces à des évolutions psychotiques. Le risque d'effondrement, d'éclosion du noyau psychotique et de réactivation des processus primaires étant toujours présent. Le pré-psychotique est un enfant dont la faiblesse du moi apparaît essentiellement au niveau de la mise en place des mécanismes de défense. Le pré-psychotique néanmoins n'est pas dépersonnalisé, ne délire pas, et conserve un bon rapport à la réalité qu'il contrôle.

Diatkine insiste beaucoup sur la prégnance, chez ces enfants, d'une pensée envahie par les processus primaires qui ne peuvent être régulés par les mécanismes secondaires, lesquels semblent inefficients. L'organisation libidinale est donc compromise, d'autant plus que l'agressivité est massive, vraisemblablement en raison d'expériences traumatiques précoces qui dépassèrent, en leur temps, les capacités de réponse et d'adaptation du moi de l'enfant.

Les dysharmonies, fréquemment rencontrées chez ces enfants ne résument pas leur organisation mais en représentent un des aspects.

Widlöcher estime au contraire qu'il ne s'agit pas de psychoses latentes, mais de formes psychopathologiques assez caractéristiques et bien définies, qui ne seraient pas entraînées dans un processus psychotique, notamment en ce qui concerne le contact avec la réalité.

Cet auteur a tenté de définir la nature d'un noyau psychotique qui pourrait être commun à différentes organisations pathologiques de l'enfant et de l'adulte : il le définit en quatre points :

– L'activité fantasmatique dénuée d'élaborations secondaires et des défenses névrotiques habituelles.

– L'angoisse de destruction de la cohérence de soi ;

– L'organisation chaotique du développement libidinal (absence d'organisation des pulsions partielles autour d'une zone érogène prévalente.

– L'intensité des pulsions agressives.

Pour cet auteur, c'est la carence de la fonction du moi, en tant que susceptible de rendre constant le sentiment d'existence, mais aussi le sentiment d'omnipotence, qui serait en cause. Le noyau archaïque des pré-psychoses est une faille dans les identifications primaires (impossibilité d'une identification à l'image maternelle au moment où se réaménage l'alliance narcissique des origines). L'absence d'organisation du moi, l'impossible gestion des pulsions agressives, l'absence d'efficacité des défenses face à un monde fantasmatique archaïque, contribuent à donner cette image de chaos, d'inorganisation des origines, relativement terrifiants, et ces traits pourraient constituer un ensemble cohérent qui se retrouverait dans d'autres états atypiques.

Quant à Misès, il décrit ces états comme de véritables psychoses très précoces, mais qui se différencieraient des états prodromiques des psychoses aussi bien que des psychoses autistiques et des psychoses à expression déficitaire, en ce sens qu'elles seraient essentiellement marquées par une dysharmonie fondamentale, autour de laquelle s'organiserait l'appareil mental.

Sur le plan topique, tous les auteurs admettent que la différenciation moi-non-moi est acquise, mais que le surmoi est souvent déficient. En fait, la triangulation aurait rencontré quelques obstacles et la relation œdipienne semblerait plaquée. Lebovici évoque, à ce sujet, une triangulation faite de « trois relations duelles », le père étant appréhendé comme un personnage protecteur plus que interdicteur.

Malgré les éléments de la série psychotique, tous les auteurs insistent sur le fait que d'une part, le moi n'est pas morcelé (le clivage n'est donc pas du type schizo-paranoïde psychotique et porterait plutôt selon Marcelli sur la qualité des objets : le bon et le mauvais étant férocement maintenus séparés) et d'autre part, que les investissements d'objets totaux sont possibles. Il semble qu'ils reconnaissent tous, aussi, que le problème de cette organisation reste du registre de « l'élaboration de l'angoisse » d'une part, et de « l'élaboration des pulsions agressives » d'autre part.

En fait, la spécificité de ces états pré-psychotiques est liée, essentiellement à leur évolution. L'évolution vers une psychose franche bien que peu fréquente n'est pas exceptionnelle en fin de latence. La plupart des enfants pré-psychotiques évoluent en organisant une pathologie caractérielle, avec une adaptation de surface qui cache une rigidité des processus de pensée et une grande fragilité narcissique. Les passages à l'acte de type psychopathique ne sont pas rares.

De même l'évolution vers la débilisation, avec inhibitions, désinvestissement, repli narcissique n'est pas rare. En d'autres termes, le risque déficitaire est une caractéristique évolutive de ces états[11].

En conclusion, troubles dysharmoniques et prépsychoses nommeraient la même réalité clinique : ce qui les différencierait selon Jeammet[12] reste-

11. On conçoit, lorsque ces enfants sont vus tard, la difficulté du diagnostic. La psychose camouflée de l'enfance, à l'aspect psychiatrique estompé, évolue aussi souvent vers une expression déficitaire secondaire.
12. Jeammet P. À propos des dysharmonies évolutives, *op. cit.*

rait de l'ordre des préoccupations de leurs auteurs, thérapeutiques pour les uns (Lebovici, Diatkine) ; psychopathologiques pour les autres (Misès, Lang). Chaque dénomination soulève des critiques : anticipation du devenir psychotique dans la notion de pré-psychose ; méconnaissance ou mépris du développement non linéaire de l'enfant normal dans celle de dysharmonie. Il n'en reste pas moins que le débat théorique autour de ces troubles de l'enfant, à la frontière de la nosographie, témoigne de la vigueur de la recherche en psychopathologie infantile même s'il ne clarifie pas immédiatement la situation clinique.

4. Les troubles du comportement et du caractère

Dans la littérature psychopathologique, les troubles du comportement sont associés aux troubles du caractère. « L'enfant caractériel » a d'ailleurs inspiré des théoriciens de l'enfance inadaptée, au milieu du siècle dernier. Or, cette terminologie, d'une part, renvoie à une typologie constitutionnaliste (Lombroso, Dupré), d'autre part fait courir le risque de ne pas différencier le processus morbide des traits de ce qui, sur le plan émotif, héréditaire ou acquis, conditionne la manière d'être du sujet. Pour ces raisons, nous ne traiterons pas de ces pathologies. Par contre, nous évoquerons quelques tableaux comportementaux qui n'engagent pas dans une approche structurelle précise, mais qui constituent des vicissitudes fréquentes du développement.

Les « troubles du comportement et du caractère » sont en effet des motifs fréquents de consultation. S'ils ne caractérisent pas des organisations structurelles typiques, s'ils ne sont recouverts par aucune organisation psychopathologique spécifique, ils ont une valeur descriptive qui permet de faire l'économie d'un étiquetage nosographique incertain. Cette voie d'approche symptomatique, initiée par les behavioristes aux U.S.A, se révèle peu féconde quant à ses possibilités de fournir un modèle de compréhension du fonctionnement psychopathologique de l'enfant, épargne souvent les parents, et, à la limite, peut nous aider à penser les troubles « sectorisés ». Nous retenons cette appellation, ici, pour décrire les symptômes qui mettent en cause, gravement, la relation de l'enfant avec son entourage et qui témoignent de l'intensité des pulsions agressives, extériorisées ou non, de même que la faillite de la régulation surmoïque de ses conduites, sans troubles structurels notables.

4.1. La gestion des pulsions agressives

4.1.1. Les colères

La rage se distingue de la colère en fonction du contrôle que l'enfant est capable d'exercer sur ses émotions. La rage, expression d'une frustration vive, fréquente au cours de la première année, est faite de mouvements anarchiques, accompagnés de cris et de phénomènes vaso-moteurs. Elle témoigne d'une réactivité immédiate aux limites imposées à la toute-puissance infantile. Elle peut persister chez des enfants plus âgés, très émotifs ou supportant mal les frustrations. Elle se distingue de la colère, manifestation plus contrôlée, souvent associée à des insultes, des injures, des imprécations blessantes. Celle-ci est déjà une expression secondarisée.

Rage et colère sont d'essence narcissique. Il s'agit pour l'enfant d'exprimer l'intensité des blessures infligées à sa toute-puissance imaginaire, et de tenter d'infléchir les dispositions de l'entourage à son égard. Ces expressions peuvent d'ailleurs en imposer pour des réactions dépressives, pleurs et sanglots s'associant fréquemment aux manifestations de dépit. Ces réactions s'estompent en même temps que se consolident les assises narcissiques. Il y a lieu de s'en inquiéter lorsqu'elles persistent, et qu'elles mettent l'environnement dans une situation d'impuissance dans la mesure où des réponses, dans le même registre ne font qu'accentuer le malaise et qu'il n'est pas évident, pour les parents ou les enseignants, d'entendre ce symptôme autrement que comme un caprice.

4.1.2. Les violences

Les violences se distinguent des comportements agressifs. Ces derniers ne sont pas pathologiques en soi, et ils peuvent même témoigner d'une bonne évolution de l'enfant et de sa capacité à s'affirmer et à se différencier. Ils sont normaux entre 1 et 4 ans. Comme les colères, ils constituent des réponses aux ressentis de frustration ou d'injustice. Ils sont plus fréquents chez les garçons que chez les filles.

Sous le terme de violence, on entend les comportements agressifs physiques dont la finalité la plus objective est de faire mal ou de détruire volontairement. Au cours d'une évolution normale, les comportements intentionnels d'agression disparaissent avec la socialisation et l'usage de plus en plus élaboré du langage. Leur persistance signe l'immaturation du moi, sa fragilité (la peur de l'autre) mais aussi la souffrance de l'enfant.

Ni les violences, ni les comportements agressifs ne caractérisent une structure ; néanmoins, au moment de la latence, ils expriment une fragilité et une revendication identitaires qui n'ont pas été antérieurement repérées ou entendues. La persistance de ces symptômes au cours du développement doit inciter à tenter d'apprécier les dysfonctionnements associés qui ont pu, dans un contexte peu attentif, passer complètement inaperçus[13]. Dans un premier temps, il peut être aussi utile d'apprécier le fonctionnement de l'environnement, c'est-à-dire la propension des parents ou des frères et sœurs à ce type d'expression colérique ou violente. La perméabilité de l'enfant aux modèles de réponse qu'il perçoit, ses comportements violents peuvent être « le langage de ses proches ». Peut exister, alors, un cercle vicieux dont il est difficile de sortir, chaque partie se sentant contrainte de s'exprimer dans le même registre que l'autre. Ensuite, on appréciera l'usage et la maîtrise du langage, chez l'enfant, et chez les parents. Le déficit de la parole – en tant qu'outil d'échange et de communication – faisant le lit des comportements violents.

4.2. Le principe de réalité

Le mensonge est naturel à l'enfant jusqu'à l'âge de raison (6-7ans). S'il invente des faits, ou les déforme, on ne peut attribuer à ces créations les caractéristiques d'un mensonge, car il n'a pas volonté délibérée de tromper. Avant d'avoir intériorisé les règles du fonctionnement social, et appréhendé le principe de réalité, il ne fait pas la différence entre l'imaginaire et le réel (le père Noël), le vrai et le faux. Il conçoit le monde extérieur à l'image de ce qu'il souhaite (d'où, sa sensibilité aux frustrations). Il est d'ailleurs bon que le merveilleux soit son refuge et qu'il se protège un temps, des agressions de la réalité « réelle ».

Les premiers mensonges ainsi, sont souvent une manière d'apprécier le pouvoir de l'imaginaire sur la réalité. Ils sont gratuits (inventions de faits tenus pour vrais) ou éventuellement utilitaires. L'enfant modifie la réalité, soit pour en tirer avantage, soit pour éviter une punition. Il arrive que ceci passe inaperçu. Il arrive au contraire, que, se dégageant de l'écheveau de ses inventions, l'aspect surréaliste de ses propos attire l'attention. On peut découvrir alors que le mensonge était réactionnel à la crainte d'être puni ou privé d'une récompense. On peut percevoir aussi que ce mensonge est « névrotique », c'est-à-dire qu'il a pour fonction de compenser un sentiment d'infériorité ou de masquer un événement blessant pour son narcis-

13. Je pense à une enfant vue à l'âge de cinq ans parce qu'elle piquait des colères lorsque ses parents sortaient de table ou quittaient une pièce sans lui en demander l'autorisation. Il s'avéra que son histoire précoce révéla des terreurs nocturnes et des angoisses massives au cours des deux premières années, et qu'au-delà de ces symptômes, la clinique mit en évidence une inorganisation psychique de type pré-psychotique.

sisme[14]. Au plus, cette aptitude à raconter des fables, si elle s'installe, va constituer le tableau de la mythomanie que l'on a évoqué dans l'hystérie de l'enfant, et qui pose quelquefois la question de l'immaturité du moi et de l'infantilisme intellectuel. À ces deux types de mensonges s'oppose, chez l'enfant, le problème de l'invention d'un double. Celui-ci, souvent de même sexe, frère, sœur ou ami(e) tombe sous le coup du refoulement vers 6-7 ans, mais jusque-là, joue un rôle particulier dans la constitution du narcissisme et le travail des identifications.

Le mensonge de l'enfant est initialement normal. C'est une manière pour lui d'expérimenter le principe de réalité, et dans ses dires, ce qui est partageable et ce qui n'appartient qu'à lui. Lorsque le mensonge s'installe durablement, il peut témoigner de difficultés de développement. L'association de la tendance à fabuler, à d'autres signes tels que les vols, les larcins, les fugues, mérite attention. La plupart du temps, une attitude juste des parents[15], ni complice ni trop sévère, permet à l'enfant de s'engager dans un travail d'intériorisation du principe de réalité et des règles sociales qui président aux échanges humains.

La normalité du mensonge dans l'enfance pose le problème de la fiabilité des témoignages de l'enfant devant la justice. Nous évoquons cette question en raison de son lien fréquent avec des expertises psychopathologiques qui ont à retenir pour vrai, probable ou improbable, le discours de l'enfant (histoires de séduction, d'attouchements ou d'attentats sexuels, intra- ou extra- familiaux, en particulier dans les procédures de demande de garde de l'enfant par l'un des parents au prix de l'accusation de l'autre, ou dans les accusations de pédophilie). Chaque enfant est capable d'inventer toutes sortes d'histoires, même les plus inimaginables, dans des situations particulières. Il n'y a donc pas d'éléments sur lesquels appuyer les critères de véracité des propos de l'enfant. Les éléments d'appréciation sont certes liés au fonctionnement harmonieux ou désorganisé de l'enfant, à la nature de son organisation psychique (signes de perversité), à l'équilibre de son environnement, enfin à l'adéquation de son discours et des mots qu'il utilise avec son niveau de développement.[16]

14. C'est par exemple les mensonges de l'enfant dont le père est absent et qui s'invente un père astronaute ou chercheur de pétrole sur une plate-forme en mer.
15. À condition que ceux-ci n'usent pas eux-mêmes du mensonge pour éluder les conflits éducatifs.
16. Je pense à une fillette de six ans vue à l'occasion d'une plainte déposée par sa mère pour attentat sexuel que l'homme « avait tenté de mettre son pénis dans son vagin ». Ce type d'expression, chez l'enfant, évoque les discours induits par les adultes. Un enfant est rarement prolixe en éléments descriptifs ; lorsqu'il l'est, c'est avec ses mots.

En conclusion, cette évocation des troubles du caractère et du comportement au cours du développement répond à deux motifs :

– Rappeler que tout comportement s'inscrit dans une histoire, une diachronie. Normal à un temps du développement, il fait symptôme, et donc révèle un conflit sous-jacent dès qu'il persiste au-delà de sa période « normale ».

– Insister sur le fait qu'un symptôme doit être lu dans une configuration qui lui conférera son indice pathologique ou au contraire, permettra de l'assimiler à une défense de bon aloi.

CHAPITRE VII

Le temps œdipien Névrose infantile et névroses de l'enfant[1]

1. La névrose infantile : un modèle de développement

> *« Nous sommes tentés de dire que la névrose des enfants n'est pas l'exception mais la règle (...) dans la plupart des cas* ***cette crise névrotique des années d'enfance*** *est spontanément surmontée (...). Par contre, chez aucun de ceux qui ont eu une névrose ultérieurement, ne manque le lien avec une affection infantile, qui, en son temps, n'a pas été forcément très apparente[2]. »*

La névrose des enfants dont parle Freud est en fait ce que Lebovici appellera la névrose infantile. Le premier terme avait été traditionnellement utilisé aussi bien pour désigner une phase et un conflit de développement normal que pour caractériser des cas de pathologie intra-psychique. La confusion méritait d'être levée. Nous adoptons ici les théorisations de Serge Lebovici, qui reprennent en les prolongeant les observations freudiennes[3], et en particulier celle du petit Hans.

1. Lebovici S. Névrose infantile et névrose de transfert. *Revue Française de psychanalyse.* XLIV. 5-6, 1980, Paris, PUF.
2. Freud S. *La question de l'analyse profane*. Paris, Gallimard, 1986.
3. Freud S. Le complexe nodal des névroses « *comprend les premiers émois de tendresse ou d'hostilité envers les parents, frères et sœurs, le plus souvent après que la curiosité de l'enfant a été éveillée par la naissance d'un frère ou d'une sœur. Le fait que l'on forme généralement les mêmes fantasmes concernant sa propre enfance, indépendamment de ce que la vie réelle y apporte, s'explique par l'uniformité des tendances contenues dans ce complexe et par la constance avec laquelle apparaissent ultérieurement les influences modificatrices. Il appartient ainsi au complexe nodal de l'enfance que le père y assume le rôle de l'ennemi dans le domaine sexuel, de celui qui gêne l'activité sexuelle auto-érotique, et dans la grande majorité des cas, la réalité contribue largement à cette situation affective* » in *Cinq Psychanalyses*, Paris, PUF, p. *234-235.*

Lebovici, parcourant l'histoire de Hans, évoquant les phobies ou obsessions transitoires de sa phase œdipienne, met en évidence la fonction organisatrice de ces symptômes, dans la mesure où ils ne sont pas associés à une régression libidinale, mais au contraire porteurs d'une dynamique organisée autour de la rivalité avec le père. Ils témoignent de ce moment critique du développement que représente l'intégration de la triangulation.

La névrose infantile demeure une construction théorique, un modèle organisant l'inscription subjective de l'enfant dans l'Œdipe. La névrose infantile est universelle[4], marquée par des symptômes transitoires de développement quelquefois discrets. La névrose infantile est un moment d'organisation de la subjectivité, un travail de la sexualité infantile, qui ne se « *caractérise pas par des données séméiologiques, ni par la psychopathologie descriptive des névroses. Structuralement, elle est l'élaboration des positions psychotiques archaïques ; ontogénétiquement, elle est le fruit des particularités interactionnelles du développement. S'il faut la situer dans le temps, elle est la traduction de la sexualité infantile réorganisée par les positions phalliques et le formidable investissement du pénis. Elle est en tout cas l'avant de l'éventuelle névrose clinique de l'enfant qui débute avant et pendant la période de latence* »[5].

La névrose infantile n'est donc pas une manifestation pathologique. L'intérêt de ce modèle, en dehors de ses liens avec la névrose de transfert dans la cure, ne concerne que la clinique de ses achoppements et de ses complications, c'est-à-dire celle, en amont, des pré-psychoses ou encore, en aval, les manifestations névrotiques patentes chez l'enfant (hystérie, phobies, névrose obsessionnelle), si elles existent. « *Les potentialités pathogènes de la névrose infantile peuvent être mesurées et évaluées "en deça" de l'apparition d'éventuels troubles de l'ordre de la névrose, de la psychose ou du caractère, qui apparaissent à partir du moment où la latence est en train de se constituer* ». L'en deça de la névrose infantile peut être théorisé, selon l'auteur, soit comme un stade psychotique au sens kleinien du terme, soit comme un ensemble d'interrelations parents-enfants[6], faites de conduites observables mais aussi d'une vie fantasmatique consciente et inconsciente. Dans ce système, la réalité psychique

4. Qu'elle soit métaphorisée par le mythe d'Œdipe ne lui confère pas une spécificité gréco-latine. Dans toutes les civilisations, l'accession au statut de sujet implique la triangulation, c'est-à-dire la fonction d'un « tiers séparateur » du sein maternel. Cf. à ce sujet Juillerat B. in *Œdipe chasseur*. Paris, PUF, 1991.
5. Lebovici S., *op. cit.*, p. 818-819.
6. Les dernières positions théoriques de S. Lebovici quant à la constitution de l'espace psychique misent sur ces hypothèses qui réfutent la notion d'objet au profit de celui du « soi ».

maternelle est incontournable et c'est la manière dont elle influence les premiers soins, le holding (Winnicott), ou la qualité de l'alliance narcissique des origines qui conditionnera l'aptitude de l'enfant à organiser sa névrose infantile[7]. Il existerait donc, pour Lebovici, une possibilité de prévoir les vicissitudes de la névrose infantile en s'appuyant sur les observations précoces des interrelations. Cet exercice qui suppose la connaissance de « la réalité maternelle » et des interactions entre l'enfant et son environnement impose la prudence. En effet la prédictivité de l'évolution d'un enfant reste un exercice difficile. L'interrelation parents-enfant, saisie dans sa pathogénie à un moment du développement, peut être amenée à se modifier sous l'impact de facteurs imprévisibles. Si nous pouvons parler de risques d'évolution, nous devrions aussi pouvoir évoquer les probabilités d'issues favorables.

Bien qu'elle ait donné lieu à un traitement, et qu'elle reste le paradigme psychanalytique de la névrose phobique de l'enfant, la phobie du petit Hans s'inscrit donc dans le tableau d'une névrose infantile, c'est-à-dire d'une phobie normale de développement[8]. On voit en effet, comment, au prix de certains conflits internes qui s'exprimeront symptomatiquement, l'enfant consolide ses identifications et traite de sa rivalité à la figure paternelle. La plupart de ces symptômes précoces seront emportés par la vague de refoulement qui inaugure la période de latence. Ils traduisent bien, dit Lebovici, « *une formule de type névrotique, c'est-à-dire les avatars des contre-investissements* » mais ils sont aussi « *ce qui reste d'une sexualité infantile polymorphe dont les formules perverses sont en voie de névrotisation* ».

Néanmoins, tous les symptômes qui surgissent chez l'enfant entre 2 et 7 ans, (phobies des animaux, du noir, cauchemars, terreurs nocturnes, rituels, préoccupations somatiques) ne peuvent être considérés comme « normaux » qu'après avoir fait l'objet d'un bilan de développement qui statuera sur leur valeur.

2. La névrose de l'enfant : généralités

La névrose de l'enfant révèle, dans une organisation symptomatique plus ou moins rigide accompagnée d'une régression libidinale, les diffi-

7. Cf. supra, où le modèle winnicottien n'est pas le seul à rendre compte de la qualité des interrelations précoces. Notons cependant que l'idée centrale en est la notion d'intégration et de constitution du moi.
8. S. Lebovici estime qu'il s'agit d'une névrose de l'enfant dans le traitement de laquelle Freud interpréta la névrose infantile.

cultés d'une triangulation amorcée et l'impossible gestion de l'angoisse de castration.

Elle vient donc signifier les obstacles à l'inscription de l'enfant dans l'Œdipe. La névrose de l'enfant ne peut cependant pas se calquer sur la névrose de l'adulte. Au plan psychopathologique, les tableaux sont beaucoup plus souples, plus variables. Au contraire de la névrose infantile les symptômes ne sont pas emportés par le refoulement secondaire, mais sont réélaborés pendant la période de latence, et à la différence de la névrose de l'adulte, l'immaturité du développement toujours en mouvement et la fragilité topique justifient des figures pathologiques labiles ou peu organisées.

Si bien que l'on peut se demander si la « névrose de l'enfant » existe avant l'entrée dans la puberté et la sexualisation des représentations. La névrose de l'enfant, en effet, n'est pas une pathologie fréquente, en tout cas si on la pense à l'image de la névrose de l'adulte. Les cas qui nous sont amenés en consultation, et qui n'appartiennent pas à la série psychotique, expriment rarement une pathologie purement névrotique. De plus, des symptômes névrotiques (phobies, obsessions, rituels) peuvent être au devant d'un tableau et ne pas signer nécessairement une organisation névrotique. Le plus souvent, chez l'enfant, nous avons affaire à une pathologie mixte et nosographiquement incertaine, où se pose la question, d'un côté des prépsychoses, de l'autre, des pathologies de l'adaptation (scolaire, familiale, sociale) ou des apprentissages. Dans celles-ci, les troubles du caractère et du comportement ont une place variable. La névrose pure reste donc une exception. Il est probable qu'elle ne peut exister, structuralement parlant, avant la période de latence et le refoulement secondaire qui lui est associé. À cette période, l'indifférenciation prolongée des instances, la non-autonomie du surmoi, la fragilité des identifications, l'éventuel polymorphisme de la sexualité, bref, l'insuffisance maturative peuvent interroger la réalité d'une organisation typiquement névrotique. Cependant, il est évident que dès que se mettent en place les lignes de force de l'organisation œdipienne, la pathologie de l'enfant se différencie nettement des troubles précoces de développement. Plus que des formes pures, adultomorphes, la névrose de l'enfant désignerait une organisation indemne de signes de la série psychotique.

Entre une réalité clinique indiscutable et une hypothèse structurelle incertaine, reste, en effet la place de ces organisations qui ont échappé à la psychose ou aux états limites mais qui ne sont pas franchement modélisées.[9]

9. On peut donc discuter la forme de la névrose de l'enfant en regard de la forme adulte, on ne peut pas en discuter l'existence.

Dans la plupart des cas, les tableaux « dits névrotiques » chez les enfants, sont complexes. Ils associent à des difficultés du fonctionnement mental, des troubles du comportement (agitation ou retrait) ou du caractère. Si la névrose de l'enfant, à l'instar de celle de l'adulte, ne concernait que les troubles du fonctionnement psychique, la seule névrose « pure » serait l'inhibition intellectuelle de la latence. Il se trouve cependant que ce tableau, pour fréquent qu'il soit dans le registre des troubles instrumentaux, des apprentissages symboliques, est toujours associé peu ou prou à d'autres manifestations symptomatiques. La névrose de l'enfant reste un espace nosographique balisé d'un côté par les psychoses et de l'autre par les névroses de l'adulte. Le diagnostic de probabilité de « névrose de l'enfant » se fera donc de manière différentielle. Dans la symptomatologie qui peut appartenir aussi bien à la psychose (phobies, rituels, troubles relationnels) qu'au développement normal de l'enfant, il est important de procéder par élimination d'éléments qui n'appartiendraient pas à la névrose.

Un certain nombre d'éléments plaident en faveur de troubles névrotiques dans la mesure où leur présence exclut la psychose :

Le moi est organisé et ses mécanismes de défense sont très sollicités.

La névrose infantile est amorcée.

La sexualité est organisée sous le primat du phallique.

Il n'existe pas de fixation prégénitale paralysante.

Les instances sont différenciées, le surmoi est autonome.

Les identifications laissent apparaître une intériorisation de la différence des sexes et des générations.

Nous considérerons, pour les spécifier, les organisations phobique, hystérique et obsessionnelle.

3. Les phobies et la névrose phobique

3.1. Approche clinique des phobies

La phobie est une crainte exagérée d'un objet ou d'une situation. Elle se caractérise par une projection de l'angoisse sur un élément, animé ou inanimé, mais inoffensif, de la réalité extérieure. La représentation de celui-ci permet au sujet d'organiser ses conduites de manière à l'éviter et à se protéger ainsi du danger.

La ou les phobies, on l'a vu, peuvent être symptômes de développement transitoires et banaux. Elles sont la marque d'une angoisse pathologique lorsqu'elles s'installent dans la durée en devenant de plus en plus envahissantes et contraignantes.

Sur le plan clinique, J. Mallet[10] a proposé en 1956 une description des phobies en fonction du développement : Il s'agit d'abord de phobies de petits animaux (les mouches, les araignées) puis de grands animaux (le loup, le chien, les dinosaures), puis de personnages de contes de fée ou de la littérature enfantine, enfin de phobies de situation comme la piscine, l'incendie, voire, les jardins, la foule. Cet auteur fait de la phobie l'héritière de l'angoisse du huitième mois. R. Spitz a contribué à cette élaboration en décrivant à partir de l'observation directe la phobie du visage de l'étranger.

Dans le même travail, Mallet accorde de l'attention aux cauchemars et terreurs nocturnes, héritières aussi, selon lui, de l'angoisse de séparation.

La clinique des phobies est polymorphe. L'envahissement du trouble et son caractère contraignant doivent être appréciés à travers le prisme des limitations de la vie active ou intellectuelle qu'il impose. L'évitement de certains parcours, sur le chemin de l'école, l'impossibilité d'endormissement, en raison de craintes de plus en plus grandes, du loup, du voleur, ou de quelque personnage terrifiant de vidéos, de même que la paralysie qui affecte certaines conduites (dont l'alimentation), s'ils s'organisent dans la durée, en dehors d'un contexte psychotique, peuvent évoquer une mise en place pathologique des défenses contre l'angoisse de castration.

La question de phobies scolaires se pose peu dans l'enfance. On réserve cette entité aux conduites d'évitement de l'école que l'on constate au cours de la puberté. Avant celle-ci, ces tendances, mises en scène dans les larmes ou les troubles somatiques (vomissements, céphalées, maux de ventre) sont plus souvent cataloguées sous le vocable « d'angoisse de séparation ». Ceci appelle deux remarques :

a) Les angoisses de séparation de l'enfant d'âge scolaire ne sont jamais simples et s'étoffent déjà de représentations conflictuelles complexes parmi lesquelles le désir de maîtrise de la mère tutoie les vœux de mort à son égard.

b) Les bénéfices secondaires des phobies et des angoisses sont tels (rester à la maison, par exemple, près de la mère, et avoir barre sur elle) que leur approche clinique doit tenir compte des positions inductrices ou encourageantes des parents à l'égard du symptôme. Pensons aux bénéfices secondaires des phobies du noir ou des cauchemars qui amènent à partager le lit des parents, voire à en évacuer éventuellement un pour prendre sa place.

10. Mallet J. Contribution à l'étude des phobies, *Rev. Fr. psy,* (1956) *20*, 1-2.

3.2. Psychopathologie des phobies

Le mouvement psychique à l'origine de la formation névrotique est le refoulement d'un contenu psychologique inacceptable à la conscience. Il semble cependant que le mécanisme des phobies ne soit pas univoque et que certaines de ses formes aient résisté à rentrer dans l'édifice freudien des névroses de transfert.[11]

Les phobies simples, externes, répondent à la scansion refoulement-projection (avec ou sans déplacement). Les phobies complexes, (phobies de la limite ou phobies internes), n'étant pas accessibles à la thérapie c'est-à-dire à la levée du refoulement, convoquent, à notre sens, un autre modèle.

Hans et Sergueï

L'exemple le plus célèbre de la littérature pédo-psychiatrique sur le sujet est le petit Hans, communiqué par Freud en 1909. Hans, vers cinq ans et demi, peu de temps après la naissance de sa petite sœur souffre tout à coup d'une peur de quitter la maison et de sortir dans la rue parce qu'il craint qu'un cheval ne le morde. Cette crainte d'être mordu se transforme progressivement en crainte de voir les chevaux tomber. Dans le même temps, il appréhende de voir les attelages chargés sortir de la remise. Hans partageait avec sa mère un lien très tendre : quelque temps avant la naissance de sa sœur, il avait été menacé de « castration » en même temps qu'on l'avertissait contre la masturbation. Sa peur l'amenait à réclamer à sa mère des « câlins » compensatoires, et son plaisir était de partager son lit quand son père était en voyage.

Freud, amené à suivre l'enfant par l'intermédiaire du père, rapporte très longuement ce cas, et commente, pour le père qui sera thérapeute intermédiaire de l'enfant, l'émergence de la problématique phobique. La peur du cheval et ses figures ultérieures est interprétée comme un déplacement (une projection) de la peur du père et de la crainte que celui-ci ne le punisse en raison de la tendresse qu'il éprouve pour sa mère ; le tableau met en évidence les représentations substitutives de l'agressivité à l'égard du père qui viennent compliquer l'expression première du symptôme.

Il est vrai qu'au regard de la phobie de l'homme aux loups, celle du petit Hans semble s'inscrire dans un processus névrotique infantile plus qu'elle ne modéliserait une névrose de l'enfant. L'aide apportée au père était sans doute nécessaire, mais nous pouvons faire l'hypothèse que cet

11. Birraux A., *Éloge de la phobie,* Paris, PUF, 1996. *Les phobies,* Que sais-je ? Paris, PUF, 1997.

épisode phobique, réactionnel à un traumatisme (la naissance de la petite sœur) à un moment du développement encore lourd de l'Œdipe, se serait sans doute résolu seul avec le temps, compte tenu des attitudes parentales.

La phobie de l'homme aux loups n'est pas de cette qualité.

Certes, la phobie de Sergueï surgit après une scène repérée comme traumatique[12]. Certes, Freud reconstruit, dans l'histoire de ce jeune homme une scène de séduction propice à l'érogénéisation des fantasmes. Certes l'angoisse de castration est là, qui se combine dangereusement avec la crainte de la mort : (On est dans une période où la malaria fait des ravages dans tout le pays), mais la phobie des loups est une « phobie interne ». Le choix de l'objet phobogène ne vient pas rendre compte d'un délestage de l'angoisse sur le monde extérieur, mais au contraire de déplacements internes, intra-psychiques, qui signent un véritable handicap[13], celui-là même de l'opérativité de la projection.

Cet exemple pour montrer que si chez l'adulte, les symptômes phobiques participent le plus souvent d'une névrose de même nom, il n'en est rien chez l'enfant. La phobie est un symptôme normal de la névrose infantile, mais la phobie persistante de Sergueï s'inscrit, en raison de son histoire antérieure (de l'en deçà de la névrose infantile, pour suivre Lebovici) dans un tableau vraisemblablement psychotique[14] ou en tout cas dans un déficit en névrose infantile ou une carence du processus de névrotisation.

Ici, la projection échoue à délester le monde interne de ses angoisses et de sa mauvaiseté. La phobie est l'expression directe des craintes imaginaires de l'enfant. Elle est l'émergence directe des processus primaires dans la vie sociale et relationnelle de l'enfant. On conçoit que ce type de phobies soit contemporain d'une faille narcissique ou d'un effondrement traumatique dont il viendrait témoigner.

Un certain nombre de phobies sont de ce type, graves, invalidantes[15] qui pourraient problématiser, même en pathologie adulte, la notion de névrose phobique. La présence du symptôme dans les formations pathologiques hystériques ou obsessionnelles pose d'autres questions.

Qu'elle soit archaïque ou œdipienne, la phobie correspond à l'incapacité d'élaborer mentalement l'angoisse. L'identification, par projection, d'un

12. Freud se demandera d'ailleurs comment le coït a tergo dont l'enfant fut témoin à 1 an et demi peut donner lieu à une élaboration différée à 4 ans et demi, dans un rêve, à partir duquel se développera la peur des loups.
13. Birraux A. La projection, outil d'adolescence in *Monographies de la Société Française de Psychanalyse.* Paris, Juin 2000.
14. Birraux A. *Éloge de la Phobie*, Paris, PUF, 1994.
15. Lebovici et Le Nestour. Les phobies scolaires graves chez l'enfant et leurs répercussions. *Psych. De l'enfant.* XX.2.1977.

objet dangereux externe, engagera le patient dans des conduites d'évitement, de fuite, aussi bien que dans la recherche d'objets sécurisants contra-phobiques ou narcissiques, dont la qualité peut aider à masquer longtemps le symptôme. L'inefficacité de la projection lorsque les limites interne/externe sont incertaines fait le symptôme plus complexe qu'il n'en paraît.

4. La névrose obsessionnelle et ses manifestations

Les manifestations obsessionnelles sont moins fréquentes chez l'enfant que les peurs pathologiques. Elles leur sont quelquefois associées. Cependant, dès 1895, dans son article sur les obsessions et les phobies, Freud notait que les éprouvés émotifs associés à ces états étaient de nature différente : dans les phobies, il s'agissait toujours d'angoisse ; dans les obsessions vraies, ce pouvait être l'anxiété, mais aussi le doute, le remords, la colère. En tout cas les organisations névrotiques obsessionnelles serrées, telles qu'on peut en rencontrer chez l'adulte sont rares chez l'enfant, et lorsqu'elles existent posent un réel problème pronostique.

4.1. Description clinique de la névrose obsessionnelle

L'existence de rituels (conduites) est relativement fréquente chez l'enfant, mais les symptômes obsessionnels (pensée) se rencontrent moins souvent. Ils apparaissent autour de 3-4 ans et disparaissent normalement vers 7-8 ans. Il peut arriver que certains rituels persistent au cours de la période de latence (lavage des mains, rites de vérification avant le coucher ou en quittant la maison pour l'école) mais la plupart du temps, ces conduites répondent aux exigences d'un milieu familial, très obsessionnalisé, qui les encourage (se laver les mains dès qu'on a touché un objet ; laver ses chaussures en rentrant de la rue etc.). Dans ce cas, elles ne semblent pas entraîner de souffrance chez l'enfant.

Dans d'autres cas cependant, les rituels obsessionnels participent de tentatives éprouvantes pour maintenir l'environnement constant et invariable ou pour apaiser une vie psychique dont les représentations sont inquiétantes. Ainsi l'enfant peut-il se sentir obligé de se laver plusieurs fois les mains avant de passer à table, de répéter indéfiniment ses leçons, de refaire ses devoirs parce qu'il a le sentiment d'avoir mal fait, de vérifier dix fois le contenu de son cartable. Il utilisera des techniques quasi-magiques pour chasser les craintes qu'il a qu'il lui arrive quelque chose (compter, recompter, changer de trottoir, marcher sur un endroit précis etc.). Il s'agira aussi de rituels d'annulation, (accomplir certains gestes ésotériques ; ouvrir ou fermer la porte plusieurs fois, ranger et déranger, se laver plusieurs fois avec des savons différents, prendre certains trajets en allant à l'école, avec des retours en arrière, éviter de marcher sur les pavés, ou au contraire y marcher par obligation). Il s'agira, soit, d'obéir à une idée qui assiège le patient et dont il ne peut se défaire, soit d'une compulsion à agir qui ne peut être contournée. L'une et l'autre témoignent des limites que le moi s'impose dans sa pensée et dans ses actes.

Ces manifestations obsessionnelles peuvent être normales au cours du développement (leur absence pourrait même témoigner d'une anomalie évolutive) ; elles sont alors transitoires. Elles peuvent être pathologiques, lorsqu'elles sont associées à une régression libidinale, qu'elles s'installent dans la durée, qu'elles témoignent d'une véritable contrainte et de limitations internes, en ce sens que l'interdiction des conduites annulatrices ou l'impossibilité de les accomplir, met le sujet dans un état insupportable d'angoisse et de souffrance qui entraînent une absence de souplesse de la vie mentale, gelée autour de procédures défensives qui deviennent de plus en plus sophistiquées en même temps qu'inopérantes.

On peut décrire schématiquement trois types de tableaux :

1. Les manifestations phobo-obsessionnelles de la période œdipienne avec inhibitions relationnelles, inhibition intellectuelle variable. À cette période les manifestations obsessionnelles sont exceptionnelles (Lebovici et Diatkine). Les rituels de cette période seraient à considérer comme des activités structurantes qui n'entravent pas la liberté du moi.

2. Les manifestations obsessionnelles qui participent de traits de caractère, dans un environnement lui-même obsessionnel (peur des microbes, de la contagion ; exigences excessives de propreté, de rangement etc.) et dont on ne peut dire avec certitude s'il s'agit de conduites induites ou d'une psychopathologie, sous-tendue par une organisation conflictuelle qui les justifierait.

3. Les manifestations obsessionnelles de la latence[16], souvent chez des enfants intelligents mais raisonneurs, chez lesquels une pensée déductive contraste avec des préoccupations religieuses ou mystiques. Chez ces enfants on constate combien les processus intellectuels tentent non seulement d'apaiser les doutes, mais de maîtriser une dimension agressive ou sexuelle de la pensée qui les inquiète.

4.2. Psychopathologie de la névrose obsessionnelle

Les conduites rituelles ou les compulsions à agir (vérifications, rites de toucher ou de lavage), contre lesquelles le patient lutte, et dont il ne peut

16. Widlöcher D. Le développement de la pensée obsessionnelle chez l'enfant. *R.N.P.I.* 1967. 9.13.

se libérer, représentent, on l'a vu, le versant comportemental de la symptomatologie mentalisée obsessive. Les deux requièrent, pour se constituer les mêmes conditions psychopathologiques ; les secondes sont moins fréquentes chez l'enfant.

C'est contre une angoisse de castration intolérable que se défend l'enfant obsessionnel. La maturité du moi est ici en avance sur les besoins pulsionnels que ce moi condamne. Les mécanismes de défense utilisés sont *de maîtrise, d'isolation et d'annulation.* Ces mécanismes sont très normalement sollicités au cours de la latence, dans la mesure où le moi témoigne d'une poussée maturative importante alors que la vie pulsionnelle semble moins exigeante. À cette période, les petits symptômes obsessionnels sont fréquents (appétit des collections, manie des rangements, rituels de types divers). Ils sont normaux. Ce qui fait la pathologie de ces conduites, c'est éventuellement la précocité de leur apparition, leur caractère invasif et leur inadaptation aux exigences de la vie quotidienne (rangements interminables, véritables rituels de propreté ou de coucher, hypercontrôle des jeux ou des activités). L'évolution de la maturation est ainsi compromise.

Ces tableaux infantiles dans lesquels la symptomatologie obsessionnelle est massive témoignent de fixations pré-génitales qui les situent aux limites de la psychose. Le contre-investissement des pulsions anales n'est pas libre, mais conditionné par la férule maternelle. L'érotisme est désinvesti au profit de la maîtrise et du contrôle. Au plan libidinal, l'enfant semble s'isoler dans des investissements qui paraissent de plus en plus désadaptés. L'obsession traduit les échecs du refoulement et une lutte inopérante contre la destructivité des pulsions anales, malgré les déplacements subsitutifs qui sont de plus en plus éloignés de l'expression directe de la pulsion.

Freud décrit schématiquement comment le moi réagit à l'idée obsédante et peut produire trois types de symptômes : de manière primaire, il est *scrupuleux.* Ce qui fait dire à F. Pasche que le type de pensée de l'obsessionnel est dominé par la peur de nuire. Secondairement, il tente des compromis avec la maladie : c'est le moment *des obsessions ou des affects obsédants.* Enfin, il utilise ses symptômes, secondairement, comme défense : c'est le temps *des ruminations mentales, de la compulsion à amasser, de la dipsomanie, des cérémonials obsédants. « La lutte défensive s'achève par un délire de doute généralisé, ou par l'adoption d'une existence bizarre, avec un nombre indéterminé de symptômes défensifs secondaires »*[17].

On voit bien là l'évolution d'une névrose obsessionnelle dont le terme ne concerne pas l'enfant. Se pose cependant la question de l'évolution des conduites obsessionnelles de l'enfance. Il n'y a pas de continuité sympto-

17. Freud S. *La naissance de la psychanalyse*. Paris, PUF, 1973, p. 134.

matique entre l'adulte et l'enfant, mais l'existence d'une pathologie obsessionnelle ou rituelle serrée de l'enfance peut laisser présager une désorganisation psychotique péri-pubertaire.

5. L'hystérie chez l'enfant

Concept nodal de la psychanalyse, l'hystérie implique le corps comme messager du conflit et lieu d'expression des fantasmes.

Dans la mesure où la névrose « pure » est rare chez l'enfant, la névrose hystérique l'est encore plus. Au contraire des symptômes phobiques jamais absents d'un développement infantile, les symptômes hystériques sont, eux aussi, rares avant la puberté, et plus généralement avant 14-15 ans. Après cet âge les manifestations hystériques peuvent prendre l'allure de véritables épidémies (en particulier dans les internats). D'une façon générale, on parle plus d'enfant hystérique que d'hystérie de l'enfant (Lebovici).

Tous les manuels de psychopathologie de l'enfant invitent à distinguer les symptômes hystériques de l'ordre de la conversion, des crises exhibitionnistes ou de simulation, de la fugue, de l'état crépusculaire, des traits de personnalité dite hystérique. Ceux-ci sont fréquents, surtout chez la fillette et n'engagent pas nécessairement dans une pathologie psychonévrotique. Il est en tout cas nécessaire de distinguer l'hystérie de la simulation, laquelle ne participe pas toujours d'un tableau hystérique.

On notera au passage que les études contemporaines sur l'hystérie sont rares (au contraire de ce qui se passe pour la psychose et les états limites).

Par définition, la théorie traumatique des *Études sur l'Hystérie (1895)* n'explicite pas l'hystérie de l'enfant puisqu'elles ne sauraient concerner que des manifestations cliniques *après-coup*. L'hystéro-phobie d'Emma dans le *proton pseudos*[18] n'est donc pas le modèle métapsychologique de l'hystérie de l'enfant.

5.1. Clinique de l'hystérie

Les conversions sont les symptômes les plus fréquents encore que l'enfant ne sache pas bien exprimer symboliquement ses conflits par l'entremise de son corps. Elles n'amènent pas toujours à consulter lorsqu'elles sont transitoires et peu invalidantes. Elles touchent toujours l'appareil locomoteur et en particulier la marche. L'enfant se met à boiter, adopte une attitude instable ou se montre incapable de mettre un pied devant l'autre.

18. Freud S. *La naissance de la psychanalyse*, Paris, PUF, 1973.

Il peut aussi se montrer incapable de tenir debout (astasie-abasie) ou se plaindre de contractures. Il n'y a pas de troubles sensitifs associés : *« L'hystérie se comporte comme si l'anatomie n'existait pas ou comme si elle n'en avait aucun savoir »*. Généralement, ces troubles cessent lorsque l'enfant ne se sent pas observé et réapparaissent lorsqu'il y a des témoins. L'enfant peut présenter aussi des symptômes hypoacousiques, une cécité, un mutisme psychogène extra-familial,[19] ou une aphonie. Dans tous les cas, il convient au clinicien de n'envisager l'hypothèse d'une conversion hystérique qu'après un bilan somatique complet. Les bénéfices secondaires que l'enfant retire de son état de malade ne sauraient justifier le diagnostic d'hystérie.

Un certain nombre d'éléments plaident d'entrée néanmoins en faveur d'une histoire psychonévrotique. En effet, la conversion de l'enfant répète généralement le symptôme de quelqu'un de proche dans son entourage : la cécité d'un parent, la claudication d'un grand-parent, le handicap d'un voisin. Mais il peut aussi moins directement actualiser l'intérêt de l'un des parents pour un tel sujet : je pense à la cécité d'une enfant dont le père s'investissait dans une association pour enfants aveugles.

Les crises d'agitation, de spasmophilie (sans carence de calcium ni de magnésium), le somnambulisme, les états crépusculaires avec perte d'identité[20], les dédoublements de la personnalité, le théâtralisme, sont souvent rattachés à l'hystérie, de manière brute et sans caractéristique complémentaire. En fait, les manifestations de l'enfance qualifiées d'hystériques sont polymorphes. Il nous semble cependant que les plus fréquentes, en dehors de la conversion, sont du registre de la mythomanie dans laquelle s'inscrivent les accusations d'agressions sexuelles, d'attouchements, de harcèlement, qui ne résisteront pas à un examen bien mené, mais dont on sait, hélas, qu'elles ont pu atteindre des innocents et déstabiliser bien des relations sociales d'estime et de confiance.

5.2. Psychopathologie de l'hystérie

La conception freudienne de l'hystérie de conversion met au premier plan l'importance du refoulement secondaire et de la symbolisation corporelle. Il n'y a pas de déplacement projectif tel qu'on le repère dans la phobie, ni de régression et de déplacements successifs comme dans l'obsession. Le conflit pathogène est peu élaboré. Ici, l'hypothèse est inverse de

19. Morgenstern S. Un cas de mutisme psychogène. *Revue Française de psychanalyse*. 1927, 3, 492.
20. Somnambulisme et état crépusculaire évoquent aussi une épilepsie.

celle que l'on évoque dans les troubles obsessionnels : ***c'est le moi qui est immature et qui ne peut gérer le flot des pulsions libidinales,*** lesquelles investissent le corps de l'enfant et ses conduites. Les petites filles hystériques sont fixées à leurs images œdipiennes. Elles décrivent classiquement et puérilement, quand on insiste, une maman exigeante et un papa séducteur (mais qui travaille trop, qui n'a pas le temps, etc.). Leur vie psychique, leurs intérêts semblent avoir été hypersexualisés ; en témoigne l'investissement d'activités, de fantaisies, de rêveries très symboliques, qui, dans la mythomanie sont exprimées de manière très primaire.

Fondamentalement, la névrose hystérique de l'enfant, dont l'existence en tant qu'entité nosologique est discutée, pourrait n'être comme le suggère Lebovici, que le modèle de la névrose infantile dont les développements et la réélaboration aboutiraient à la névrose hystérique de l'adulte. L'hystérie pure de l'enfant, sur le modèle adulte, est en effet rarement observable mais elle peut cependant se reconstruire à partir de cures d'adultes. Dans la plupart des cas, le fonctionnement mental susceptible d'être appréhendé comme précurseur de l'hystérie est associé à des tableaux polymorphes, pluri-symptomatiques. Le diagnostic psychopathologique est donc difficile : même la problématique narcissique (difficulté d'accéder à la conscience d'être séparé de la mère et à constituer son propre self) n'est pas spécifique.

En conclusion :

La question de l'existence de la névrose chez l'enfant reste discutée, car les névroses de l'enfant sont rares dans leur forme pure. Le modèle des psychonévroses adultes n'est donc pas pertinent au regard d'une nosographie infantile. Si elles existent, les névroses de l'enfant doivent répondre à deux exigences : une variabilité des symptômes en fonction de l'âge, du développement pulsionnel et des réaménagements qu'il engage, d'une part, et d'autre part, l'absence de déstructuration du moi. Ces critères avaient été évoqués par A. Freud en 1945 dans « le traitement psychanalytique des enfants[21] ».

Anna Freud et Mélanie Klein n'ont jamais trouvé de consensus dans la définition de la névrose de l'enfant, ni sur le type d'organisation psychopathologique qu'elle implique, ni sur l'indication thérapeutique qu'elle justifie.

21. Freud A. *Le traitement psychanalytique des enfants,* Paris, PUF, 1951.

Pour Mélanie Klein, la névrose de l'enfant est l'évolution naturelle et positive du stade « schizoparanoïde » de l'enfance. Cette conception sous forme de « phase » ou de « stade » dont le suivant guérit du précédent est un modèle réducteur de la psychogenèse, mais les troubles névrotiques intéressaient peu M. Klein, laquelle travaillait sur les fixations pré-génitales qui pouvaient scander certains développements, non psychotiques pour autant, bien qu'utilisant des mécanismes de défense souvent associés au fonctionnement psychotique (clivage, projection). Il est à noter cependant, que la névrose est, pour elle, toujours liée au stade phallique, qu'elle est une élaboration de la position dépressive, qu'elle s'organise non plus autour de l'angoisse de destruction et des fantasmes associés, mais autour de l'angoisse de castration. M. Klein défendait l'accessibilité de ces enfants à la cure analytique, de même que l'existence d'une névrose de transfert[22] dans un cadre précis où le jeu tient lieu de langage.

Anna Freud, elle, s'intéressant à la force ou à la faiblesse du moi, à sa capacité à négocier avec les exigences pulsionnelles internes, à la qualité des mécanismes de défense utilisés, réfère le pronostic d'apparition d'une névrose de l'enfant à la rigidité de l'organisation psychique. Plus l'organisation libidinale reste souple et mobile, plus les investissements sont dynamiques et créatifs, moins le risque de névrose est à craindre. La névrose révèle un conflit intériorisé engendrant une angoisse de castration que les mécanismes de défense habituels ne sont plus en mesure de prendre en charge. Quant au traitement, Anna Freud était convaincue que la psychanalyse d'enfants ne pouvait s'appuyer sur la notion de transfert en raison de la dépendance aux parents réels. Elle estimait cependant que le traitement pouvait étayer les positions éducatives parentales.

Reprenant les formulations d'Anna Freud, H. Nagera[23] exige de limiter le diagnostic de névrose de l'enfant à des cas bien précis. Dans la pathologie de la petite enfance, il distingue :

1. Les immixtions dans le développement qui sont le fait d'exigences injustifiées de l'environnement ou de carences qui compromettent d'entrée la maturation pulsionnelle de l'enfant (ex. : le dressage sphinctérien précoce).

2. Les conflits de développement qui font inévitablement partie de l'histoire singulière de chaque enfant ; ils sont « normaux », mais ils peu-

22. Cette référence à la névrose de transfert est intéressante dans la mesure où elle serait, pour Lebovici, l'actualisation de la névrose infantile, c'est-à-dire la seule occasion de mettre à plat les conditions d'organisation de la névrose de l'enfant ou de l'adulte.

23. Nagera H. *Les troubles de la petite enfance ; la névrose infantile et les troubles de l'âge adulte*. Paris, PUF, 1969.

vent avoir une incidence pathologique lorsque des expériences traumatiques s'y surajoutent.

3. Les conflits névrotiques, intériorisés, qui se développent en raison même de l'existence des instances psychiques. Ces conflits peuvent s'estomper en raison de l'activité défensive d'un moi plus mature, ou nourrir une ultérieure névrose de l'enfant.

4. La névrose de l'enfant enfin qui est l'expression d'un conflit intériorisé, survenant sur une organisation psychique différenciée.

Certains pensent qu'il est impossible de suivre Nagera lorsqu'il assimile la phase phallique œdipienne (entre 3 et 5 ans) au complexe d'Œdipe. La névrose de l'enfant que décrirait cet auteur ne serait en somme que la névrose infantile. Seuls la latence, et le refoulement secondaire qui l'accompagne, permettraient d'opposer la réalité clinique de la névrose de l'enfant et les symptômes névrotiques qui accompagnent la névrose infantile. Pour cet auteur, la névrose de l'enfant est donc ré-élaboration de symptômes névrotiques non emportés par le refoulement secondaire de la latence. Cette ré-élaboration la distinguerait des organisations pré-génitales.

En fait l'organisation névrotique, avant « l'après coup » de la puberté serait contestable et mériterait structurellement d'être nommée « prénévrose » (Lang).

CHAPITRE VIII

L'inhibition

1. Généralités

L'existence de la névrose chez l'enfant faisant encore débat, impliquant, d'une part, que l'on renonce à des tableaux purs pour admettre une extrême variabilité des expressions psychopathologiques, d'autre part, que l'on réfère l'organisation structurelle à la maturation du moi selon l'âge, il aurait peut-être été plus pertinent d'opter pour un exposé symptomatique de la psychopathologie infantile, plutôt que de maintenir notre présentation développementale et structurelle. Nous avons cependant décrit les organisations névrotiques de l'enfance, cédant par là, d'une part, à un certain classicisme adultomorphe, mais d'autre part, à l'exigence d'une différenciation des tableaux structurels qui caractérisent le destin de l'Œdipe. Si l'existence des névroses dans l'enfance, en tant que structures, fait problème, si elles ne peuvent raisonnablement être évoquées qu'à la fin de la période de latence (différenciation topique suffisante ; effets du refoulement), il faut admettre que l'organisation pré-névrotique de l'enfance a tout de même ses caractéristiques propres qui la distinguent des manifestations symptomatiques psychotiques de la période œdipienne ou de la latence. Ce qu'on appelle la névrose de l'enfant implique une organisation telle que les manifestations symptomatiques, même bruyantes, peuvent être mises au crédit des aménagements dynamiques et économiques permanents que nécessite la maturation de l'enfant et qu'elles ne sont pas perçues comme des manifestations de la désintégration du moi.

Pour S. Lebovici[1], « la vraie » névrose de l'enfant, avant les troubles de l'entrée en puberté, est l'inhibition intellectuelle. Cette hypothèse néces-

1. Lebovici S., À propos de l'hystérie chez l'enfant. in *Psych. Enf. 17*. 1974. 1.

site que nous envisagions les causes de la faillite des contre-investissements et du gel de l'appareil psychique. La dangerosité des vœux œdipiens incestueux menace ici le moi encore fragile de l'enfant qui opte pour la paralysie plutôt que pour le risque défensif actif. Point de plaisir, point de culpabilité, peu d'angoisse. Les limitations que le moi s'impose définiraient ainsi un mode d'être protégeant des attaques pulsionnelles et des conflits internes aussi bien que des conflits externes. On aurait ainsi affaire avec une structure psychique caractérisée par la restriction dynamique et économique en raison d'une fragilité topique. Freud disait d'ailleurs qu'il n'y aurait pas d'intérêt à traiter l'inhibition autrement que comme un symptôme, « *si nous ne rencontrions des cas qui présentent seulement des inhibitions et point de symptômes* »[2].

2. Description clinique

L'inhibition est une limitation ou une paralysie de la pensée ou de la conduite. Les sources étymologiques (inhibitio = défense, en latin classique) nous renvoient au fait de ramer en sens contraire, ce qui met bien en évidence la notion d'inefficacité de la posture, mais aussi la dépense inutile d'énergie qui lui est associée. L'inhibition est un motif fréquent de consultation lorsqu'elle concerne la vie scolaire. Paradoxalement, il est rare que l'inhibition comportementale, sauf lorsqu'elle confine à la paralysie sociale, fasse l'objet d'une demande de soins. Celle-ci est souvent appelée « timidité » et apparaît plutôt vertueuse à l'environnement de l'enfant.

On peut distinguer trois types d'inhibition, souvent associées, plus ou moins intriquées, et dont le degré d'intensité fait la gravité : l'inhibition n'est pathologique que lorsqu'elle ampute l'enfant de ses capacités relationnelles, physiques ou mentales.

2.1. L'inhibition relationnelle

On accordera ainsi de l'intérêt aux enfants qui s'isolent, ne participent pas aux échanges du groupe, malgré leurs désirs quelquefois intenses de s'approcher des autres enfants et de partager leurs jeux. Cette inhibition relationnelle peut contraster avec des attitudes intra-familiales extériorisées, voire autoritaires. Ces enfants « trop sages » ne sont pas toujours perçus comme des enfants en souffrance, bien que ce malaise handicape leurs capacités de développement et de socialisation et qu'ils le ressentent émo-

2. Freud S. *Inhibition, symptôme, angoisse*, Paris, PUF, 1973. p. 1.

tionnellement de manière très forte. Cette inhibition est souvent interprétée par eux de manière projective : « ce sont les autres qui sont méchants, les autres enfants qui les écartent de leurs activités ». Cette capacité projective leur permet souvent de garder intactes leurs capacités intellectuelles et leur vie fantasmatique.

2.2. L'inhibition physique

Elle se traduit soit par un manque d'aisance gestuelle, soit par des postures raides et figées. L'enfant, toujours émotif, est maladroit et semble éprouver une grande difficulté à habiter son corps et à l'utiliser. Il semble timoré dans un espace d'expression qui lui est inconnu. Il est terrorisé par les activités physiques et reste en retrait de toute sollicitation impliquant une implication corporelle. On retrouve celle-ci dans les troubles du développement psycho-moteur.

2.3. L'inhibition psychique ou intellectuelle

Il s'agit d'enfants dont il semble que les ressources imaginatives ou intellectuelles soient restreintes. D'un côté, on a des enfants peu créatifs, qui jouent peu, qui préfèrent des activités très conventionnelles, comme par exemple, recopier les dessins proposés dans des albums de coloriage, aux incitations à imaginer et à innover. Ils aiment refaire indéfiniment des jeux qu'ils connaissent, apparaissent comme perfectionnistes (effacent, raturent) alors que ces conduites expriment des défenses contre une spontanéité dangereuse. D'un autre côté, on a des enfants entravés dans leurs activités scolaires malgré un niveau d'aptitudes satisfaisant. Ceux-là n'osent pas s'exprimer oralement, craignent les interrogations, mais manifestent aussi dans les épreuves écrites qui font appel à une pensée propre, les mêmes limitations. Ils disent leur impression de ne « plus savoir rien du tout », de « n'avoir aucune idée », « de ne pas comprendre les questions », « d'éprouver comme un blanc, un vide, un trou ».

Ces difficultés peuvent passer inaperçues pendant toute la scolarité primaire, dans la mesure où les opérations écrites de restitution du savoir ne sont pas nécessairement compromises. La mémoire peut être excellente et les acquisitions ne demandant pas d'implication personnelle peuvent être tout à fait satisfaisantes. On rencontre par exemple des enfants très appliqués, très sages, souvent un peu lents mais surtout inquiets de bien faire, qui font preuve d'une application maximale aux contraintes scolaires et dont les limitations de pensée ne pénalisent pas les résultats au cours de la scolarité primaire. C'est surtout à l'entrée au collège (6e) que se révèlent ces troubles, dans la mesure où il est fait appel à des initiatives personnelles, à une pensée propre, spéculative et inventive, que les habitudes d'un travail répétitif ne satisfont plus.

L'inhibition, de quelque ordre qu'elle soit, peut être transitoire, à l'occasion de situations vécues comme angoissantes. Elle peut être permanente, diffuse ou massive, et l'on appréciera, en fonction de ces caractéristiques, sa valeur pathologique. Il est certain que dans certains cas où l'autonomisation de l'enfant est compromise, où l'acquisition du langage et son élaboration semblent problématiques (mutisme extrafamilial persistant), l'inhibition peut évoquer une pathologie lourde, de type psychotique.

On notera que l'inhibition, de quelque ordre qu'elle soit, est souvent associée à des manifestations phobiques ou obsessionnelles.

3. Psychopathologie de l'inhibition

L'inhibition apparaît comme le résultat d'une angoisse du sujet face à l'exigence de ses pulsions libidinales et agressives. « Elle est l'expression d'une limitation fonctionnelle du moi, qui peut avoir des origines très différentes »[3], soit par mesure de précaution, soit à la suite d'un appauvrissement en énergie. Freud distinguera ainsi les inhibitions spécialisées où le moi évite d'entrer en conflit avec le ça, des inhibitions autopunitives où le moi refuse d'entrer en conflit avec le surmoi.

Mais l'inhibition n'est pas un symptôme, puisqu'elle n'est pas le résultat d'un compromis. Freud distingue l'inhibition du symptôme en montrant que dans ce dernier, le compromis entre les pulsions libidinales et agressives du ça, et le moi, permet au moins une satisfaction pulsionnelle partielle, tandis que dans la première, il ne peut y avoir de compromis : l'inhibition étant ici, l'expression d'une limitation que s'impose le moi pour éviter le conflit avec le ça. *« L'inhibition est l'expression d'une restriction fonctionnelle du moi, qui peut, elle-même avoir des causes très diverses »*[4].

En ce sens, l'inhibition est un fonctionnement pathologique « en soi » et ne peut pas être tenue pour l'expression symptomatique d'un type de conflit.

Ainsi, le refoulement massif des pulsions libidinales, mais surtout agressives semble être, chez les enfants inhibés, la seule manière de lutter contre l'angoisse et la culpabilité que celles-là engendrent. La précarité des assises narcissiques, la fragilité du moi, ou la tyrannie surmoïque du milieu

3. Freud S. *Inhibition, symptôme, angoisse, op. cit.*, p. 4.
4. Freud S., *ibid.*

éducatif se conjuguent pour favoriser cette situation. La puissance du refoulement entraîne le silence de la revendication pulsionnelle, et du même coup le blocage des conflits de développement.

L'évitement du conflit avec les pulsions du ça témoigne, en effet, d'une impossible négociation entre les instances, qui aboutit à une amputation de l'appareil psychique. Lorsque, dans la thérapie, les symptômes apparaissent, (agressivité, agitation, turbulence), ils sont donc la preuve d'une évolution qui, bien qu'inconfortable pour les parents ou pour l'environnement, doit être encouragée. Ils témoignent, en effet, d'un commerce désormais possible entre les instances du psychisme, et de la moindre massivité du refoulement pathologique.

Les tests d'intelligence et projectifs sont ici indispensables pour poser un diagnostic qui ne compromette pas l'évolution ultérieure du petit patient. La pauvreté de l'expression peut en imposer pour une déficience intellectuelle, alors que les aptitudes en ce domaine sont normales. De même peut-on être surpris par l'intensité et l'organisation de la vie fantasmatique, alors que la qualité des relations est médiocre. Il faut cependant savoir que lorsque l'inhibition est psychique et envahit les processus de mentalisation, les tests seront généralement très pauvres, mettant en évidence la massivité du refoulement. Dans ces cas, la prise en charge s'avère difficile, parce qu'aucun symptôme, aucun retour de refoulé (ou bien peu) ne vient « exprimer » les difficultés et le malaise de l'enfant auxquels celui-ci s'adapte et se soumet. C'est toute la vie pulsionnelle qui fera silence.

TROISIÈME PARTIE

Psychopathologie symptomatique

La psychopathologie et la consultation

Généralités

La clinique psychopathologique du jeune enfant doit se garder de deux écueils : d'une part, le risque adultomorphique, qui consiste à considérer le nourrisson comme un adulte en modèle réduit, d'autre part, celui que fait courir une conception du bébé tel un « modèle élémentaire de fonctionnement psychique ». Dans le premier cas, on lui prêterait une organisation mentale complexe, mais déduite de l'approche de la psychose ou des régressions massives ; dans le second, il s'agirait d'en faire le seul produit de son éducation ou de sa constitution. Or, le bébé a une dimension propre, active, qui autorise à faire de la psychopathologie du jeune enfant, un objet d'étude à part entière.

La valeur des observations

La psychopathologie de la prime enfance a largement bénéficié des études directes du bébé et des observations qui ont permis d'amorcer une théorie de l'interaction mère-enfant dès la naissance. Néanmoins, ces observations ne peuvent nous donner plus que ce dont elles sont porteuses, à savoir que ce qui est observable c'est la relation d'objet et non pas les fantasmes inconscients qui la sous-tendent, et qui pourtant nous intéressent tout autant. L'impossibilité de saisir les représentations idéiques du bébé oblige ainsi à utiliser ses attitudes et son comportement comme révélateurs de son fonctionnement psychique. Le bébé est donc « construit » dans la mesure où il est hasardeux de penser que le comportement, sans la parole, peut permettre d'appréhender le fait psychique.

Si l'étude directe du bébé est nécessaire, si les apports transdisciplinaires (contributions des pédiatres et des obstétriciens) ne peuvent être négligés, il est prudent d'admettre que toute observation, et toute conclusion qui pourrait en être déduite, engagent « du tiers », c'est-à-dire un espace d'interprétation, de projection, et d'extrapolations dont les limites sont fort imprécises. À ce sujet, les théories de Winnicott ont sans doute une valeur particulière, dans la mesure où, d'observateur, il devient lui-même acteur de la relation à l'enfant. Ainsi le travail sur la qualité d'une interrelation enfant-objet à partir de sa propre implication transférentielle réduit-il en partie les risques liés à cette construction.

Théoriser les interactions précoces

Nul doute qu'un « bébé seul », ça n'existe pas. Nul doute que les troubles du nourrisson impliquent d'une manière interactive sa mère et son environnement. L'énigme demeure cependant de comprendre comment ce qui se tisse entre mère et enfant autorise ou non, non seulement l'émergence du sujet, mais plus encore la constitution de telle organisation psychique plutôt que de telle autre. La tendance est, chez beaucoup, de rechercher des causalités directes, chez la mère (elle est déprimée !), chez le père (il est absent !), dans l'histoire familiale (le secret de famille ou la coïncidence de la naissance avec la mort du grand-père maternel !) : tout ceci est vrai dans la mesure où tout être vivant est pris dans les rets d'une transmission familiale avec laquelle il devra faire ; mais tout cela est fragile lorsque l'on veut en faire système. Sur quelles réalités et sur quelles paroles s'appuie-t-on pour faire de nos hypothèses, une thèse ?

Il est aussi risqué de tenir pour explicatif d'une situation pathologique, un fait, un événement dont on aura eu connaissance, mais dont on n'aura pas le loisir d'explorer ni l'incidence dans la vie libidinale de la mère, ni ses conséquences sur sa relation au bébé. Par exemple, la mort d'un grand-parent avant ou au moment de la naissance d'un enfant, pour importante qu'elle soit, toujours, dans l'histoire de cet enfant, n'engage pas les mêmes dispositions psycho-affectives chez tous les parents orphelins. Certains se sentiront très coupables, d'autres agressifs ou haineux, d'autres pourront élaborer ces affects réactivés de la petite enfance et partageront avec l'enfant une tristesse légitime. Ce n'est pas l'événement, le fait, qui ont du sens en psychopathologie, c'est ce qu'ils signifient pour le sujet[1].

Il est enfin aventureux de construire un système explicatif à partir de ce qui se passe dans la tête du bébé et dont nous n'avons aucune connaissance. Ainsi, les reproches faits à M. Klein, d'avoir posé comme « univer-

1. Ceci limiterait les dérives de certaines thérapies systémistes.

selles » des intentions du bébé qui ne peuvent être tenues pour « vraies » (attaquer, mordre ou déchirer le sein)[2] sont-ils légitimes. Ainsi les critiques faites à Bion qui évoque l'angoisse de mort du nourrisson le sont-elles aussi. Ces formulations doivent être entendues comme des métaphores qui tentent de rendre compte d'une façon plus ou moins heureuse de ce que le bébé peut vivre de menaçant, mais en aucune façon ne traduisent les pensées du nourrisson.

La psychopathologie des troubles du début de la vie constitue donc un champ qui reste à explorer, même s'il a été aujourd'hui laborieusement défriché.

2. De même à F. Tustin qui évoque la peur qu'ont certains enfants « que le sein ne les morde ».

CHAPITRE IX

Les troubles psycho-fonctionnels de la première enfance ou troubles à expression somatique

1. Introduction : pathologie psychosomatique ou fonctionnelle ?

Le nourrisson est éminemment « psychosomatique » (Marcelli), en ce sens que le corps est l'instrument de toutes ses expressions et participe de toutes ses interactions avec l'environnement. Il est donc logique que l'expression de ses troubles, de son malaise psycho-affectif, de ses tensions, de son insatisfaction passe par « un langage du corps ».

Cependant, la pathologie précoce, en particulier dans la dépression anaclitique (Spitz) ou dans les retards de développement concerne aussi une expression mentalisée de l'enfant et s'il est fréquent que les dysfonctionnements des interactions précoces mère-enfant se manifestent au travers des diverses fonctions physiologiques (tonus, alimentation, sommeil et plus tard, contrôle sphinctérien), il serait imprudent de les considérer comme exclusifs de la psychopathologie des débuts de la vie.

Selon Kreisler et Cramer, *« la distinction entre ce qui est de l'ordre psychique et ce qui est de l'ordre physiologique est malaisée, et l'on est tenté de considérer l'organisation de l'enfant très jeune comme relevant d'une plus grande unité psychosomatique que chez l'adulte »*[3]. Pour ces auteurs l'immaturité de l'appareil psychique est marquée par la prédominance du fonctionnement hallucinatoire de satisfaction, par l'insuffisance des capacités de liaison et des processus secondaires, enfin par l'absence de finesse des processus de symbolisation, à la fois minimes et massifs, ce qui fait que l'expression somatique fait écran ou absorbe le mode d'être psychique du nourrisson.

3. Kreisler L. et Cramer B. Sur les bases cliniques de la psychiatrie du nourrisson in *Psychiatrie de l'enfant*, 1981, n° 1.

Mais si la nature psychologique d'un certain nombre de troubles somatiques du nourrisson est maintenant admise, il demeure simpliste de faire trop vite le lien entre une expression morbide somatique et un événement extérieur à valeur traumatique : seul, le nourrisson pourrait faire théorie de son trouble. Si les psychothérapies précoces, certaines études catamnestiques, les observations sur les interrelations mère-bébé nous permettent des hypothèses qui se verront souvent confirmées, rien ne nous autorise à poser, *a priori*, le terme de somatisation, sur une expression somatique morbide. Il est, d'une part, nécessaire que l'examen clinique médical ait écarté toute étiologie organique.

Avec Kreissler nous excluons cependant du champ psychosomatique :
– Les réactions psychologiques secondaires à des maladies somatiques : cardiopathies, muccoviscidose, hémophilie, par exemple
– Les manifestations somatiques hystériques : (encore qu'il soit souvent difficile de faire le diagnostic différentiel entre la conversion et le symptôme psychosomatique).
– Les décompensations de maladies somatiques pour des raisons psychologiques
– Enfin les plaintes somatiques diverses : fatigue, maux de ventre ou de tête que beaucoup d'enfants savent utiliser à bon escient pour avoir prise sur des parents inquiets.

D'autre part, un certain nombre d'affections classiquement appelées psychosomatiques (asthme, eczémas, pelades) nous paraissent convoquer des facteurs qui outrepassent ceux qui sont impliqués dans l'interaction mère-enfant. Nous ne les aborderons pas ici.

Les troubles psychosomatiques du nourrisson seront décrits classiquement en rapport avec l'évolutivité de l'enfant et les stades maturatifs qu'il traverse. Il existe des âges, des périodes plus propices que d'autres à l'apparition de certains troubles. Le sommeil est plus volontiers perturbé dans le premier mois, l'alimentation l'est, au cours du deuxième semestre et de la deuxième année. La colique idiopathique apparaît au 8e ou 10e jour et disparaît au cours du troisième mois, les vomissements sont du premier semestre, les douleurs abdominales apparaissent vers trois ans. Ces indications n'ont cependant pas une valeur absolue.

On qualifie de « psychofonctionnelles », les perturbations du fonctionnement des appareils respiratoire, digestif ou sphinctérien, en dehors de toute atteinte organique ou lésionnelle. Mais sans doute faut-il penser avec Kreisler que c'est *« notre carence à imaginer le fonctionnement psychique du bébé qui nous contraint à mettre l'accent sur l'expression fonction-*

nelle[4] ». D'une part, ces troubles ne sont pas spécifiques et posent souvent de véritables problèmes diagnostiques ; d'autre part, ils sont divers et variés et n'illustrent pas un modèle psychopathologique unique.

2. Les troubles de la sphère orale

2.1. Le stade ou la phase oral (e)

Toute pulsion est caractérisée par sa source, sa poussée, son objet et son but. La source de la pulsion orale est la bouche et la cavité buccale que Freud qualifie, dans une lettre à Fliess, « d'organe sexuel oral » ; son objet est le sein. Le plaisir que provoque la satisfaction du besoin physiologique d'être nourri, est le premier plaisir sexuel de l'être humain. Pendant toute la première année de vie, ce plaisir sera prédominant. Le stade oral est la période pendant laquelle ce plaisir organise les relations du bébé avec ses objets externes et internes. *« La première organisation prégénitale est l'organisation orale ou cannibalique... » « Le but sexuel réside dans l'incorporation de l'objet, prototype de ce qui jouera plus tard, en tant qu'identification, un rôle psychique si important*[5] *»*

K. Abraham a distingué pendant cette période deux sous-stades et problématise ainsi la conception kleinienne de la position schizo-paranoïde, au cours de laquelle, selon l'auteur le plaisir de téter serait traversé d'intentions agressives, source de culpabilité ;

Le stade oral primitif (0 à 6 mois), caractérisé par le plaisir de la succion.

Le stade oral tardif ou phase sadique orale, caractérisé par le désir de mordre, d'incorporer le sein, de prendre en soi. Cette phase est d'ambivalence à l'égard de l'objet, dans la mesure où la satisfaction liée à la succion persiste. C'est aussi le point de vue de Freud dans « les nouvelles conférences[6] ».

Le stade oral coiffe schématiquement l'évolution de la relation d'objet qui va de la non différenciation externe-interne à la construction de l'objet total, en passant par le stade anaclitique de relation à l'objet partiel. La notion d'originaire, telle qu'elle a été développée par Piera Aulagnier,

4. Kreisler L. et Cramer B., *op. cit.*, p. 233.
5. Freud S. *Trois essais sur la théorie de la sexualité,* Paris, Gallimard, 1991.
6. *« Le développement sexuel connaît d'abord une phase orale qui se divise en un premier sous-stade sans ambivalence à l'égard de l'objet, le sein maternel, puis un second, sadique-oral, lié au développement de la dentition, caractérisé par l'apparition de l'ambivalence qui s'accentuera dans la phase suivante, la phase sadique anale »* Paris, Gallimard, 1989, p. 134.

concerne l'évolution de ce stade, dont on peut admettre que sa seule approche dynamique est insuffisante à rendre compte de la constitution précoce du sujet psychique. La synthèse est ici difficile à faire entre une théorie de la représentation et une théorie de la pulsion, et pourtant, à observer l'enfant et ses productions somato-psychiques, on perçoit bien qu'aucune de ces options n'est en mesure d'épuiser les questions sur l'évolution du monde interne de celui-ci.

Les plaisirs oraux sont les premiers plaisirs de l'enfant, mais tous les nourrissons n'y sont pas également disposés. Dès la naissance, les mamans distinguent les enfants qui « réclament », comme s'ils ne pouvaient tolérer que la satisfaction ne soit pas immédiate, et ceux qui, paisiblement, attendent la tétée. Les pulsions libidinales orales édifient donc leur logique de satisfaction à partir d'un équipement individuel et d'une histoire qui font bien la spécificité de chaque enfant : il n'y a pas de recette pour nourrir l'enfant, mais à chaque fois une manière de s'adapter à ses exigences, et partant, de satisfaire ses besoins.

On conçoit cependant que l'organisation orale de la libido infantile, dont dépendra l'évolution pulsionnelle ultérieure (en termes de coexistence, de suppléance, de prédominance d'un langage pulsionnel sur un autre), implique non seulement l'objet de la pulsion, c'est-à-dire le sein, mais la mère, sans l'imprégnation de laquelle le mamelon demeure un non-objet.

2.2. Description clinique des troubles de la sphère orale

Les troubles oro-alimentaires du nourrisson sont essentiellement de quatre types : la colique idiopathique, les vomissements, le mérycisme et l'anorexie nerveuse.

On retiendra de la colique idiopathique qu'elle débute très peu de temps après le retour de la clinique d'accouchement (8-10 jours), qu'elle est plutôt vespérale ou nocturne, qu'elle n'existe pas chez les enfants élevés en collectivité et qu'elle disparaît au cours du troisième mois, sans que l'on sache bien pourquoi. Le bercement ou la sucette sont ses meilleurs remèdes.

On retiendra du vomissement qu'il est très fréquent dans l'enfance, mais qu'il s'agit d'un symptôme qu'il peut être dangereux d'interpréter comme psychogène, en dehors d'un examen médical. Théoriquement, le vomissement se distingue de la régurgitation et du renvoi parce qu'il concerne un lait qui a déjà subi une transformation digestive. Ceci n'est cependant pas évident (en raison de la jonction cardia-œsophage du nourrisson). Bien des mamans se laissent inquiéter par cette manifestation initialement physiologique, qui peut mal engager l'interrelation avec le bébé.

Elle introduit en effet quelquefois l'intervention d'un tiers pédiatre qui médicalise avant de tenter de comprendre, créant ainsi les conditions d'un fonctionnement en cercle vicieux.

On retiendra du mérycisme (second trimestre), qu'il s'agit à la fois d'une régurgitation qui semble provoquée par des efforts manifestes ou par une tendance à ramener la nourriture dans la bouche et d'une rumination du bol alimentaire régurgité. La plus grande partie du bol alimentaire est rejetée, ce qui entraîne, dans les cas graves, une déshydratation et une dénutrition. On retiendra que ce trouble n'apparaît que lorsque l'enfant est seul ; il disparaît en effet dès qu'on rentre en relation avec lui. Ce syndrome, plus fréquent chez les garçons que chez les filles peut être associé à des balancements de tête, à la succion de la main ou à une trichitillomanie, mais, parmi les vomissements psychogènes, il s'agit d'une conduite si « aberrante » et si élaborée, que sa psychopathologie est encore énigmatique.

On retiendra de l'anorexie nerveuse qu'elle est la plus fréquente des perturbations de la sphère oro-alimentaire. Il s'agit d'un refus de l'alimentation, par un enfant qui jusque-là s'est alimenté normalement. Brusquement, il se met à repousser totalement ou partiellement, la nourriture qui lui est proposée par sa mère. Ce refus est soit actif : dents serrées, tête tournée, il ne veut pas ouvrir la bouche et céder aux manœuvres de diversion qu'essaie sa mère ; soit il est passif : l'enfant laisse alors sa mère l'alimenter, voire le gaver, pour rejeter ensuite la plus grande partie de ce qu'il avait ingéré. Ce comportement concerne essentiellement la nourriture solide, l'enfant manifestant de l'appétit pour le liquide qu'il absorbe souvent en plus grande quantité que normalement.

On retiendra que les circonstances déclenchantes de l'anorexie nerveuse sont assez souvent pointées : maladie ou fièvre intercurrente qui fait rupture dans le régime alimentaire habituel, ou bien sevrage. Quel que soit le motif, il semble que la mère n'en perçoive pas immédiatement le sens et que, de surcroît, maladroitement, elle fasse tout pour provoquer le refus d'alimentation, au lieu de tolérer temporairement les marques d'opposition de son bébé. Elle se plaindra de vivre un véritable calvaire au moment des repas dans la mesure où elle met tout en œuvre pour contraindre l'enfant à manger : et si les histoires et les chansons semblent anodines, des conduites plus sadiques sont fréquentes : attacher les mains, pincer le nez pour que l'enfant ouvre la bouche etc.

Les enfants concernés sont souvent des enfants éveillés, vifs et curieux et plutôt en avance dans leur développement psychomoteur. Cette anorexie « réactionnelle » n'empêche pas l'enfant de tenir sa courbe staturo-pondérale, d'autant plus que le refus d'aliments cède avec une personne autre que la mère.

Par contre, il existe un type d'anorexie du nourrisson qui débute comme la précédente mais semble concerner des enfants plus passifs, moins précoces et plus indifférents à l'entourage. Cette forme clinique est souvent associée à des vomissements psychogènes, des troubles du sommeil, des spasmes du sanglot. Dans ce cas, le retentissement somatique peut être visible : ralentissement de la courbe staturo-pondérale, chétivité, voire maladie.

On s'autorisera à formuler que ces pathologies très précoces n'aboutissent pas assez souvent au cabinet du psychanalyste, sauf s'il travaille en étroite collaboration avec une équipe pédiatrique, ce qui n'est pas nécessairement le cas, hors des grands centres urbains.

2.3. Psychopathologie des troubles de la sphère orale

2.3.1. Psychopathologie de la colique idiopathique

Deux facteurs semblent compromettre le plaisir du nourrisson : son hypertonicité associée généralement à une grande voracité, et l'attitude de la mère, qualifiée par Spitz de « sollicitude primaire excessive et anxieuse ». Cette attitude pathogène, en ce sens que l'inquiétude entraîne la mère à alimenter davantage alors qu'il faudrait provisoirement y surseoir pour apporter à l'enfant un autre type de satisfaction, peut entraîner des relations difficiles après chaque nourrissage.

L'affaire étant bénigne et disparaissant spontanément au cours du troisième mois, cédant aussi au bercement ou à la « sucette », il n'est pas sans risque de vouloir rompre cette inter-relation problématique en séparant le nourrisson de sa mère, comme certains pédiatres ont pu le recommander. Si le symptôme cède, en ce cas, immédiatement, les conséquences d'une séparation ne sont pas, elles, immédiatement appréciables.

2.3.2. Psychopathologie du vomissement

Les nourrissons vomisseurs ont souvent une très grande activité orale. Ils sont voraces et manifestent un besoin frénétique de sucer. La plupart du temps, les vomissements n'ont pas de cause organique.

En dehors du mérycisme, les vomissements qui admettent des facteurs psychiques sont de deux types : soit émotionnels, soit volontaires.

Les seconds manifestent des comportements d'opposition (introduction d'un objet dans la bouche pour déclencher le réflexe nauséeux).

Les premiers concernent des enfants anxieux et qui expriment ainsi l'impossible gestion de leur angoisse face à des situations souvent banales mais imaginairement chargées. Il peut s'agir d'enfants très jeunes (dès l'âge de 6 mois selon Kreisler). À l'origine de ces comportements chez le nourrisson existe souvent un événement ayant valeur traumatique (séparation brutale par exemple), mais dans ces situations, le plus souvent, il semble que l'interaction alimentaire mère-enfant se soit, très tôt, mal engagée. Les mamans des bébés vomisseurs sont souvent des mamans inquiètes et qui ont peur de mal faire. Il est courant que derrière cette crainte se cachent des désirs inconscients de maîtrise : la peur étant toujours l'envers du désir ; il semble cependant que ces positions perfectionnistes cèdent lorsque est reconnue la qualité des soins que la maman donne à son bébé, comme si elle avait besoin d'être reconnue objectivement comme une « bonne mère ».

2.3.3. Psychopathologie du mérycisme

Tous les auteurs admettent que ce trouble est conséquent d'une carence de soins maternels, ceux-ci étant donnés dans une logique obsessionnelle et rigide, dépourvue d'investissements chaleureux. Il s'agit donc peut-être plus d'une déprivation relationnelle que de soins insuffisants. Dans certains cas, le mérycisme est associé à l'interdiction d'une activité auto-érotique comme la succion du pouce mettant en évidence l'agressivité inconsciente maternelle.

La compréhension psychopathologique du mérycisme se calque pour certains auteurs (Fain) sur le jeu de la bobine et le besoin, chez les enfants de 6 à 10 mois, de maîtriser musculairement, par une activité auto-érotique, l'absence de la mère, comme ils tentent de la maîtriser dans le plaisir du « fort-da ». Cette hypothèse est aussi celle de Soulé[7] pour lequel « *Il semble que ce soit le schème moteur anormal, qui consiste à faire réapparaître le bol alimentaire dans la sphère des sensations bucco-pharyngées, qui permette de comprendre la signification psychopathologique du mérycisme. Lorsque le bol alimentaire quitte la muqueuse œsophagienne, l'enfant perd les sensations qui y étaient attachées ; dans la mesure où l'alimentation est identifiée à la mère, (dans la mesure où celle-ci est incapable d'apporter d'autres satisfactions à l'enfant) la perte des sensations dues au bol alimentaire signifie pour l'enfant une perte d'objet et tous ses efforts musculaires tendent à maîtriser cette perte en faisant réapparaître et durer les sensations en question* ».

L'hypothèse « *d'une précocité et maturité excessives, mises au service d'un comportement quasi-autistique* » (Marcelli) est discutée. Le mérycisme a un pronostic favorable à condition d'être reconnu. Il peut céder spontanément en raison, probablement, de la maturation neuro-physiolo-

7. Cité par Ph. Mazet et D. Houzel, in *Psychiatrie de l'enfant et de l'adolescent*, Maloine. Paris, 1994.

gique et de l'investissement de nouvelles zones de décharges, mais ses conséquences à long terme restent inconnues.

2.3.4. Psychopathologie de l'anorexie

La psychopathologie du nourrissage témoignant d'une inadéquation entre les attentes de l'enfant et la réponse maternelle, il y a lieu d'envisager schématiquement :

– Le fonctionnement mental supposé de l'enfant à travers son symptôme ;

– Le fonctionnement psychique de la mère et la qualité de l'interrelation mère-enfant ;

– Le père et l'environnement, soit les figures sur lesquelles s'appuie la triangulation.

A. La séméiologie est toujours riche d'informations, si elle est minutieuse. Cependant si le symptôme apparaît assez facilement lisible dans la pathologie névrotique (contenu symbolique inconscient) il n'est pas facilement associable à un conflit d'instances lorsqu'il s'agit de psychopathologie précoce. Dans ces cas, on est amené à poser l'hypothèse d'un non-accordage entre l'enfant et les représentations maternelles le concernant : Le fondement même de la psychopathologie précoce étant qu'elle est le produit d'une incompatibilité entre les attentes de satisfaction du bébé et le fonctionnement psychique maternel. Dans ces perspectives, il est vain de tenter l'interprétation symbolique du symptôme de l'enfant, ou de poser l'enfant et ses productions comme symptôme de la mère. Ce qu'il faut s'efforcer de comprendre, à travers le symptôme-résistance aux exigences maternelles, c'est la nature de celles-ci (qui ne sont souvent que des maladresses), et ce que pourraient être les attentes du bébé (être nourri à la demande et non à heure fixe ; rester plus longtemps dans les bras de sa mère, la sentir auprès de lui, être changé plus souvent etc.) Les besoins du bébé sont toujours simples, même s'il est un partenaire très actif de la relation.

B. Le refus de nourriture de l'enfant a donné lieu lui-même à des interprétations variées. Pour Spitz, il s'agit d'une conduite massive de refus de la relation mère-enfant ; ces enfants anorexiques, paradoxalement, ne témoignant pas d'angoisse devant l'étranger. Pour d'autres auteurs, le refus d'alimentation est une tentative d'éviter la réplétion, et donc la disparition de la tension. Dans les deux cas, il s'agirait de manifester une opposition (éventuellement risquée) aux conditions de vie que pose la mère. La psychopathologie de l'anorexie a donc d'abord mis l'accent sur les mères autoritaires, intolérantes, souvent rigides. Or, le profil maternel n'est pas typé. Par contre, compte tenu de ce que nous venons de dire sur les dispositions variables de l'enfant à l'égard de la nourriture, ce que nous pouvons ajouter, c'est que ces mères ne trouvent pas à s'ajuster à la demande de l'enfant. La relation de nourrissage semble polariser, chez elles, la crainte d'être une mauvaise mère et derrière cette angoisse, des angoisses infantiles sans doute plus dangereuses.

Chez ces mères, en effet, se dévoilent lorsque l'occasion en est donnée, soit la crainte de ne pas être compétente, (comme dans le vomissement), dont on sait qu'elle travestit, à l'égard de l'enfant et de ce qu'il représente, des pensées plus agressives, soit l'impossibilité d'une régression suffisante pour partager les plaisirs menaçants de l'alliance narcissique originaire, soit le besoin de maîtrise d'une situation qui somme toute, condamne toutes les mères à une réorganisation libidinale définitive et donc à une insécurité identitaire. Dans ces conditions d'insécurité maternelle, « absorber de la nourriture » signifie pour l'enfant « absorber l'angoisse de sa mère » (Dolto).

Dans un certain nombre de cas d'anorexies néo-natales, le désir de mort à l'égard de l'enfant a pu être mis en évidence[8], mais l'anorexie n'est plus seulement réactionnelle, mais intégrée à tout un cortège séméiologique concernant la mère et l'enfant et au sein duquel le non-désir d'enfant fut souvent déjà agi activement par la mère pendant la grossesse[9].

C. Il est rare que le rôle du père soit associé aux pathologies du nourrissage. Or, dans les premiers jours de la vie, pour que tout se passe bien, l'investissement libidinal que celui-là fait de sa paternité est aussi déterminant que les investissements maternels. Sa présence, sa disponibilité auprès de la mère et auprès du bébé témoignent de la place qu'il souhaite prendre. Sa présence auprès du bébé amortit les angoisses maternelles, quand elles existent, et plus naturellement soulage la maman d'une responsabilité qu'elle peut vivre comme écrasante. Le père n'est cependant pas toujours cette figure apaisante qui jouerait, entre l'enfant et sa mère un rôle de pare-excitations. Ses angoisses d'enfant (surtout si le bébé est un garçon) peuvent se conjuguer aux angoisses maternelles, et en ce cas, contribuer à l'exaspération de la réponse du bébé (de même pour les vomissements).

Quoi qu'il en soit, il faut admettre que l'anorexie précoce, (dont on peut voir les réactivations autour de deux ou trois ans, mais qui n'ont pas de lien avec l'anorexie mentale de l'adolescence) vient témoigner d'une problé-

8. Porte M. et Porte J.M., L'anorexie néo-natale ; à propos d'une observation. In *Psychiatrie de l'enfant* XXV, 1982, N° 2.

9. Souffrance de la mère pendant la grossesse, qui peut se traduire, entre autres, par une prise massive de sédatifs.

matique de l'incorporation et de l'introjection dont les conséquences ne sont pas innocentes, même si cette anorexie du deuxième semestre cède généralement à un changement d'attitude de la mère, à moins de réapparaître dans la seconde enfance sous la forme d'une conduite opposante qui prenne éventuellement l'allure de caprices alimentaires.

Le pronostic à long terme de ces anorexies de la première enfance ne concerne plus la sphère alimentaire, mais les processus psychiques qui s'organisent autour de l'introjection et de l'incorporation. Ainsi, les troubles du langage, l'appétit scolaire ultérieurs sont-ils souvent en corrélation avec ces premières difficultés orales de relation à l'objet et au monde extérieur.

3. Les troubles de l'endormissement et du sommeil

3.1. Description clinique des troubles de l'endormissement et du sommeil

La clinique des troubles du sommeil est très variée. Depuis les conduites de résistance à l'endormissement jusqu'aux cauchemars, ou terreurs, apparaissant en cours du sommeil, toutes les formes sont possibles. Nous parlerons ici de ce qui fait le plus souvent objet de consultation, à savoir 1) les insomnies précoces ; 2) les difficultés d'endormissement ; 3) les cauchemars et les terreurs nocturnes.

Il faut rappeler que chez le bébé, les périodes de sommeil (généralement de 3 heures) alternent avec les périodes d'éveil, et que ce rythme s'organise autour du nourrissage. Il est normal qu'au début de sa vie, le bébé se réveille la nuit et qu'il « réclame » une tétée. Il serait « anormal » de n'y point répondre, en souhaitant opérer un réglage rapide de ses demandes. Les éveils de nuit sont normaux jusqu'au début du troisième mois. Au-delà, on parle d'insomnies précoces. Elles peuvent être transitoires, liées à une poussée dentaire ou à une alimentation insuffisante ou trop lourde, ou à des biberons du soir donnés de façon expéditive. Ces erreurs de puériculture se corrigent et rétablissent la normalité du sommeil.

Plus rarement, elles peuvent être sévères, **soit agitées** : l'enfant hurlant, criant sans céder au sommeil ; Soulé et Kreisler ont décrit des insomnies précoces dont les tableaux étaient impressionnants en raison du peu de sommeil total (4 à 5 heures par jour) dont disposaient ces nourrissons. Ceux-ci en effet s'endorment, mais se réveillent très vite en hurlant, en s'agitant ; **soit calmes** : le bébé restant les yeux grands ouverts, le jour comme la nuit, sans manifester quoi que ce soit d'une attente ou d'une demande. Ces dernières n'inquiètent généralement pas les parents qui s'accommodent toujours d'un bébé qu'ils jugent sage. Par contre, les premières font souvent l'objet de consultation, au moins pédiatrique.

Les troubles d'endormissement sont, eux, beaucoup plus banals, faisant quasiment partie du développement normal de l'enfant, surtout en période œdipienne. Il s'agit de rituels du coucher, de résistance au coucher, ou de peur du noir.

Quant à la terreur nocturne, pour normale qu'elle soit à partir de 2 ans, elle doit faire l'objet d'une attention du clinicien si elle est régulière et fréquente. Il s'agit d'une conduite hallucinatoire nocturne, au cours de laquelle l'enfant ne reconnaît plus personne. Il est hagard, il crie, il a l'air effrayé ; il est pâle, couvert de sueurs et tachycarde. Au bout de quelques minutes l'enfant se rendort et n'a plus souvenir, le lendemain, de ce qui s'est passé.

Dans le cauchemar, au contraire, beaucoup plus fréquent, l'enfant peut raconter ce qui s'est passé. Il se peut aussi qu'il manifeste bruyamment son effroi, mais la composante physiologique de la crise (sueurs, pâleurs) est moins manifeste. Quelquefois, il peut raconter son rêve avant de se rendormir. Il le racontera éventuellement au réveil. Le cauchemar est une manifestation banale au cours de l'enfance. Comme la terreur nocturne, il n'est à prendre en compte que s'il se répète, s'il persiste au-delà de la période œdipienne et s'il est associé à d'autres symptômes témoignant de la souffrance de l'enfant.

3.2. Psychopathologie des troubles du sommeil

La psychopathologie du jeune enfant, de manière générale, engage toujours la fonction parentale. Il y a sur ce sujet beaucoup à dire.

D'abord en ce qui concerne la causalité. Il est vite fait d'attribuer à la dépression maternelle, à son anxiété, tous les troubles de l'enfant. Il faut se garder de lier les troubles de l'enfant à la personnalité de la mère, dans la mesure où l'influence d'un « profil psychologique » maternel sur le bébé n'est pas modélisable de manière univoque. Il a été montré que ce que l'on pouvait attendre de certaines mères obsessionnelles ou perfectionnistes ne se concrétise pas dans la réalité de la clinique (Soulé). S'il semble que les interactions pathogènes soient plus fréquentes avec des mères dont la rigidité de structures mentales empêche toute mise en question de la relation qu'elles nouent avec le bébé, les mères psychotiques ou psychiatriques lourdes ne semblent pas mettre en risque le premier développement de l'enfant, avant que ne se posent les problèmes des identifications secondaires.

Ensuite, en ce qui concerne la capacité d'évolution de la mère sous l'influence de l'enfant. C'est l'enfant qui fait la femme « mère », et de ce que l'enfant apporte ou refuse, les mères sont susceptibles de faire le pire ou le meilleur, en fonction du moment où cela se passe, en fonction de la manière dont elles sont entourées et soutenues, matériellement et libidinalement. Ainsi, la fatigue maternelle peut être à l'origine d'investissements insuffisants, d'une insuffisante écoute des besoins du bébé. Ces facteurs pratiques ne doivent pas être sous-estimés. La mère primipare est souvent débordée par des tâches quotidiennes qu'elle ne maîtrise pas et peut accorder, à son corps défendant, plus d'importance aux soins du bébé qu'à ses besoins. Il suffit alors d'informer ; quant aux mères multipares, il leur est souvent impossible, quand elles travaillent et ne sont pas aidées, et qui plus est quand elles sont seules, de consacrer au bébé le temps qu'il faudrait pour que tout se passe bien. Il est donc important, dans ces premières relations au bébé, de ne pas sous-estimer le rôle du père réel et la manière dont il participe aux soins (et non seulement en tant qu'image dans la tête de la mère).

Il arrive néanmoins que tout se passe bien, et on invoque alors la capacité de ces femmes de privilégier l'essentiel. On évoque leur « bonne libido ». À mon sens, toute interaction précoce de bonne qualité tient du miracle, mais ce n'est pas parce que c'est ce qui se passe le plus souvent qu'il ne faut pas s'en étonner.

Dans les insomnies précoces, on évoque souvent l'incapacité de la mère à assurer son rôle de protectrice du sommeil de son enfant, en raison d'un état dépressif profond ou latent ou d'angoisses massives. Ces insomnies graves traduiraient une impossibilité de régression à une bonne image fusionnelle et protectrice de la mère, sur laquelle le sommeil de l'enfant peut normalement s'étayer (Fain). Cette perturbation du lien mère-enfant tiendrait à l'incapacité de la mère d'interpréter les besoins de son enfant, de le calmer, comme si son anxiété faisait barrage à la demande d'apaisement du bébé.

Ceci est probablement juste. Un certain nombre d'insomnies graves sont le fait d'une angoisse parentale massive face au bébé qui dort. Le fantasme qui trame cette conduite a à voir avec la mort : mort subite du nourrisson, désirs de mort adressés au bébé et destinés à un nourrisson « historique » (frère ou sœur cadets). Père et mère peuvent ne pas être rassurés de voir l'enfant dormir, et leur angoisse peut transpirer dans des conduites maladroites, des gestes brusques au moment du coucher, une tendance à prolonger le temps des derniers câlins, comme s'ils exprimaient à l'enfant leur impossibilité de s'en séparer, compte tenu de l'intensité de leurs redoutables fantasmes.

Mais un certain nombre d'enfants viennent au monde avec une libido

« excessive » que l'objet ne pourra jamais satisfaire. Dans la journée, l'enfant trouve à investir un certain nombre d'activités sensorielles, en particulier visuelles, même si celles-ci sont imparfaites, en raison de l'immaturité du système neurologique optique. La nuit, au moment de l'endormissement, cette activité étant suspendue, l'enfant n'arrive pas à s'apaiser en la seule présence des parents. S'il consent à s'endormir dans leurs bras, il n'arrive pas à régresser suffisamment pour maintenir l'état de sommeil et permettre l'ébauche de rêve (excitation régrédiente de l'appareil perceptif), gardien du sommeil. En fait, il conviendrait pour ces enfants d'une part, de leur faire épuiser dans la journée leur « quantum » d'investissement libidinal, afin que le sommeil vienne de soi comme une nécessité récupératrice. C'est l'hypothèse que soulèvent A. Doumic et R. Debré, qui évoquent les insomnies chez des enfants hyperactifs ne pouvant, soit en raison de conditions matérielles, soit en raison d'une interdiction maternelle, satisfaire leur besoin de dépense motrice. Ils ne peuvent, dans ces cas, apaiser leur tension interne. Dans les deux cas, il s'agit, nous semble-t-il, d'une insuffisance de la fonction calmante de l'objet introjecté. Si nous pensons l'orée de la vie psychique dans la construction « interactive du soi » et non dans la construction de l'objet[10], les insomnies du premier âge viendraient manifester un éprouvé d'insatisfaction dans l'organisation du continuum d'existence.

4. Les troubles sphinctériens

4.1. Généralités

Dans le courant de la deuxième année, l'enfant acquiert la maîtrise de ses sphincters anal et urétral. Ce contrôle se met en place progressivement, la maîtrise anale précédant en général la maîtrise vésicale. Il dépend de facteurs neuro-physiologiques (maturation), de facteurs relationnels et culturels.

Pour les premiers, il s'agit de transformer un comportement réflexe automatique en un comportement volontaire, la défécation et la miction succédant généralement à la réplétion. Mais d'une part, les sensations éprouvées lors du passage des matières, le plaisir du contrôle des produits de l'évacuation (faire apparaître ou non ses matières), d'autre part, le fait que tout ceci se passe dans un contexte relationnel qui n'est pas neutre (exigences éducatives), font que la maîtrise sphinctérienne peut devenir l'objet d'un conflit avec l'entourage, voire d'un conflit intra-psychique.

10. Lebovici S., *En l'homme, le bébé*, *Op. cit.*

Les facteurs relationnels impliquent essentiellement, dans notre culture, la dyade mère-enfant. L'acquisition de la propreté, à partir de la deuxième année et dans le courant de la troisième, vient mettre un terme au « pouvoir » de la mère sur le corps de l'enfant, ou pour dire les choses autrement, vient témoigner de la maîtrise de l'enfant sur son propre corps, laquelle l'engage dans une relation nouvelle à la mère. Les réactions de celle-ci au progrès de l'enfant, de satisfaction ou de dégoût, conditionneront l'évolution du processus. Bon nombre de troubles sphinctériens sont conséquents de maladresses éducatives. (Il ne faut cependant pas sous-estimer, derrière ces maladresses, l'économie libidinale des parents).

Les facteurs culturels, qui engendrent les lois de la bienséance, ne sont plus aussi pesants qu'ils l'étaient au début du siècle dernier. Sur ce sujet, l'apprentissage de l'enfant supporte plus de tolérance. Il n'empêche que certaines mères sont encore très exigeantes et ne renoncent pas à l'idée qu'un sphincter « ça se conditionne ». Les mamans ou nourrices qui continuent de recevoir les selles de l'enfant après stimulation anale thermométrique ne sont pas rares, qui refusent de penser, dans la défécation et la miction, le plaisir de la satisfaction pulsionnelle anale.

4.2. La pulsion anale

C'est avec le début du contrôle sphinctérien que se met en place le stade anal. La source de la pulsion est la muqueuse rectale et l'objet est l'étron ou la matière fécale. L'apparition des logiques de plaisir pulsionnelles anales n'efface pas celles liées à la complémentarité bouche-sein, mais contribue, comme celles-là à « *servir d'intermédiaire à l'étayage de la sexualité sur les fonctions du corps* »[11].

K. Abraham distingue, au cours de cette phase, deux sous-stades : le stade sadique anal, au cours duquel le plaisir est pris dans l'expulsion et la destruction des matières fécales, et le stade rétentionnel où le plaisir est pris dans le fait de garder pour soi, de retenir ses matières et ce faisant, de s'opposer aux désirs de la mère. En 1938, dans l'Abrégé, Freud confirmera que le stade sadique anal comprend deux sous-stades, le premier se caractérisant par des tendances destructrices et le second visant à posséder et à conserver l'objet.

C'est au cours du stade anal que l'enfant organise le plaisir qu'il pourra ultérieurement tirer de la rétention ou de l'expulsion, de la soumission ou de l'opposition, de l'activité ou de la passivité ; « *la psychanalyse nous instruisant, non sans étonnement, des transformations que connaissent nor-*

11. Freud S. *Trois essais sur la théorie sexuelle*, Paris, Gallimard, p. 110.

malement les excitations sexuelles qui en procèdent et de la fréquence avec laquelle cette zone conserve, toute la vie, une part considérable de stimulabilité génitale[12] ».

Dans une note ajoutée en 1920 à l'édition *des Trois essais*, Freud rend hommage à la contribution de Lou Andréas Salomé, qui en 1916 « *a démontré que l'histoire du premier interdit que rencontre l'enfant, l'interdiction de tirer plaisir de l'activité anale et de ses produits, détermine tout son développement. À cette occasion, le petit être doit avoir l'intuition de l'hostilité de l'environnement à ses motions pulsionnelles, apprendre à distinguer son propre être de cette entité étrangère, et effectuer ensuite le premier refoulement de ses possibilités de plaisir. L'anal reste à partir de là le symbole de tout ce qui est à rejeter, à éliminer de l'existence. À la séparation nette exigée plus tard entre les processus anal et génital, s'opposent leurs étroites analogies anatomiques et fonctionnelles, et leurs rapports réciproques. L'appareil génital reste voisin du cloaque ; chez la femme, il n'en est même que la location* ».[13]

C'est au cours de la phase sadique anale en effet que l'on voit les tendances agressives qui ont surgi avec l'apparition des premières dents s'accentuer dans une recherche de l'agression et dans la fonction excrémentielle dont on peut comprendre qu'elle puisse devenir un enjeu de la relation à la mère.

4.3. La pulsion phallique

La perspective génétique situe cette phase autour de 3 à 5 ans. Ici, la source de la pulsion se déplace vers les organes génitaux. L'objet de la pulsion est représenté par le pénis, dont la fonction symbolique est signifiée par le terme de « phallus », et ceci, chez le garçon comme chez la fille « *dans la mesure où dans l'enfance, on ne connaît pas la différence des sexes et on attribue les mêmes organes génitaux aux deux sexes*[14] » ce qui ne sera plus le cas dans l'organisation génitale pubertaire. À l'émergence de la pulsion phallique correspond un stade d'organisation de la libido caractérisé par une unification des pulsions orale et anale sous le primat des organes génitaux.

Cette notion de stade phallique est tardive chez Freud puisqu'elle n'apparaît qu'en 1923 dans *L'organisation génitale infantile.* Selon Laplanche

12. Freud S. *Trois essais*, *Op. cit.*
13. *Ibid.*, p. 113, nbp.
14. Freud S. *L'interprétation des rêves.* Paris, PUF, 1987. En fait, c'est l'existence du vagin qui est niée, les enfants percevant leur différence sur un mode quantitatif : avoir le pénis ou ne point l'avoir.

et Pontalis, elle est l'aboutissement de deux évolutions de la pensée de Freud. L'une concerne le primat du phallus et l'autre concerne les modes successifs d'organisation de la libido.

1. Sur la question du primat du phallus, préfigurée selon les auteurs, dès les Trois essais, on trouvera chez Freud deux thèses ; d'une part que la libido est d'essence masculine chez la femme et chez l'homme ; d'autre part, que « la zone érogène directrice chez la fille est localisée au clitoris qui est l'homologue de la zone génitale mâle » *: « le clitoris est la partie masculine de l'organe génital féminin ».*

2. Sur le deuxième point, ces auteurs rappellent que Freud opposait l'inorganisation de la sexualité infantile à la sexualité post-pubertaire. « L'enfant ne sortant de l'anarchie des pulsions partielles, qu'une fois assuré, avec la puberté, du primat de la zone génitale ». Lorsque Freud introduira le stade phallique, « il reconnaît l'existence, dès l'enfance, d'une véritable organisation de la sexualité très proche de celle de l'adulte », « qui se différencie sur un point essentiel de son organisation définitive, car elle ne connaît en effet qu'une seule sorte d'organe génital, l'organe mâle[15] ». *« Lors de la phase phallique, la fille accepte la castration comme un fait déjà accompli, tandis que le garçon la vit comme une menace »*[16].

En 1933, dans *Les Nouvelles Conférences,* Freud insiste sur l'importance, à la phase phallique, du membre viril et de ce qui lui correspond chez la fille, mais plus encore, il montre la fonction déjà fédératrice de la pulsion phallique. « *Excrément = cadeau = or = enfant = pénis* ». « *Une grande part d'érotisme anal est ainsi reportée en investissement du pénis, mais l'intérêt porté à cette partie du corps a (...) une racine orale peut-être plus puissante encore, car après la cessation de l'allaitement, le pénis hérite aussi du mamelon de l'organe maternel* ».

La psychopathologie phallique est donc complexe des langages hérités des pulsions anale et orale.

4.4. L'énurésie

Elle se définit comme « une émission active, complète et involontaire d'urine chez un enfant qui a plus de 4 ans », cet âge étant celui où la maturité physiologique permet le contrôle sphinctérien. L'énurésie secondaire

15. Laplanche J. Pontalis J.-B. *Vocabulaire de la psychanalyse*, Paris, PUF, 1976.
16. Freud S. La disparition du complexe d'Œdipe, (1924) in *La vie sexuelle*, Paris, PUF, 1973.

est caractérisée par l'existence d'une période de propreté transitoire. L'énurésie primaire est en continuité avec la période de non-contrôle physiologique. C'est un trouble très fréquent qui atteint au moins 10 % des enfants dont une grande majorité de garçons. Le trouble est souvent associé à l'encoprésie, mais aussi à la potomanie, à l'instabilité motrice. Marcelli signale « une fréquence élevée et inexpliquée de sténose du pylore dans les antécédents d'enfants énurétiques ».

Un diagnostic permettant d'écarter une affection urologique ou neurologique (épilepsie), responsable d'incontinence, est nécessaire avant de rechercher les facteurs psychologiques concernés par ce symptôme. Ceux-ci sont d'ailleurs très variés mais schématiquement s'organisent autour de deux axes : l'immaturité psycho-affective de l'enfant et le contexte familial.

4.4.1. Psychopathologie de l'énurésie

La notion même d'immaturité évoque les fixations pré-génitales, essentiellement anales qui sous-tendent encore les conflits ou le plaisir de type rétention-expulsion. Le contexte familial joue, lui, un rôle, soit parce qu'il surinvestit sur un mode obsessionnel tout ce qui est lié aux fonctions sphinctériennes, soit parce qu'il est insuffisamment stable et paisible pour accompagner le développement pulsionnel de l'enfant. On note effectivement une fréquence plus grande de l'énurésie dans les milieux défavorisés, dans les familles dont les parents souffrent de troubles psychiques, ou qui vivent constamment dans le conflit.

La psychopathologie de l'énurésie en appelle essentiellement à la question de l'érotisme uro-génital et à celle de la castration, l'émission non contrôlée d'urine étant une manière de satisfaire l'un et de se préserver de l'autre. Freud en 1925[17] écrit : « *l'énurésie qui persévère est le résultat de l'onanisme ; sa répression a pour l'enfant la valeur d'une inhibition de sa génitalité, autrement dit cela signifie une menace de castration* ». Mais la clinique psychanalytique des énurésies n'est pas aussi simple. La logique phallique de la castration, comme le signale Freud, montre que le pénis prend la succession des objets partiels oral et anal et à ce titre est investi rétroactivement des expériences et sources de plaisir qui ont concerné ceux-là. L'énurésie a donc à voir avec l'assomption phallique et les fantasmes qui y sont associés (possession de la mère, rivalité et éviction du père) mais aussi, en raison même de cette équation symbolique qui fait du

17. Freud S. Quelques conséquences psychiques de la différence anatomique des sexes, in *La vie sexuelle*, Paris, PUF, 1973.

pénis l'équivalent de l'étron ou du mamelon, avec une prégénitalité conflictuelle. Freud parle à ce sujet « *d'excitations sexuelles dans la prime enfance* ».

Les énurésies qui persistent au-delà de l'entrée en latence, mettent en évidence assez systématiquement, une incertitude des assises narcissiques telles que le symptôme participe d'une revendication identitaire souvent douloureuse. Freud a d'ailleurs montré les liens entre l'érotisme urétral et l'ambition. Les conflits qu'entraîne un symptôme énurétique dans la relation parents-enfant aggravent d'ailleurs souvent cette revendication au lieu de l'apaiser.

En effet, les conséquences de l'énurésie lorsqu'elle est nocturne (draps souillés, impossibilité des séjours dans d'autres familles, des colonies de vacances et des séparations en général ; mais il serait simpliste de limiter les conséquences à ces éléments matériels : il faut évoquer ce que représente pour chacun des parents un enfant « qui fait pipi » et qui incite, soit au camouflage du symptôme et à l'hyperprotection, soit à des réactions blessantes) créent entre la mère et l'enfant essentiellement, mais éventuellement avec le père et la fratrie, des relations qui ne sont jamais dénuées d'agressivité.

Si la psychothérapie analytique est une indication de traitement de l'énurésie lorsque le contexte névrotique est évident, il faut noter d'une part, que celle-ci peut persister alors qu'il n'y a plus d'érotisation phallique et que d'autre part, elle peut disparaître « magiquement » après un premier entretien au cours duquel quelques explications ont orienté l'enfant sur la signification de son symptôme. Pour ces raisons, il nous semble que l'indication d'une psychothérapie classique doit être réservée aux cas résistants qui expriment, au devant du tableau, une véritable souffrance (agressivité ou dévalorisation ; honte, retrait dans les relations entre pairs). Dans ces cas, même si l'énurésie persiste, les autres symptômes névrotiques seront largement améliorés.

4.5. L'encoprésie

L'encoprésie est une défécation dans la culotte, chez un enfant ayant dépassé l'âge habituel d'acquisition de la propreté sphinctérienne (2-3 ans). Elle est généralement secondaire, c'est-à-dire qu'elle apparaît vers 6 -7 ans, après une période plus ou moins longue de propreté. Elle concerne 1 fille pour 3 garçons, mais sa fréquence d'apparition est moindre que celle de l'énurésie. C'est un symptôme qui est généralement diurne, et dont il faut faire la preuve qu'il ne s'agit pas d'une incontinence anale dans le contexte d'une neuropathie.

La clinique est variable : les selles sont moulées ou molles, abondantes ou discrètes ; les accidents encoprétiques sont quotidiens ou pluriquotidiens, mais ils peuvent être intermittents, liés au contexte de vie de l'enfant (vacances, école). Le plus souvent c'est l'odeur qui attire l'attention de l'environnement sur la défécation, car l'enfant ne vient pas s'en plaindre. La découverte de l'encoprésie se fait aussi quelquefois de manière fortuite, la mère découvrant un tas de linge souillé, caché par l'enfant. Celui-ci n'est cependant pas toujours culpabilisé. Il peut apparaître indifférent à son symptôme, aucunement gêné, ne cherchant pas à en faire disparaître les traces. Dans des cas plus rares, l'enfant exhibe son linge souillé, et prend un plaisir évident à provoquer et à transgresser les interdits maternels.

Mazet et Houzel distinguent trois types de comportements encoprétiques :

– névrotique, dans la mesure où s'y attachent angoisse et culpabilité ;

– passif et immature, l'accident survenant dans une *sorte de laisser aller, d'inéducation de l'instinct (*P. Mâle). C'est le type qualifié de « clochard » par M. Fain.

– pervers, dans la mesure où il y a fixation ou régression à un mode de satisfaction archaïque, mais encore érotisation de cette transgression et signification agressive évidente du comportement encoprétique. C'est le type qualifié de « délinquant » par M. Fain.

L'investigation psychanalytique permet de mettre en évidence d'importantes fixations anales, soit sur le mode de la rétention, soit sur le mode de l'expulsion et de l'agressivité. Ici, la matière fécale, dans l'équation symbolique, pénis ou enfant, est objet d'échange dans la relation à la mère, fréquemment décrite comme anxieuse, surprotectrice, et préoccupée soit par un dressage sphinctérien très précoce, soit par le contrôle quotidien de selles, souvent appelées par lavement ou suppositoire. Il est certain que ce type de relation mère-enfant, centrée sur l'analité ne permet pas un bon développement de l'enfant. Certains auteurs (C. Launay, Fain) ont mis l'accent sur les difficultés de la période orale chez ces enfants soumis à des séparations brutales, souffrant très tôt de troubles du sommeil ou de troubles alimentaires, ce qui témoigne du caractère précoce et de la profondeur du conflit.

On décrit les familles des encoprétiques comme souvent dissociées ; les pères étant très peu présents. Il faut retenir surtout que l'accès à une relation au père est souvent compromis par la complicité que la mère tente de nouer avec son enfant autour de ses fèces. J'ai constaté pour ma part un certain nombre d'encoprésies dans des familles perversement « normales », c'est-à-dire qui masquaient la dysharmonie des relations internes sous couvert d'un fonctionnement « très comme il faut » ; le symptôme de l'enfant étant camouflé le plus longtemps possible pour que rien ne puisse être perçu, de l'extérieur, d'un dysfonctionnement interne.

L'évolution est aussi capricieuse. Le symptôme disparaît en quelques semaines ou mois. Un certain nombre de cas plus sérieux évoluent vers des troubles franchement caractériels. La souplesse du fonctionnement psychique maternel et la mobilisation possible de la présence du père sont des éléments qui permettent de poser un pronostic favorable.

CHAPITRE X

Les troubles du langage

Généralités

Ce chapitre est transversal à la psychopathologie. Le langage est d'une part le révélateur de la qualité de structuration psychique du sujet, d'autre part, l'outil privilégié de la communication et des relations intersubjectives.

Les troubles du langage sont fréquents et constituent un motif courant de consultation. Il est rare que des atteintes neurologiques ou phonatoires lourdes soient à l'origine de ces demandes. Il est moins exceptionnel que ce soit le fait d'une surdité modérée et méconnue. La recherche et l'exploration de tels déficits devront être systématiques.

Le diagnostic des troubles psycho-affectifs du langage suppose une bonne connaissance du développement normal de celui-ci. Nous le rappellerons brièvement, insistant sur le fait que, si l'acquisition du langage est dépendante de la relation mère-enfant, l'intégrité neuro-physiologique en est la condition nécessaire.

1. Les étapes de l'acquisition du langage

On distingue deux temps : celui du prélangage et celui du langage. Ces deux temps sont eux-mêmes divisés en phases dont la succession est régulière.

1.1. Le prélangage

Au début, l'enfant n'émet que des cris qui traduisent son malaise ou sa demande. Le bébé émet un signal qui correspond à un ressenti intérieur, mais dont il ne connaît vraisemblablement pas la signification ; la mère entend et répond. Très rapidement, en fonction de la réponse qu'apporte la mère à ces premiers appels, les cris vont se moduler et traduire des éprouvés divers. Les mères distinguent rapidement ce que les pleurs signifient. Il y a de « l'interprétation », dans cette première communication, mais si elle suppose quelques tâtonnements, la traduction est généralement juste. « Il (elle) pleure parce qu'il (elle) a faim, ou bien, elle (il) doit être mouillé(e) », ou bien « ce sont ses dents, ou encore il ne pleure pas comme d'habitude », ce qui laisse présager une souffrance, une fièvre inhabituelles. La réponse adaptée de la mère à ces premiers cris conditionne l'évolution ultérieure. En effet, lorsque la réponse est adéquate, le bébé peut donner du sens au signal qu'il a émis et s'approprier ainsi un outil de communication et de maîtrise de l'environnement. Ce premier échange peut être complètement échoué, soit parce que la mère « n'entend pas », soit parce qu'elle n'est pas là[1]. Ce schème n'est cependant pas « comportemental ». Une machine ne saurait se substituer à la mère[2]. Ces premiers jeux de langage sont pleins d'affects et l'enfant en perçoit très vite les nuances.

Entre le premier et le deuxième mois, apparaît le babil ou les lallations. Lorsqu'il est détendu et repu, l'enfant émet des sons qui n'existent pas forcément dans sa langue et qui vont s'enrichir quantitativement et qualitativement très rapidement. Cette capacité à babiller dépend de la maturation du système respiratoire. On a pu lire que ce gazouillis était le même pour tous les enfants de la planète mais ceci n'a jamais été démontré.

Le babillage est une source de plaisir pour l'enfant qui découvre l'usage qu'il peut faire de ses organes phonatoires, et l'impact que celui-ci a sur son environnement. C'est en effet un moyen d'attirer l'attention maternelle et de partager avec elle le plaisir de l'échange oral phonatoire, dont on saisit qu'il n'est pas sans lien avec le don de nourriture et les intentions qui y président. Le plaisir des mots sera un succédané du plaisir partagé du sein.

1. Cette éventualité est hélas fréquente. Les mères ne sont pas assez aidées matériellement dans les premiers mois de la naissance de l'enfant.
2. Allusion aux enregistrements de la voix de la mère qui sont censés suppléer à l'absence de celle-ci.

À partir de 8-10 mois, apparaît l'écholalie, c'est-à-dire la capacité pour le nourrisson de répondre à son interlocuteur par une sorte de musique ou de mélopée imitant la phrase ou le dernier mot qu'il vient d'entendre. L'écholalie est une imitation passive ; elle a valeur de communication implicite, de partage de plaisir, mais le nourrisson ne met pas nécessairement de sens sur ce qu'il répète. Au moins en perçoit-il la tonalité affective. La persistance de l'écholalie au-delà de 2 ans et demi prendra une signification pathologique.

1.2. Le langage

Le passage du prélangage au langage s'organise autour de la disparition du babillage et de l'apparition du premier mot. L'on s'aperçoit que le premier mot survient dans une expression écholalique. Le sens qui va lui être donné dépendra de celui que l'environnement lui accorde.

Le premier mot apparaît généralement autour de 11 mois. Il serait plus précoce selon certaines mères. Les observations objectives ne le prouvent pas. Vers 12 mois, l'enfant a, en moyenne, acquis de 5 à 10 mots, dont il sait particulièrement faire usage : « tiens, donne, papa, maman, dodo ».

Entre 12 et 18 mois, apparaissent les « mots-phrases » (Marcel Cohen), ou « les mots condensations », c'est-à-dire des mots monosyllabiques redoublés (ex : toto ou popo) ou bisyllabiques (pato ou tapo etc.) dont la signification dépend du contexte gestuel et mimique. Par exemple toto peut vouloir dire « j'entends une auto » ou pato signifie « papa est parti en auto » : le sens de ces mots phrases pouvant se décliner différemment selon les circonstances dans lesquelles ils sont prononcés.

Autour de 18 mois, l'utilisation de ces mots-phrases laisse place aux premières combinaisons de deux mots, c'est-à-dire à l'apparition des premières phrases. « Pati maman », « dodo bébé ». C'est l'époque de l'apparition de la négation soit sous la forme du « non », soit sous la forme du « pas » : « pas pati, pas dodo » etc. Spitz en fait le troisième organisateur du psychisme, à savoir le moment où l'enfant devient capable de s'opposer à l'autre en s'identifiant à l'adulte interdicteur.[3]

Le développement ultérieur du langage dépend beaucoup de la richesse et des plaisirs des échanges à cette époque du développement. De la stimulation langagière, de la diversité du vocabulaire, c'est-à-dire de la qualité du bain de langage, mais surtout, du plaisir pris ensemble dans le jeu des mots, dépendra l'évolution suivante.

3. On lira avec intérêt les travaux d'Éd. Pichon sur « La signification psychologique de la négation en Français ».

Entre 2 et 5 ans, l'évolution du langage est marquée par l'apparition du je (3 ans) et, non seulement par un enrichissement considérable du vocabulaire, mais par l'acquisition de la syntaxe. L'accès au langage se caractérise par un abandon progressif du « parler bébé », et par une assimilation progressive des structures du langage de l'adulte, dans l'ignorance, souvent, du sens des expressions.

L'apparition du « je » est l'étape essentielle de l'accession au langage, après que l'enfant se soit désigné par son prénom ou par « moi ». C'est un temps où la conquête de l'identité s'objective dans l'expression verbale. Le « je » témoigne de la capacité de l'enfant de se percevoir comme une personne distincte.

L'enrichissement du vocabulaire est en corrélation avec la qualité culturelle et affective de l'environnement : échanges verbaux adaptés, lecture d'histoires etc. Avant 5 ans, un enfant peut maîtriser jusqu'à 1 500 mots, sans toujours en savoir le sens exact, au point qu'il sera quelquefois amené à les expérimenter de manière répétitive pour qu'on lui en confirme l'exactitude.

À partir de 4 ans, l'acquisition de la syntaxe permet à l'enfant de préciser son expression. Il utilise aisément les subordonnées et, son rapport au temps (hier, demain, présent, futur) s'étant naturellement installé, il use désormais d'un langage explicite, c'est-à-dire qui se passe de tout accessoire instrumental (imagé ou gestuel).

De l'acquisition du langage oral dépendront, dès l'entrée à l'école, et l'apprentissage de la lecture et celle de la langue écrite. La pauvreté ou les défauts de langage inscrivent d'emblée l'enfant dans une situation d'échec dans la mesure où il peut ne pas comprendre les mots qui lui sont adressés, ou bien parce que ceux-ci ne sont pas investis comme outils de la communication. L'enfant reste ainsi en marge du groupe et vit des blessures narcissiques qui l'engagent dans le cercle vicieux de l'exclusion et simultanément souvent, de la violence.

Ce développement ne va pas de soi, en ce sens qu'il suppose d'une part, un ou des interlocuteurs qui se placent au niveau du bébé, qui ont envie de communiquer avec lui, d'autre part, un contexte dans lequel l'expression vocale et le langage sont valorisés comme outils de communication. L'enfant qui babille ne babillera pas longtemps s'il ne lui est jamais répondu. L'émerveillement des parents devant l'usage du « dire » de l'enfant est une condition nécessaire à l'investissement du langage par celui-ci. Ceci n'est cependant pas suffisant en ce sens qu'il existe des conditions « latentes » d'apparition du langage qui se résument dans la disponibilité inconsciente des parents à faire advenir « un sujet parlant ».

2. Les fonctions du langage

2.1. L'accession au langage

L'accession au langage va d'abord témoigner de la possible désignation de l'objet autant que son évocation. Nommer l'objet représente un profond changement pour l'enfant jusque-là impuissant à soulager ses propres besoins et incapable de solliciter de l'aide. La nomination est un acte qui permet de présentifier l'objet lorsqu'il n'est pas là et de continuer de le faire exister. « Pati papa » est l'expression d'une représentation qui compose avec l'absence. Le langage, en ce sens, mettra progressivement fin à l'impuissance de l'enfant. Mais, plus profondément, le langage vient rendre compte de l'inscription dans l'altérité (on ne parle pas pour soi tout seul) et se révèle le témoin de l'intersubjectivité.

Lacan dira que l'enfant ne sait pas ce qu'il dit dans ce qu'il énonce, soit selon Joël Dor, « *que l'enfant accède au langage en ne sachant pas ce qu'il dit dans ce qu'il parle* ». Ceci est juste : l'enfant s'accroche au signifiant plus qu'au signifié et nous avons tous des exemples qui illustrent le fait : Il n'est même pas besoin de recourir à la barbarie « de vos entrailles » qui put faire de Jésus le fruit d'un arbre tropical et mystérieux ; il est des mots plus familiers qui ne reçoivent un sens apparemment partageable qu'après avoir vécu des destins presque aussi exotiques. Je pense au « chauffard du dimanche » qui dans l'esprit d'un enfant était l'homme du week-end qui se chauffait au soleil de la campagne, ou à cet « amouraché » dont le petit frère me disait qu'il était triste parce que « son amour était cassé » (amour et arracher). Néanmoins, l'enfant qui parle, lui, sait ce qu'il dit, même s'il nous met au défi de le comprendre.

L'accession au langage du petit d'homme ne se fait pas, en effet « ex nihilo », et ce qu'il dit porte la marque de l'autre et des messages verbaux et non verbaux qu'il a reçus de cet autre depuis l'orée de sa vie. Les premières représentations, celles du corps et celles de l'autre sont ainsi maillées, pour chacun d'entre nous, dans les signifiants maternels qui tissaient les premières relations, les premiers jeux d'échange et de partage. L'autre, c'est celui de la séduction que l'enfant inclut dans son propre système[4]. Laplanche développera, à ce sujet, pourquoi les messages de l'adulte sont « *simultanément et indissociablement énigmatiques et*

4. Laplanche J. « Ponctuation », in *Le Primat de l'Autre en psychanalyse,* Paris, Champs, Flammarion, 1997.

sexuels, en ceci qu'ils ne sont pas transparents à eux-mêmes, mais compromis par la relation de l'adulte à son propre inconscient, par les fantaisies sexuelles inconscientes mobilisées en lui par sa relation à l'enfant ».[5] Cette séduction des origines qui imprime dans la psyché la trace de l'autre et ainsi la contraint, ne condamne pas pour autant le langage à n'être qu'un leurre. Tout au plus marque-t-elle l'infirmité de tout locuteur « partiellement étranger » à l'autre autant qu'à lui-même. Car ce que disent les mots échappe toujours en partie au locuteur, ignorant de la trame langagière sur laquelle s'est édifié son propre discours.

2.2. Langage et partage symbolique

Le langage est donc avant tout, un outil de communication avec les autres et avec soi-même. Il s'inscrit dans un système d'échanges informatifs, explicatifs, rationnels et affectifs qui en illustrent tous les usages. Ceux-ci ne sont indépendants, ni du développement intellectuel, ni de la maturation pulsionnelle.

En ce qui concerne le développement intellectuel, il est admis que dans celui-ci, l'accession à la fonction symbolique conditionne le niveau de langage. Les carences de la relation mère-enfant et la pauvreté linguistique de l'environnement sont assez systématiquement à l'origine de stases dans l'acquisition du langage par l'enfant, qui reste fixé à « des expressions toutes faites », stéréotypées. L'enfant carencé manque de mots pour décrire les situations dans lesquelles il est impliqué ou pour dire ce qu'il ressent. Les mots peuvent désigner des choses mais celles-ci semblent ne pas faire l'objet d'une pensée, c'est-à-dire d'un investissement réflexif ou spéculatif. L'état des lieux semble s'imposer une fois pour toutes et si les mots ne l'intéressent pas, c'est parce qu'il ne tire pas de plaisir à faire d'une expression fonctionnelle une expression personnelle. Il ne cherche pas à comprendre le sens des mots nouveaux parce que ceux-ci n'ont jamais fait l'objet d'un échange « nourri ». Ils n'ont jamais été que des instruments opératoires. Les distorsions du lien affectif ayant, de plus, généralement compromis l'intégration de la temporalité (présent, passé et futur ne sont pas distincts), la syntaxe demeurera imprécise. Chez ces enfants, la description minimale de leur activité quotidienne par exemple, reste problématique. Ces prérequis affectifs ne rendent cependant pas caduc l'impact, sur le langage, de la triangulation.

5. Laplanche J., *op. cit.*, p. XXXI.

Il n'y a, en effet, pas de langage possible sans tiers séparateur du corps à corps mère-enfant. Le langage est le relais de la communication sensorielle qui existe naturellement entre la mère et son bébé et il rend compte de la place faite à l'autre, au père, au code, au symbolique. Là où cette place est défaillante, point de langage ; au mieux des mots creux qui ne s'adressent à personne.

En fait, l'introduction de l'enfant dans le langage implique, avant l'acquisition de la fonction symbolique, celle des systèmes pré-symboliques, sur lesquels quelques analystes ont vigoureusement mis l'accent. La notion « d'originaire » chez Piera Aulagnier, par exemple, ou celle de « fonction alpha » chez Bion, témoignent de cette recherche. Il s'agit de fonctions préliminaires à l'émergence du sens dont celui-ci ne peut faire l'économie, dans la mesure où tout ce qui est du processus primaire (du fantasme) et du processus secondaire (dans l'énoncé) en est héritier.

La mise en place des processus secondaires, l'accès à l'énonciation, dépendent essentiellement de la capacité de contention des fantasmes, de la mise en place du principe de réalité, et de l'appropriation du corps, objet et lieu du désir. Or ceci n'advient que si le tiers séparateur éloigne l'enfant du sein maternel et lui permet l'accession à un espace de pensée indemne d'intrusions contaminatrices.

3. Clinique des troubles du langage

Il serait hasardeux de considérer que tous les troubles de la parole et du langage n'admettent qu'une étiologie psycho-affective et relèvent d'une prise en charge psychanalytique. Certains se déclinent sur le versant phonologique (perception et réalisation des éléments de base = retard de parole) ou phonétique (production des sons). La psychopathologie du langage (conséquences relationnelles ou scolaires) apparaît alors comme secondaire et son traitement ne peut faire l'épargne d'une rééducation instrumentale.

Nous n'évoquerons ici que les dysphasies et le bégaiement, dans lesquels les facteurs psychologiques et affectifs sont prépondérants.

3.1. Les dysphasies

Le terme de « dysphasie » apparaît dans les travaux d'Ajuriaguerra. Il recouvre un grand nombre de difficultés, allant du retard simple du langage aux altérations majeures, jusqu'à l'absence totale de langage persistant audelà de 6 ans.

Le retard simple de langage qualifie un retard non lié à une insuffisance mentale, ni à une surdité profonde, ni à une organisation psychotique. Les perturbations du langage concernent la structure de la phrase et son organisation syntaxique, mais il peut aussi se manifester au niveau de l'expression : l'ordre des mots de la phrase n'est pas correct, les phrases restent rudimentaires, les pronoms sont mal utilisés, les liaisons (conjonctions, articles) sont en général absentes. Les mots peuvent être déformés ou les verbes, employés à l'infinitif. Généralement, la compréhension du langage est bonne. Encore faut-il se donner les moyens de l'explorer convenablement chez le jeune enfant, ce qui n'est pas toujours facile. Sur le plan clinique, on pointera l'anomalie, si les premières phrases ne sont pas apparues avant 3 ans, ou si à partir du moment où l'enfant se met à parler, les progrès ne sont pas très rapides. Il existe en effet des cas où l'apparition du langage est tardive, (soit en raison d'un trouble dépressif de l'enfant, soit parce qu'il n'est pas sollicité) mais où l'on peut constater que le langage était acquis bien avant, à travers, par exemple, ce que l'enfant sera capable de décrire d'expériences ou d'événements antérieurs. Dans ces cas, le retard se comble très rapidement. Lorsque le retard et les perturbations sont importants, il est rare que l'évolution soit franchement positive même si l'on met en place une psychothérapie, une stimulation et un enrichissement progressifs. Il n'est pas aberrant de penser qu'il existe « une période féconde » concernant l'apparition du langage (1-4 ans) et qu'en dehors de cette période, le retard se comblera difficilement, sauf exception. Un enfant qui n'a pas acquis les structures syntaxiques à 5 ans risque de n'y accéder que sur un mode déficitaire.

Un enfant dysphasique est un enfant qui privilégie au langage d'autres formes de communication, essentiellement motrices ou somatiques. Pour exprimer ses affects, sa colère, mais aussi son plaisir, son angoisse ou son exaltation, l'enfant qui n'a pas les mots utilise son corps. Il agit ses émotions dans une expression qui n'est plus codée et qui ne peut faire l'objet d'un échange et d'un partage. Pour moins évidente qu'elle soit, l'expression somatique peut aussi traduire cette impossibilité à recourir aux mots pour dire ce qui fait souffrir.

Il ne faut pas compter sur l'école maternelle pour combler les retards de langage. Une rééducation s'impose toujours, associée à une prise en charge psychothérapique d'autant plus nécessaire que les éléments dépressifs ou abandonniques sont au devant du tableau. Lorsque le retard de langage est associé à des troubles de la compréhension, le pronostic est plus réservé.

L'apparition du langage implique, comme on l'a vu, un « bain » favorable, qui associe la richesse qualitative et quantitative de l'échange verbal au plaisir de la communication. Les retards de langage signent la carence des échanges verbaux avec l'environnement et l'absence de besoin d'échanges, ce que Pichon qualifiait « d'appétence langagière ». Il est vrai que ces retards sont plus fréquents dans les milieux socio-économiques défavorisés, qui sont parfois des groupes linguistiquement pauvres, mais ce n'est pas généralisable. Pour Diatkine, l'approche psychopathologique des retards de langage doit tenir compte de deux ordres de facteurs : les premiers concernent ce qui s'est passé au moment où le langage aurait dû apparaître ; les seconds concernent ce qui s'est réorganisé chez l'enfant et dans son environnement parce que le langage n'est pas acquis. La procédure est donc complexe et dans tous les cas, il faut se garder de jugements rapides, dans la mesure où les retards de langage ne qualifient pas une structure psychique « une ».

Dans les cas de retards simples imputables à une distorsion du lien mère-enfant soit en raison d'une dépression maternelle, soit en raison d'une « anorexie verbale » du couple, la prise en charge peut avoir intérêt à associer la mère et l'enfant pour tenter de restaurer la complicité d'échange ou la présence du tiers qui ont jusque-là failli.

3.2. Le bégaiement

C'est un trouble du débit élocutoire et non du langage, qui est dit *tonique* lorsqu'il y a blocage et impossibilité d'émettre un son pendant un temps donné, et qui est dit *clonique* lorsqu'il est caractérisé par la répétition involontaire, saccadée et explosive d'une syllabe ; en fait ces deux types de bégaiement ne sont pas aussi aisément identifiables et coexistent fréquemment. Ce trouble concerne environ trois fois plus de garçons que de filles et se rencontre chez 1 % des enfants. Il est souvent associé à des tics ou mouvements de la face ou des mains, parfois des membres inférieurs, et s'accompagne de manifestations physiologiques : rougeurs, moiteur des mains.

Il apparaît généralement entre 3 et 5 ans mais peut survenir plus tard dans l'enfance ou à l'adolescence. Il est à distinguer de ce qu'on appelle « le bégaiement physiologique » qui survient vers l'âge de 3 ans, et qui est une phase de répétition de syllabes, lequel est transitoire et disparaît naturellement. 50 % des bègues ont présenté un retard de langage ou de parole (Dugas).

Les examens neurophysiologiques ne permettent pas d'identifier une anomalie fonctionnelle à l'origine du bégaiement. Au contraire, la variabilité de celui-ci en fonction du moment de la journée, de l'état du locuteur ou de la qualité de l'interlocuteur semble faire la preuve de son étiologie psycho-affective. Pour Ajuriaguerra, « *le bégaiement est d'abord et essentiellement un trouble de la communication orale, individuelle, un trouble de la relation* ».

L'examen psychologique du bègue met souvent en évidence des traits névrotiques. La personnalité étant organisée soit autour d'une contention de la vie émotionnelle, de la répression des affects agressifs et sexuels, soit autour d'une expression plus labile de la vie émotionnelle qui reste instable, souvent factice et puérile. Sur le plan psychanalytique, les travaux de Fenichel situent le bégaiement entre l'hystérie de conversion et la névrose obsessionnelle, mais Anzieu évoque qu'il peut se rencontrer dans le contexte d'une organisation paranoïde que le sujet structure par des défenses obsessionnelles dans son discours, et par des défenses hystériques dans la forme manifeste de son élocution. Marcelli cependant estime que l'approche psychopathologique du bègue implique non seulement la personnalité du bègue mais aussi son environnement.

L'environnement du bègue met au devant de la scène des mères caractérisées de surprotectrices ou de distantes, de peu chaleureuses ou d'étouffantes. Ici, comme pour bien d'autres symptômes, la typologie maternelle n'épuise pas le sujet. Il est évidemment nécessaire de comprendre la problématique de l'enfant qui en est victime. Les recherches actuelles tentent de mettre en évidence une distorsion de l'interaction mère-enfant de telle manière que la distance qu'introduit la communication langagière n'aurait pu être tolérée ni d'un côté, ni de l'autre. L'angoisse de l'enfant serait exacerbée en face d'une relation distancée de sa mère et de ce fait, le maintiendrait dans l'incapacité d'exprimer, à son égard, hostilité ou agressivité. La mère serait ambivalente et peu sûre de souhaiter prendre de la distance. Le père, idéalisé, ne jouerait pas son rôle séparateur. Le bégaiement serait ainsi une défense contre le risque de symbiose.

Le bégaiement peut spontanément disparaître. Néanmoins, compte tenu de la gêne ultérieure qu'il pourrait entraîner dans les relations, il mérite une prise en charge immédiate. L'évolution est favorable lorsque le traitement concerne des enfants de 5 à 7 ans. Les prises en charge d'enfants de plus de 10 ans sont extrêmement difficiles et leurs résultats incertains.

On peut se demander si la thérapie familiale ou éventuellement la thérapie mère-enfant, visant à réinstaurer une distance susceptible de laisser advenir une élocution ne compromettant pas le discours dans son contenu (en particulier l'expression d'affects agressifs), ne serait pas une indication à travailler. Il est vrai que les thérapies d'enfants bègues sont ingrates et que les psychanalystes, à ce jour s'y sont assez peu investis.

Les troubles du langage chez l'enfant mériteraient d'autres développements. Bien qu'ils soient imputables aux inadéquations du lien mère-enfant, cette hypothèse n'épuise pas le sujet (inadéquation de quel type ? quelle est la problématique maternelle ? quel est l'espace identificatoire dans lequel se développe l'enfant ?) On retiendra que leur retentissement sur le développement de l'enfant et sur les acquisitions secondaires nécessite assez systématiquement l'intervention de rééducateurs instrumentaux. La psychothérapie est indiquée lorsque les troubles névrotiques sont au devant du tableau. Nous insistons sur le fait qu'il n'est pas recommandé de faire l'impasse sur les rééducations orthophoniques, au principe que le trouble est psycho-affectif. Les outils que fournit une rééducation instrumentale permettent souvent de diminuer l'incidence des troubles du langage sur le développement ultérieur et il serait dommageable à l'enfant de l'en priver.

CHAPITRE XI

Les troubles psychomoteurs. Le corps dans la relation à l'autre, à l'environnement, à soi-même

1. Généralités : Le corps et le développement moteur

La place du corps et de la motricité dans le développement du sujet psychique pourrait susciter quatre mises en perspective : d'une part, celle qui consiste à voir comment le corps est engagé dans l'action, depuis l'initiative de celle-ci jusqu'à son achèvement (stratégie pour atteindre le but ; harmonie du mouvement) ; d'autre part, celle qui consiste à voir la façon dont le corps est engagé dans sa relation à autrui : attitude, posture, mimiques, sous le regard de l'autre ; celle qui consiste à voir comment l'enfant vit son corps lorsqu'il n'est pas sous le regard d'autrui, mais dans une relation à lui qui n'impliquerait que lui-même (et l'autre imaginaire). Enfin, on sera sensible à la manière dont le corps se substitue aux mots, à la parole pour exprimer ce qui ne peut pas être dit. Nous n'épuiserons pas ici ces sujets.

Les mamans savent que les bébés en naissant apportent avec eux « un état du corps » qui les accompagnera tout au long de leur vie. Certains bébés sont ainsi très toniques, immédiatement « bandés » lorsqu'ils réclament une tétée ou se laissent changer ; d'autres, sans manifester nécessairement d'anomalie du tonus, restent « mous », petites choses passives qui semblent attendre pour s'exprimer qu'une stimulation externe les atteigne. Cette différence d'équipement, « d'état tonique de fond », dont on sait depuis Wallon qu'elle est en mesure d'instaurer, avant la parole, un dialogue avec l'environnement, va partiellement déterminer la qualité de l'expression, de la motilité et de l'harmonie du geste.

Trois ordres de facteurs président au bon développement psychomoteur :

– L'intégrité des diverses voies motrices (pyramidales, extra-pyramidales et cérébelleuses),

– L'intégration du schéma corporel, c'est-à-dire du corps fonctionnel,

– Enfin la constitution du corps érotique, emblématisé par la notion d'image inconsciente du corps ou de représentation du corps.

À partir de cette dernière notion, nous envisagerons d'abord les conditions d'un développement psychomoteur normal pour aborder les troubles des fonctions psychomotrices dont les tics, la maladresse ou débilité motrice et l'instabilité psychomotrice. La question de l'inhibition motrice a été évoquée dans le chapitre des symptômes névrotiques de l'enfant.

Nous excluons de ce chapitre, comme nous l'avons fait dans ce manuel, les troubles provenant d'atteintes organiques manifestes. Non pas que ceux-ci se dérobent à une approche psychopathologique, mais parce que celle-ci n'est pas systématisable et doit tenir compte des retentissements de l'atteinte lésionnelle sur l'organisation psychique et son développement et sur l'environnement et la qualité des liens mère-enfant. Pour reprendre Ajuriaguerra, nous précisons que nous n'envisagerons que « *les désordres psychomoteurs (lesquels) ne répondent pas à une lésion en foyer comme dans les syndromes neurologiques classiques. Ils ne présentent pas les caractéristiques de dérèglement d'un système défini, ils sont chez un même individu, intimement liés aux afférences et aux situations* ». Ces désordres psychomoteurs ne mettent donc pas en question l'intégrité du corps physique, mais, pour dire les choses de manière imagée, la façon dont il est habité.

2. Pour une définition du corps

De quoi parlons-nous quand nous parlons du corps : du corps somatique, de sa représentation, de son image inconsciente ? Il n'est pas certain que l'on puisse spécifier aujourd'hui cette question sans avoir tenté de nous interroger sur le statut du corps dans « nos cliniques ». Est-il, pour les uns, le lieu d'expression d'une parole et objet d'interprétation, ou au contraire, concept que la théorie nous fait rencontrer régulièrement mais que nous n'aurions pas intérêt à définir ? Est-il pour les autres une machine neuro-biologique propre à produire des comportements et des émotions, ou plus simplement l'image que nous avons de l'autre, de notre interlocuteur ?

Nous postulons qu'il s'agit :

– D'une réalité organique dont la continuité, la vie, dépend de la satisfaction de « besoins » identifiables.

– D'un ensemble bio-physiologique qui fonde la vie psychique (pas de pensée sans cette réalité organique).

– D'une représentation (l'image du corps) qui intègre les réalités précédentes et permet, grâce à sa qualité libidinale, l'interlocution avec l'autre et avec le monde.

2.1. L'image du corps

La notion est désormais familière à tous les cliniciens. Avant Lacan, Henri Wallon en avait fait usage[1], décrivant les étapes de sa constitution (le corps propre), qui sont celles que reprend Lacan dans le stade du miroir. « *La notion de corps propre ne se constitue pas comme en compartiment clos. Par chacune de ses étapes, elle relève des procès de la psychogenèse : elle en est un cas particulier.*[2] »

On a reproché à H. Wallon son « psychologisme ». Rendons-lui l'hommage d'avoir montré la fécondité de l'observation de l'enfant, de son développement normal et la place du « corps propre » dans l'activité ultérieure du sujet psychique.

L'image du corps est plus tard une notion reprise par Dolto qui s'emploie à en faire le concept central de sa théorie du développement du sujet. Elle la différencie du schéma corporel, qui est, en principe, le même pour tous, en partie inconscient, mais aussi préconscient et conscient. « *L'image du corps, par contre est propre à chacun, elle est liée au sujet et à son histoire. Elle est éminemment inconsciente ; elle est la synthèse vivante de nos expériences émotionnelles et peut être considérée comme l'incarnation symbolique inconsciente du sujet désirant.*[3] ».

De la constitution de cette image du corps nous avons à dire. C'est dans les premiers contacts peau à peau, mot à mot avec la mère qu'elle se constitue, dans l'alliance narcissique de l'orée de la vie où l'enfant peut se sentir dépositaire du désir de ses parents, ou mandaté par eux. L'image du corps est faite des traces sédimentées de toutes les expériences relationnelles[4] (érotisées) des premières années qui ont imprimé, dans la réalité corporelle de l'enfant l'amour qui les motivait, la vertu tutélaire dont elles étaient porteuses. Il peut arriver que cette image du corps ne se structure pas ; que l'alliance des premiers temps ne se passe pas bien et que la mère désinvestisse son petit, peut-être parce qu'elle ne le comprend pas. Il peut arriver alors que cette non-structuration se corrige, plus tard « *par le tru-*

1. Wallon H. *Les origines du caractère chez l'enfant,* Paris, PUF, 1949, Chap. V.
2. « *Mais par l'époque de sa formation, elle devance les autres, car il n'y en a pas qui soit, comme elle, au confluent des besoins intéroceptifs et des rapports avec le monde extérieur, ni plus indispensable aux progrès ultérieurs* ».
3. Dolto F. *L'image inconsciente du corps*. Paris, Seuil, 1984.
4. Cf. la notion d'étayage chez Freud.

chement de repères sensoriels et la complicité affective avec quelqu'un qui l'aime. » L'image du corps est donc une affaire d'amour portée par les mots, car si « *le schéma corporel réfère le corps actuel dans l'espace à l'expérience immédiate, il peut être indépendant du langage* » alors que l'image du corps implique le sujet du désir dans une relation à ces logiques de satisfaction et à sa jouissance. « *L'image du corps est toujours inconsciente, constituée de l'articulation dynamique d'une image de base, d'une image fonctionnelle, et d'une image des zones érogènes où s'exprime la tension des pulsions.* »[5]

La notion d'image du corps, à laquelle nous préférons celle de « représentation inconsciente du corps » parce qu'elle prend mieux en compte la complexité, la densité, l'épaisseur d'un tel objet, parce qu'elle est intemporelle et pourtant actuelle, travaillée par les moments structurants de développement, est extrêmement féconde dans la clinique de l'enfant, dans la mesure où on peut en faire le porte-parole de pathologies qui résistent à se laisser prendre au piège de la nosographie.

Quelques remarques cependant : La construction d'une bonne image du corps, son édification, impliquent du plaisir croisé, du « jouir » comme dit l'auteur. Je suis tentée de penser qu'elle nécessite surtout le dessin très précoce (par la mère) d'un espace potentiel de liberté pour l'enfant. « La représentation inconsciente du corps » qu'édifiera l'enfant est certes contrainte par les épreuves du développement et en particulier par la séparation du sein maternel et l'intervention du tiers (la castration), mais elle est essentiellement induite par le désir maternel et la place que celui-ci fait à « l'infans ». Cette représentation se maille dans le langage de la mère dans lequel se love le corps du bébé jusqu'à s'en faire quelquefois le porte-parole.

Sur l'importance de ce rapport langagier, Dolto a beaucoup insisté : « *S'il n'y a pas eu de paroles, l'image du corps ne structure pas le symbolisme du sujet mais fait de celui-ci un débile idéatif relationnel* » ; et d'ajouter : « *Dans ce cas, il y a tout de même de l'image du corps, mais tellement archaïque, image sensorielle fugace, floue et sans mots pour la représenter qu'il n'y a pas possibilité de communiquer avec une personne* »[6]. Il faut ici, cependant noter, que c'est moins l'absence de « parole » qui est en question, bien qu'on en connaisse l'importance, que l'absence de langage émotionnel, sensoriel, celui qui infiltre tous les soins donnés aux bébés et qui est en mesure de dire le plaisir.

Pour conclure enfin : ce qui concerne « la représentation inconsciente

5. Dolto F., *op. cit.*, p. 23, 24.
6. Dolto F., *op. cit.*, p. 41.

du corps » n'est pas prescriptible. Tout au plus peut-on, dans l'accompagnement des pathologies du lien précoce mère-enfant, veiller à ce que les soins soient investis dans le plaisir, qu'un échange puisse exister dans le jeu, la parole, au cours et en dehors des périodes « fonctionnelles » (alimentation, hygiène, coucher). De même, l'usage que l'on fera de cette notion n'est pas nécessairement diagnostique, parce qu'elle ne se laisse saisir (sauf intuitions fulgurantes) que dans un processus psychothérapique investi. Il n'empêche que « la représentation inconsciente du corps », dont l'enfant peut nous donner quelques indices à partir de ses dessins, de ses moulages ou de ses jeux est d'un grand intérêt pour suivre son développement et repérer les conflits qui pourraient problématiser son évolution pulsionnelle : image morcelée du psychotique, images aberrantes par exemple, de ceux qui n'arrivent pas à intérioriser leurs limites.

3. Les troubles moteurs

3.1. Les tics

Les tics consistent en gestes brusques, soudains, involontaires et qui apparaissent comme la reproduction stérile d'un mouvement sans nécessité objective. Charcot disait qu'il s'agissait de « la caricature d'un acte naturel ».

Les tics de la face sont les plus fréquents, tics des paupières, de la bouche, de la langue ; tics de la tête et du cou, (rotation), des épaules (haussement). Les mouvements des mains, des pieds ou du tronc tout entier y sont fréquemment associés. Les tics respiratoires (souffler, toussoter, se moucher) ou phonatoires (bruits divers, sons inarticulés, gloussements, quelquefois aboiements) sont moins fréquents.

Tous ces tics peuvent être isolés ou associés, éventuellement rester semblables ou se modifier. Ils n'apparaissent généralement pas avant 6-7 ans. Ils intéressent toujours un muscle ou un groupe de muscles ayant une fonction dans la relation aux autres et la communication. Il arrive quelquefois que le tic succède à une phase de tension chez le sujet et survienne comme une sorte de décharge qui va le soulager. Le « tiqueur » éprouve souvent honte et culpabilité, sentiments qui peuvent être renforcés par l'environnement.

M. Mahler distingue les tics transitoires, passagers, généralement réactionnels à un événement actuel (naissance d'un puîné, séparation, rentrée des classes), les tics comme conduite plus ou moins réactionnelle, en voie d'intériorisation et de mentalisation et les tics symptômes d'une organisation névrotique. La deuxième catégorie expliquerait que le tic soit un mouvement incomplet, avorté, la séquence psychique étant en voie de relayer la séquence physique (Houzel et Mazet). Le fait qu'un mouvement habituel devienne de plus en plus involontaire et automatique peut être la marque de l'intériorisation du conflit lié à la consolidation du surmoi.

Il est habituel de considérer les tics comme renvoyant à une problématique anale, ou s'inscrivant, au même titre que certains symptômes compulsifs ou conjuratoires (les rites), dans une problématique névrotique de type obsessionnel (avec éventuellement des traits de caractère obsessionnel). La signification des tics n'est cependant pas univoque. S'il est relativement fréquent de relever des traits obsessionnels associés, la signification du tic dépend en fait de l'âge où il s'est installé. Ainsi, sur les tics réactionnels et transitoires peuvent se greffer d'autres conflits, qui, sans le faire disparaître, ne renverront tout de même pas à sa signification initiale.

Sur le plan psychopathologique, on voit donc apparaître les tics dans des tableaux névrotiques, soit obsessionnels (l'enfant est souvent agressif, passif et opposant, et le contact n'est pas facile), soit hystériques (en particulier dans les hystéries de conversion) ; le tic peut succéder à un accident, une opération chirurgicale et tenter de symboliser un conflit affectif refoulé ou, ce qui, de la castration, n'a pas été élaboré. Enfin les tics peuvent survenir chez des enfants présentant des troubles graves et complexes de la personnalité, pouvant évoquer la psychose.

Profondément, le tic renvoie à des reliquats prégénitaux qui compromettent l'installation ultime dans l'ordre de la castration et de la conquête de l'identité. En fait, le tiqueur fait signe pour se débarrasser de ce qui gêne cette inscription. On pourrait évoquer ici ce que Dolto dit de la castration primaire, c'est-à-dire de l'intégration mentale consciente des lois éthiques orales et anales, interdisant le cannibalisme, le vandalisme, le meurtre. Le tic, quelle que soit la structure psychique à laquelle il est rattaché est un moyen d'affirmer, dans un corps insuffisamment unifié, l'existence d'un sexe et d'une identité sexuée qui se cherche.

3.2. La maladresse et la débilité motrice

La maladresse n'est pas la débilité motrice. Cliniquement, dans la première, il n'apparaît pas de syncinésies. Néanmoins nous pensons qu'il est utile de rappeler, sur un mode différentiel, ce qu'est la débilité motrice, dans la mesure où cette notion a connu une extension non maîtrisée et qu'elle couvre encore quelquefois aussi bien des troubles psychomoteurs mineurs que des troubles neurologiques (chorée, ou bégaiement, tics ou instabilité).

La débilité motrice est une entité qui a été isolée en 1911 par Dupré et qui associe :

– *Une maladresse de la motilité volontaire*, avec des gestes pataudes, lourdauds peu gracieux.

– *Des syncinésies,* c'est-à-dire des mouvements diffusants à des groupes musculaires généralement non concernés par le geste impliqué.

– *Une paratonie,* laquelle se caractérise par l'impossibilité d'obtenir un relâchement musculaire. (en tout cas, ce relâchement est très difficile à engager). On conçoit qu'il s'agisse d'un obstacle à la motilité souple et harmonieuse. Pour Dupré, cette *débilité motrice* traduit un processus d'arrêt du développement du système pyramidal. Pour cet auteur, il s'agissait donc d'un syndrome d'origine organique. Il n'est pas possible de rapatrier dans le domaine psychopathologique, ce qui, à l'origine porte la marque théorique d'une atteinte organique. Nous abandonnerons donc cette notion pour privilégier celle de « maladresse » laquelle me semble moins ambiguë pour décrire ces troubles du comportement moteur qui gênent le développement harmonieux de l'enfant.

Chez ces enfants, dont les plus maladroits sont les *dyspraxiques*, la latéralisation est souvent déficiente. Les notions de droite, de gauche, de devant, derrière, dessus, dessous ne sont pas solidement intégrées, ce qui conjugue des troubles de la structuration spatiale à ceux du schéma corporel.

On constate en effet que chez ces enfants le corps propre et les rapports des différentes parties de celui-ci entre elles ne sont pas connus. L'enfant ne peut imiter facilement les gestes simples qu'on lui propose. Il n'est pas toujours en mesure de dénommer les parties de son corps ; le dessin d'un bonhomme n'est pas aussi complet que ce que l'âge de l'enfant laisserait attendre.

Sur le plan relationnel les difficultés sont constantes. Il faut cependant pouvoir distinguer les difficultés originaires de ce qu'elles ont contribué à instaurer comme mode de relation à l'intérieur de la famille. Nombre de difficultés des dyspraxiques sont réactionnelles à l'intolérance de la maladresse par le milieu familial ou scolaire ainsi qu'à la difficulté pour la famille de vivre les échecs de l'enfant. Cependant, à côté de l'agitation, de l'instabilité, de l'anxiété qui troublent parents ou éducateurs, ce qui frappe, c'est l'impression que donnent ces enfants de n'être pas comme les autres, ou pour J. Bergès « de n'être pas dans le coup, mais toujours à côté de la situation présente ». Certains cliniciens ont insisté sur le tableau maniéré, bizarre ou faussement naïf de ces enfants très maladroits.

Au risque de nous répéter, mettons encore l'accent sur la qualité des premières relations mère-bébé et sur ce qui préside à l'intégration par l'enfant de son corps propre ou de ses limites. Au cours de la psychothérapie d'un enfant maladroit (8 ans) qui présentait simultanément une assez grande désorganisation interne (difficultés scolaires à se concentrer etc.) apparurent progressivement une grande angoisse (peut-être une terreur) d'être lâché et de tomber, et un besoin, dans le même temps de vérifier les extrémités de ses membres (je précise que ses dessins du bonhomme n'étaient pas sexuellement différenciés). Je suis très tentée de penser que ces dyspraxies mineures ont à voir avec l'investissement du corps sexué de l'enfant, soit que celui-ci soit d'entrée castré par la mère, soit qu'il soit contraint au cours de son développement de renoncer à toute activité auto-érotique (soit par sur-stimulation ou par contrainte externe). Les dyspraxies ou maladresses psychomotrices graves ne sont pas sans évoquer certaines inorganisations pré-psychotiques dont nous avons déjà parlé.

3.3. L'instabilité psychomotrice

C'est un motif fréquent de consultation. L'enfant est décrit comme ne se fixant pas, papillonnant, se dispersant dans ses intérêts, fatiguant l'entourage, ne tenant pas en place, touchant à tout : ce qu'il a d'ailleurs vite fait d'objectiver dans l'espace du cabinet. La consultation a souvent lieu à l'instigation d'un enseignant qui note les difficultés d'attention de l'enfant, qui se conjuguent généralement à son instabilité motrice.

Il s'agit le plus souvent de garçons (60 à 80 %).

Il faut rappeler que cette instabilité est physiologique chez les enfants de 2 à 4 ans et que cela requiert beaucoup de tolérance et de disponibilité de la part de l'environnement. On constate d'ailleurs qu'un certain nombre de parents, peu disposés à laisser cette période d'exploration de l'espace et des objets se passer sans la maîtriser, ont, à l'égard de leurs enfants des exigences aberrantes[7]. Il arrive que ces exigences portent immédiatement leurs fruits, au risque d'inhiber les processus de développement cognitifs de l'enfant, mais il est plus fréquent que l'enfant s'organise dans des conduites réactionnelles aux limitations parentales, et s'installe dans le cercle vicieux d'une « escalade agitée ».

Sur le plan clinique on peut dissocier l'instabilité motrice et l'instabilité psychique avec inattention. Ces deux formes d'instabilité sont cependant généralement associées même si l'une peut prendre plus de place que l'autre au devant du tableau.

7. Il est malheureusement des cas où ces exigences sont le fait de logements exigus, mais il me semble que les conséquences ne sont pas exactement les mêmes pour l'enfant qui mesure assez vitre la pertinence ou le sadisme de la contrainte. Certains auteurs évoquent les conditions prédisposantes de la vie urbaine. Cette hypothèse soulève des réserves.

L'instabilité peut faire partie d'un état réactionnel à une situation traumatique. Elle est alors la traduction « motrice » d'une angoisse ou d'un affect dépressif que l'enfant ne peut pas métaboliser avec d'autres outils. L'agir est à l'orée de la vie, la plus naturelle et la plus complète des expressions.

Chez d'autres enfants, elle apparaît plus isolée. L'enfant se développe plutôt bien. Il n'y a pas de difficultés majeures associées, l'intelligence est normale ; bon an mal an, les résultats scolaires ne sont pas mauvais. Chez ces enfants, il faut évoquer une intolérance de l'environnement familial à l'expression psychomotrice de l'enfant. Il faut alors tenter de permettre aux parents de reconsidérer leurs exigences pour ne pas fixer ultérieurement cette instabilité.

Parfois « l'instabilité apparaît comme le mode d'être moteur et psychologique de la personnalité de ces enfants » (Mazet). On note alors souvent d'autres troubles associés : énurésie, troubles du sommeil, difficultés scolaires, susceptibilité critique et réactions de prestance démesurées, prise de risque et tendance à la destructivité. Les troubles de l'organisation du langage, sans être massifs, sont fréquents. Il s'agit surtout d'une certaine pauvreté qui fait qu'il n'est pas utilisé dans les opérations de symbolisations. On peut noter aussi une dysharmonie dans les fonctions cognitives, en particulier dans l'acquisition de capacités d'abstraction.

La configuration familiale de ces enfants est assez typique et montre une relation mère-enfant apparemment complice, mais masquant en fait les fantasmes agressifs que la mère lui destine. Il s'agit d'une relation précocement distordue entre ces deux êtres, la mère vivant l'enfant comme un rival auquel elle est incapable de donner sécurité et assurance. On a d'ailleurs l'impression que l'instabilité de l'enfant ou son hyperactivité sont le garant de son sentiment d'existence, c'est-à-dire la seule façon de prendre possession de son corps ou de n'en point laisser la jouissance à l'autre dont on peut tout craindre. La facilité « explosive » avec laquelle cet enfant ouvre les armoires, les tiroirs, consulte vos tablettes, fait signe aux secrétaires, les sollicite, casse non-intentionnellement les jouets met, me semble-t-il, bien en évidence le besoin de solliciter ou d'explorer une mère, un sein, toujours disponibles. On peut penser qu'il est difficile pour lui d'accéder à des pensées chargées d'affects, d'en prendre conscience et éventuellement d'y répondre. C'est le corps et la motricité qui sont alors sollicités, comme ils l'étaient aux premiers jours de la vie. Ce faisant, l'enfant fuit sa pensée, ses ressentis internes et se laisse mouvoir par des désirs inconscients qui ne trouvent pas d'expression nuancée.

4. Conclusions

Ce chapitre se conclura sur la notion d'expression. La notion de motilité (ou de motricité) ne doit pas nous faire perdre de vue que ce qui meut le corps ne se restreint pas à la recherche de satisfaction du besoin. L'humanitude « subvertit[8] » cette tendance instinctuelle pour faire advenir une dynamique impliquant la recherche de plaisir et secondairement le « désir ». Le corps est l'outil et le lieu de cette transformation et la manière dont il se meut dans l'espace, dont il affronte le regard de l'autre, la manière dont il « est », reflète autant que le langage l'état de structuration psychique ou la qualité du développement. Plus l'enfant est jeune, plus le développement psychomoteur (Gesell) exprime la qualité de la structuration psychique. Le langage viendra par la suite prendre le relais de cette expression « corporelle » sans jamais cependant s'y substituer complètement. Ainsi, les agirs du corps ont-ils toujours du sens :

Lorsqu'il n'y a pas les mots, c'est le corps qui parle. C'est l'objet de toute la recherche sur les maladies psychosomatiques, qui font de celles-ci (Marty, Fain, Keissler) l'expression d'un sujet qui aurait perdu sa capacité à mentaliser. Si les mots ont besoin du corps, le corps a besoin des mots, d'une part, pour remplir l'espace d'absence de la mère, une fois le temps de l'alliance révolu, d'autre part, pour accéder à la symbolisation et au devenir humain.

8. Dejours C. *Le corps entre biologie et psychanalyse,* Paris, Payot, 1987.

CHAPITRE XII

Les troubles des fonctions cognitives

1. Généralités

Il existe, dans le domaine du développement de l'enfance, des espaces nobles et des zones que l'on pourrait appeler roturières ou de banlieues. Le langage, la mémoire, la représentation, le plaisir de penser, l'appareil à penser les pensées sont des champs vivants de recherche et d'argumentation. La question de la psychomotricité, des troubles instrumentaux, celle des premiers apprentissages scolaires semble, au contraire, peu investie. Quant à la question de l'intelligence, elle demeure « critique ». Il est vrai que, d'une part, son espace de définition fait encore problème, même si l'on admet la diversité de ses formes et de ses expressions, et que, d'autre part, son émergence n'étant pas séparable de la qualité de la structuration du sujet, c'est le contexte affectif de celle-ci que l'analyste privilégie. La « réalité » des facteurs instrumentaux et cognitifs qui participent aussi du bon développement de l'enfant, qui ne sont pas des données innées de son équipement mais qui dépendent d'un contexte relationnel particulier en ce qui concerne leur apparition et leur premier usage, est trop souvent négligée dans la clinique psychanalytique.

À ceci deux hypothèses :

– D'une part, des facteurs idéologiques qui accorderaient à l'intérêt que l'on porte aux troubles instrumentaux de révéler une conception mécaniciste ou organiciste du sujet. Iraient dans ce sens les travaux de Hartmann et de « l'ego psychology » pour lesquels les fonctions cognitives, la motricité, le langage sont les bases physiologiques de la constitution du moi.

– D'autre part, à l'inverse, une volonté de méconnaissance du rôle des « fonctions instrumentales » dans le développement de l'enfant, au principe que l'harmonie de sa vie pulsionnelle en est une condition suffisante.

Les difficultés intellectuelles de l'enfant ne sont pas, en effet, un « objet » de l'analyse, ni sa motricité, ni ses difficultés de lecture par exemple. Même si ces troubles apparaissent symptomatiques d'un développement pathologique, la prise en charge psychothérapique ne se donne jamais pour finalité de compenser les retards d'apprentissage. Cependant, si nous admettons que les instruments intellectuels que le sujet acquiert dans son enfance participent des conditions de son bon développement ultérieur, il est dommageable pour lui qu'un certain nombre de blocages, de stases, de carences liées à l'environnement ne soient pas diagnostiqués suffisamment tôt pour permettre qu'ils soient restaurés à temps. C'est ce point de vue qui motive les chapitres suivants. Le bon développement de l'enfant ne saurait sous-estimer la nécessité qu'un certain nombre d'apprentissages soient mis en place au moment où l'enfant est en mesure de s'y investir.

2. La question de l'intelligence et des troubles cognitifs

On raconte que Binet, après l'élaboration du premier test d'intelligence destiné à évaluer la capacité des enfants à suivre l'enseignement obligatoire (1905), répondit à un interlocuteur qui lui demandait « qu'est-ce que l'intelligence ? », « c'est ce que mesure mon test ». La formule est ramassée mais elle n'est pas dépassée, en ce sens que l'intelligence d'un individu dépendra toujours de l'instrument qui le mesure, lequel implique la théorie de son auteur et les objets qu'il privilégie. Il est relativement récent (Zazzo, Misès) que la capacité d'intégration sociale ou la qualité des relations inter-individuelles intègrent l'espace de définition de la notion d'intelligence, uniquement évaluée, au début du XXe à partir d'épreuves de connaissance de vocabulaire, de mémoire, de raisonnement logique ou autres items qui permettaient d'apprécier les capacités à suivre un enseignement portant sur les mêmes opérations.

Nous avons tous une représentation de l'intelligence ; nous ignorons tout de sa transmission. Nous constatons, mais nous ne pouvons pas reproduire. La clinique psychanalytique est sur ce point contrainte d'admettre qu'elle n'a prise que sur les conditions de son émergence.

Nous postulons que l'intelligence est un donné en prime du développement psycho-affectif harmonieux de l'enfant. C'est en effet « *un ensemble de fonctions qui permettent d'apprendre, d'utiliser ses connaissances, de créer, de s'adapter, d'avoir prise sur le monde et de le modifier* ». Tout être humain, dont l'intégrité neuro-physiologique est suffisante, possède potentiellement ces aptitudes au berceau (bien que l'on doive admettre qu'elles pourraient être, pour chacun, qualitativement différentes). Pour le clinicien, c'est la qualité des relations de la petite enfance, la pertinence des premiers apprentissages, la richesse du bain culturel dans lequel l'enfant va grandir qui permettront, ou non, à ces potentialités de se révéler. L'intelligence n'est donc pas la chose du monde la mieux distribuée. Des zones entières de potentialités peuvent rester en friches parce qu'elles n'auront pas été éveillées, sollicitées. Inversement, des aptitudes pourront ne pas s'exprimer parce que les conditions qui président à leur éveil auront été traumatiques, ou au minimum, source de déplaisir.

Rappelons que l'intelligence ne fait problème que dans ses manques et lorsque ceux-ci rendent difficile l'autonomisation du sujet et son intégration sociale. Rappelons aussi que si l'on sait les conditions psycho-affectives nécessaires de son émergence (et de ses déficits), on ne peut augurer ni de sa qualité ni de l'usage que l'enfant fera de ses aptitudes, ceci étant complètement déterminé par la structure de sa personnalité et par les hasards, s'ils existent, de l'existence : en d'autres termes, si le bébé n'est pas limité dans ses potentialités intellectuelles, le contexte de son développement psycho-affectif et social constitue aussi bien un bain révélateur qu'une source d'inhibitions selon les cas, et c'est sur ces points que nous pouvons intervenir.

3. L'intelligence en danger

Il est impératif d'avoir à l'esprit que toutes les souffrances infligées au bébé ou à l'enfant compromettent son développement somato-psychique et donc intellectuel (voir supra les psychoses précoces). C'est pourquoi le dépistage précoce des altérations du lien mère-enfant devrait être beaucoup mieux assuré par les pédiatres et les services de protection de l'enfance qui estiment trop souvent avoir rempli leurs contrats en contrôlant les courbes staturo-pondérales et les carnets de vaccination. Or, c'est au cours de ces premières consultations que l'on peut repérer les premiers signes de mal-être du bébé, et les insuffisances qualitatives de son environnement. Le recours au psychologue devrait être, là, systématique, pour observation et réamorçage de lignes de développement en jachère. L'enfant qui va mal se protège de tout ce qui vient de l'environnement et érige des défenses qui compromettent l'usage qu'il pourrait faire des informations et des sollicitations externes. Constater précocement le malaise permet au mieux, de le solutionner et au moins, de mettre en place des aides et prises en charge qui en atténueront les effets. Je pense ici à l'accompagnement indispensable des mamans déprimées, carencées, malades, qui ne peuvent pas, toutes seules, transmettre à leur bébé le plaisir de l'investigation, de la découverte de l'objet. Car il n'y a pas de mystère : un bébé qui n'est pas investi ne pourra pas organiser sa pensée, pas plus qu'il n'organisera sa vie pulsionnelle.

Dans le cours du développement ultérieur, ce qui me semble important n'est pas de « chiffrer » les capacités intellectuelles, mais de s'assurer que l'enfant est suffisamment nourri d'objets culturels (qualité de l'environnement) et que rien n'entrave le développement de sa curiosité et de ses possibilités, (inhibitions ou interdits de savoir).

4. L'évaluation clinique cognitive

Elle demeure indispensable afin de réduire, dans l'examen, les éléments subjectifs d'appréciation. Elle peut éventuellement se compléter d'épreuves standardisées. Elle consiste à déterminer les moyens dont use l'enfant pour parvenir à résoudre un problème donné. Elle implique la relation interpersonnelle, le dialogue, et passe éventuellement par des « épreuves » dont celles de Gesell, de Piaget, demeurent exemplaires. Nous ne reprendrons ici que la théorie de ces auteurs, laissant à chacun le soin d'en approfondir les applications.

4.1. Gesell

La recherche de Gesell à laquelle on peut associer celle de Brunet-Lézine, concerne les performances motrices[1] qui peuvent être attendues à partir de 6 mois et jusqu'à 3 ans environ. Les résultats aboutissent à l'élaboration d'un quotient de développement (Q.D.) qui n'est en aucun cas équivalent du Q.I. mais qui permet de situer le développement psychomoteur d'un nourrisson ou d'un très jeune enfant en fonction de la moyenne, et donc de repérer, de manière préventive, les retards qui pourraient compromettre l'évolution ultérieure.

Ainsi les épreuves apprécient-elles **entre 0 et 6 mois** :
– Le début de l'exploration visuelle du milieu et du corps propre.
– Le début de la préhension réflexe d'abord, en fonction du contact ensuite.
– La position assise avec appui.

1. Celles-ci témoignent de l'ouverture du bébé au monde, et, avant l'apparition du langage, de l'usage qu'il fait des outils qui sont à sa disposition.

– La préhension plus précise.
– Puis l'exploration tactile et la manipulation du milieu grâce à la préhension.
– Enfin la marche à 4 pattes.

À partir de 8 mois et jusqu'à 12 mois :
– La coordination main-bouche.
– Le début d'une plus grande mobilité et l'affinement de la préhension.
– Le début d'une autonomie avec la position debout et le début de la marche.

À partir de 13 mois et jusqu'à 2 ans :
– Le perfectionnement de l'indépendance avec l'installation de la marche et l'activité motrice permanente.
– La progression de la manipulation qui devient constructive.
– Le début du langage avec les mots phrases et les soliloques.

À 2 ans, Gesell observe l'apparition de l'ambitendance, de l'incapacité du choix, de la contradiction aussi bien que l'intérêt pour autrui.

À 3 ans enfin, apparaît une tendance à s'afficher dans le conformisme aux exigences du milieu ou au contraire dans l'affirmation de soi, dans l'exubérance ou dans la pondération.

Ce « baby-test » a l'intérêt de mettre objectivement en évidence d'éventuels retards du développement moteur qui pourraient signer des difficultés inter-relationnelles précoces, en l'absence de causes neuro-physiologiques qui devront être écartées. Le retard global, le ralentissement des acquisitions consécutifs à des crises environnementales doivent inciter à une exploration fine de la qualité du lien mère-enfant.

4.2. Piaget

Les épreuves de Piaget reposent sur une élaboration théorique plus complexe qui associe une recherche épistémologique à une observation du fonctionnement cognitif de l'enfant. Le maître mot de la théorie de Piaget est « l'adaptation » caractéristique de tout être vivant qui cherche l'harmonie avec le milieu. Trois types de facteurs concourent à cette adaptation : la maturation neurologique, l'exercice et l'expérience acquise au cours de celle-ci, enfin, les règles et transmissions sociales. Le processus d'adaptation implique deux activités : l'assimilation et l'accommodation.

L'assimilation concerne l'incorporation d'éléments du milieu à l'intérieur de la structure des individus.

L'accommodation concerne les modifications de la structure des individus en résonance avec les modifications du milieu. L'adaptation est équilibre entre assimilation et accommodation. L'adaptation cognitive, qui prolonge l'adaptation biologique est la forme supérieure des équilibrations qui ne se termine que lorsqu'elle atteint un système stable que Piaget qualifie de stade. Assimilation et accommodation supposent donc des « nourritures culturelles ».

En psychologie génétique, le stade ne recouvre pas la définition du stade psychanalytique. Ceux-là se caractérisent par une structure d'ensemble originale, non réductible aux unités qui la composent et par un ordre de succession invariant. Chaque stade comporte à la fois un niveau de préparation et un niveau d'achèvement. Chaque stade a un caractère intégratif, c'est-à-dire que les structures construites antérieurement s'intègrent aux structures suivantes. En fonction de ces caractéristiques et en distinguant dans chaque stade, les processus de formation, de genèse et d'équilibre final, Piaget a décrit quatre stades dans le développement cognitif de l'enfant.

4.2.1. La période sensori-motrice (0 à 2 ans)

Cette période préverbale est divisée en 6 sous-stades.

0-1 mois : exercices réflexes au cours desquels les montages héréditaires se généralisent.

1-4 mois : premières habitudes. Réactions circulaires primaires. L'objet est flou et non unifié.

4-8 mois : coordination vision-préhension et application aux situations nouvelles (réaction circulaire secondaire). Coordination partielle voir-toucher ; prendre-sucer. La distinction objet-sujet-but est possible. Il n'y a pas de recherche de l'objet disparu.

9-12 mois : apparition de coordinations complexes. Recherche de l'objet disparu à condition que la position ou le déplacement soit unique.

12-18 mois : réactions circulaires tertiaires. Découverte de moyens nouveaux adaptés par expérimentations actives (par ex. : tirer la couverture), extension de l'espace de locomotion, l'objet disparu est recherché en fonction des déplacements visibles.

18-24 mois : période d'achèvement du stade sensori-moteur avec l'émergence de la représentation, l'intériorisation des schèmes[2], la généra-

2. Piaget appelle schème ce qui est commun, généralisable ou transposable, dans les différentes expériences. Ce sont les unités élémentaires des comportements ou conduites, mais qui ne dépendent pas de la nature des objets en cause.

lisation des coordinations motrices et les premiers « insights », qui sont des moments d'arrêt de l'action marquant la brusque compréhension de ce qui se passe.

4.2.2. La période pré-opératoire (2-6 ans)

C'est le début de la pensée symbolique que Piaget définit comme « la capacité d'évoquer des objets ou des situations non perçues actuellement, en se servant de signes ou de symboles ». Cette période est marquée par des jeux symboliques, une imitation différée. Les premiers schèmes verbaux pré-conceptuels, et les premières images mentales apparaissent ; néanmoins l'enfant n'est pas encore capable d'adopter le point de vue de l'autre et de se décentrer de son propre point de vue. Sur le plan opératoire, la pensée repose sur l'intuition (non accession à la conservation des quantités), des longueurs, où l'on voit que l'apparence dicte le raisonnement (ex. : c'est plus haut, donc il y en a plus, même si la section de l'objet est beaucoup plus fine et ne permet pas, à l'adulte, d'hésiter sur la comparaison).

La fonction du langage est ici primordiale ; il accompagne toutes les activités et permet le contrôle de leur intériorisation progressive.

4.2.3. La période des opérations concrètes (7-12 ans)

C'est une période importante dans l'adaptation de l'enfant au monde extérieur. L'enfant devient capable de se mettre à la place d'autrui. Il accède aux premiers invariants (quantités à 7 ans, longueurs à 8 ans), mais il est toujours contraint de donner un support concret à ses exercices. Vers 9 ans, il est capable de concevoir l'organisation d'un espace. Il accède aussi à la notion de réversibilité. Dans le champ social, il élargit et enrichit ses relations.

4.2.4 La période des opérations formelles (à partir de 11-12 ans)

L'enfant pré-pubère est alors capable d'accéder au jugement hypothético-déductif et aux opérations combinatoires. Cette période ne concerne pas la psychopathologie de l'enfant, mais nous la citons dans la mesure où elle met un terme au développement des fonctions cognitives chez tout individu. L'enrichissement de son fonctionnement intellectuel est ensuite conséquent de sa curiosité, de son savoir, et de son investissement de cette activité.

Les théories piagetiennes du développement cognitif sont moins ignorées qu'inutilisées par les cliniciens, au prétexte qu'il s'agit d'une approche qui oblitère les facteurs libidinaux du développement intellectuel. Il faut rappeler que dans les Trois essais, Freud précise que « *la pul-*

sion de savoir ne peut être comptée au nombre des composantes pulsionnelles élémentaires, ni subordonnée exclusivement à la sexualité ». Sans revenir sur le débat Freud-Piaget, on peut admettre que les stades du développement de l'intelligence constituent, en clinique, un outil d'appréciation du bon développement de celle-ci, ce qui est aussi un indice du bon développement pulsionnel de l'enfant.

Les théories piagetiennes sont aussi controversées par les sciences de la cognition (convergence de plusieurs disciplines dont la psychologie, la linguistique et les sciences de l'intelligence artificielle) dont les expériences tendraient aujourd'hui à montrer l'existence de capacités précoces d'abstraction, précédant les opérations concrètes. Il y a certainement lieu de différencier ce que Piaget nomme « opérations formelles » ou « hypothético-déductives » et les premières « symbolisations » qui témoignent certes d'une capacité de distanciation de l'objet mais n'impliquent pas nécessairement « l'abstraction » de celui-ci[3].

5. Clinique des troubles des fonctions cognitives

Chez de nombreux parents, et chez beaucoup d'enseignants, la notion d'intelligence est associée à l'idée de réussite professionnelle, c'est-à-dire à des métiers de pouvoir ou de prestance. L'évaluation de l'intelligence reste associée, pour beaucoup, à la réussite scolaire et sociale. « Il est fait pour l'école » disaient les parents modestes, dans la première moitié du vingtième siècle lorsqu'un enfant allait au-delà du « certificat d'études », confirmant par là, la fierté et l'espérance d'une vie élitiste, pour leurs rejetons. L'entrée à l'université aujourd'hui semble avoir la même fonction, témoignant du fait que la capacité à suivre une scolarité normale demeure, pour le plus grand nombre, le critère de l'intelligence. Ceci est d'ailleurs confirmé par le fait que les parents qui n'ont pas « réussi » leurs études ont besoin d'en trouver les raisons dans des causes externes (désir des parents, insuffisance des moyens financiers etc.), comme si le niveau d'études garantissait narcissiquement contre les suspicions d'insuffisance intellectuelle.

Ceci n'est pas complètement faux mais cette représentation sociale sous-estime d'une façon dommageable pour beaucoup d'enfants, des fonctions extra-scolaires comme l'habilité manuelle, l'utilisation du savoir, la

3. Birraux A. *Éloge de la phobie*, Paris, PUF, 1994. Chap. 4. *L'accession à la pensée formelle.* Il faut noter d'autre part, que les capacités d'abstraction lorsqu'elles apparaissent chez des enfants jeunes sont souvent liées à des processus défensifs qui témoignent d'un besoin de distance à l'objet.

curiosité, la création, l'appétit de savoir qui participent aussi de l'intelligence. Contribuent aussi à celle-ci les vertus que l'éducation transmet à l'enfant (savoir vivre, civisme, respect de l'autre) qui participent à l'art de ce qu'on appelle « vivre en bonne intelligence ». Or, ce que l'on note aujourd'hui a de quoi inquiéter : la réussite scolaire étant, pour le plus grand nombre le critère de l'intelligence, les enfants sont de plus en plus précocement stimulés. Il n'est pas rare que dès la grande section de maternelle, les bambins aient après l'école, le mercredi ou le samedi, des ateliers de lecture ou de langue vivante qu'ils doivent ajouter au solfège et j'en passe, au point qu'ils n'ont plus le temps de jouer, c'est-à-dire de devenir intelligents ! Ceci est une boutade mais pointe que l'hyperstimulation intellectuelle précoce n'a jamais rendu un enfant intelligent. Au mieux le prive-t-elle de découvrir par lui-même, l'usage qu'il peut faire de ce qu'il sait ; au pire entraîne-t-elle une lassitude précoce et un désintérêt progressif pour les apprentissages forcés.

Pour apprécier les capacités intellectuelles d'un enfant[4], il est nécessaire de recourir à des épreuves standardisées (les tests) qui permettent d'éliminer les facteurs subjectifs du jugement. Ce n'est pas la tâche du psychanalyste, certes, mais ce ne sont pas des éléments dont le clinicien devrait systématiquement se priver au prétexte qu'ils réduisent le sujet à un chiffre (le Q. I.) ou à un graphe. Il est certain que les résultats aux tests admettent une variabilité relative, qu'il n'existe pas de Q. I. absolu, que le Q. I. n'a pas la même signification à deux âges différents, que la statistique n'est pas la clinique, même si le Q. I. n'est « pas au service d'une société bourgeoise répressive », comme certains ont pu le prétendre autour des années 68[5]. Lorsque nous nous trouvons en face de problèmes scolaires par exemple, il me semble grave de poser une indication de psychothérapie, sans s'être donné les moyens d'explorer les causes de l'échec. Le développement psycho-affectif est toujours concerné, mais on ne peut pas ignorer que les ressources intellectuelles de l'enfant et le niveau de ses apprentissages y sont aussi impliqués. Un certain nombre de psychanalystes d'enfants pousse l'outrance du systématisme de l'indication psychothérapeutique sans tenir compte des limites de celle-ci. Les retards d'apprentissage, les déficits intellectuels n'ont jamais été comblés par la psychanalyse alors qu'ils peuvent être, au moins partiellement, compensés par des prises en charge instrumentales. La psychothérapie doit être associée à certaines

4. Cela n'est nécessaire que lorsqu'il y a suspicion de déficit ou d'hypermaturité.

5. Sans doute était-il pertinent à l'époque de défendre l'idée que l'intelligence n'était pas le privilège des classes dominantes.

rééducations lorsque des troubles névrotiques sont au devant du tableau (angoisse ou inhibition ou dépression), mais il est nécessaire de garder à l'esprit l'idée que si l'évolution intellectuelle est dépendante de l'évolution affective, simultanément, l'évolution affective ne peut être isolée du développement intellectuel.

Nous aborderons ici deux types de problèmes, parmi les plus fréquents des motifs de la consultation : celui des déficits intellectuels et des enfants « surdoués ».

5.1. Les déficits intellectuels

À la fin du XVIIIe siècle, alors que les lois de la République rendaient l'école obligatoire, un certain nombre de mesures durent être prises pour répondre aux questions que posaient à l'institution, ceux qui ne pouvaient en profiter : aveugles, sourds-muets, débiles. Diverses commissions chargèrent ainsi Binet de mettre en place une méthode qui discriminerait les enfants capables de suivre une scolarité de ceux qui ne l'étaient pas. Cette méthode ne s'adressait pas aux lourds handicaps asilaires qui sous Esquirol nourrissaient les débats nosographiques quant à la différenciation de la démence et de l'idiotie[6], mais plus généralement aux « mauvais élèves » qui ne semblaient pas pouvoir bénéficier de l'instruction en raison de l'insuffisance de leurs moyens intellectuels.

Nous n'en sommes plus à ces étiquetages radicaux (idiots, imbéciles, débiles). Les grands hospices se sont ouverts, les asiles n'ont plus fonction de recueillir précocement les enfants lourdement handicapés dont les familles souhaiteraient se débarrasser. La société tend même à faire en sorte que l'école républicaine les prenne en charge, quel que soit le type de trouble, (autiste, psychotique, mongolien dysharmonique etc.) au milieu des autres enfants. La solution n'est sans doute pas là car chaque enfant devrait avoir droit à une prise en charge adaptée à ses moyens afin d'en tirer parti au maximum. Elle témoigne en tout cas, des difficultés que l'on rencontre dès que l'enfant est « différent » car l'école, sur un plan imaginaire, confère aux enfants les insignes de l'intelligence et de la normalité. En raison cependant de cette évolution, tendant à masquer les différences ou à tenter de les effacer plutôt qu'à les prendre positivement en compte, s'est constitué peu à peu, un ensemble très hétérogène, aussi bien sur le

6. On connaît la différence : « le dément est un riche devenu pauvre, l'idiot a toujours été dans l'infortune ».

plan étiologique que psychopathologique, qui s'il continue d'être à l'école n'en reste pas moins aux marges de ce qui s'y fait.

Les enfants que nous recevons en consultation pour des troubles des fonctions cognitives sont de ceux-là. Se pose, à un moment donné de leur histoire, le problème de leur orientation et de leur place afin que leur développement compromis, se réamorce ou ne se détériore pas davantage.

Dans les déficiences mentales profondes, le niveau d'efficience globale est de 2 ou 3 ans. Toutes les acquisitions de l'enfance sont déficitaires et quelquefois, ces enfants sont incapables d'acquérir une autonomie au quotidien (alimentation, toilette, contrôle sphinctérien). Le langage est pratiquement inexistant. Dans ces cas, où l'on peut constater des anomalies morphologiques ou des troubles neurologiques associés, les troubles relationnels sont généralement massifs (isolement, impulsivité, stéréotypies, auto-mutilations) si bien que l'ensemble des symptômes n'est pas sans évoquer une organisation psychotique précoce. Le devenir de ces enfants relève souvent très précocement de structures éducatives spécialisées, médico-éducatives ou psychiatriques. Il s'agit souvent d'enfants qui ont eu des débuts de vie difficiles, très tôt institutionnalisés (placement en pouponnières, séparations multiples, hospitalisations pour mauvais traitements etc.).

Cette catégorie d'enfants dont les troubles sont irréversibles est la victime d'un système insuffisant de prévention et notre société ne peut pas en être fière. Il s'agirait de repenser celui-là, de le rendre systématique en étendant la protection de l'enfant aux situations d'incapacité parentale patente. Mais encore faudrait-il que les lieux d'accueil soient suffisants.

Dans les déficiences mentales moyennes ou légères, les sujets ne dépassent pas un âge mental de 7 ans. Le plus souvent, il n'existe pas de retard psychomoteur associé, mais les perturbations affectives sont fréquentes et de deux ordres : soit comportementales (instabilité, troubles du comportement souvent délictueux, réactions de revendication, de prestance ou de colère) ; soit passives, marquées par l'inhibition, le repli, la dépressivité, l'abattement, la tendance à être dépendant des adultes qui les entourent, voire de leur être soumis. Ces enfants ne dépassent pas le stade des opérations concrètes et sont souvent, déjà, en difficulté dans les classes primaires. Leur langage ne souffre généralement pas de distorsions massives. La syntaxe est acquise mais ces enfants se caractérisent par une impossibilité de suivre une scolarité normale et par une histoire scandée par des échecs dans la mesure où les seules fonctions qui sont évaluées à l'école sont justement celles qu'ils ne possèdent pas.

Dans certains cas, la déficience mentale moyenne ou légère ne semble pas associée à des troubles affectifs. Ces enfants restent très puérils. On estime qu'ils représenteraient « les débiles normaux », c'est-à-dire selon la courbe de Gauss, le pourcentage de population « victime » aléatoirement, des modalités de la distribution de l'intelligence. C'est une hypothèse à laquelle nous ne pouvons souscrire. Ce qui s'est passé pour ces enfants les a conduits à inhiber leur vie pulsionnelle aussi bien que leur curiosité à l'égard du monde extérieur. Les problèmes affectifs apparaissent chez ces enfants au cours du développement ultérieur, après la puberté.

5.2. Les enfants surdoués

La question des enfants surdoués s'est posée dès 1925[7], bien que l'on puisse penser qu'elle soit d'apparition récente.

L'existence d'enfants surdoués ne fait pas de doute. Ce qui fait problème ce sont les critères de distinction de l'affaire. La notion de Q. I, si elle est indicatrice d'aptitudes n'est cependant pas suffisante. Il faut aussi tenir compte de ce que l'enfant en fait. Je ne pense pas que l'on puisse, comme certains, retenir un Q. I de 120, lequel n'est pas exceptionnel, comme repère. Par contre, on sera sensible à l'acquisition très précoce (4 ans) de la lecture fluide, sans forcing familial, à l'intérêt que l'enfant porte naturellement aux jeux intellectuels, à sa curiosité tous azimuts. Il faut cependant bien distinguer ce qui est naturel de ce qui serait la conséquence de l'hyperstimulation familiale, l'enfant représentant un enjeu de réussite sociale des parents.

Au plan épidémiologique, leur nombre dépend évidemment des critères de diagnostic retenus. Ils sont estimés entre 2 et 5 % de la population. Les enquêtes que nous avons citées donnent un pourcentage supérieur de garçons. Il s'agit le plus souvent d'enfants aînés de familles de niveau socio-économique et culturel supérieur. Paradoxalement certains de ces enfants peuvent échouer complètement à l'école, alors que d'autres parcourent la scolarité avec une avance constante. Tous sont de grands lecteurs et aiment souvent être seuls sans fuir pour autant l'environnement.

La clinique de l'enfant surdoué doit d'abord faire la part de ce qui est « naturel » dans les dispositions de l'enfant et de ce qui est le résultat des contraintes familiales et du forcing. Secondairement, elle doit apprécier les difficultés que l'enfant rencontre au plan scolaire et social et au plan personnel. Au plan social, ces enfants cherchent les contacts intellectuels avec des enfants plus âgés ou avec des adultes, alors qu'au plan affectif, ils ont

7. Terman L. *Genetic studies of genius,* Standford University Press, California, 1925. Prat G. « Vingt ans de psychopathologie de l'enfant doué et surdoué en internat psychothérapique » in *Neuropsychiatrie de l'enfance*, 1979, 27 (10-11).

le niveau de leur âge, ce qui conduit souvent à des difficultés intrafamiliales et scolaires où l'on a tendance à exiger d'eux des comportements qu'ils ne peuvent assumer. Leur développement psychomoteur, par exemple, n'a pas la précocité de leur développement intellectuel. Ils peuvent avoir de réelles difficultés à apprendre à écrire et suscitent souvent de l'agressivité des enseignants, souvent prêts à pénaliser le décalage plutôt qu'à l'accompagner. Au plan personnel, ces enfants sont très sensibles à ces attitudes et peuvent vivre des situations telles qu'ils développeront des conduites réactionnelles pathologiques (retrait, instabilité, dépression, désintérêt).

On n'insistera jamais assez sur la nécessité d'accompagner psychologiquement l'enfant qui témoigne précocement d'une grande maturité intellectuelle. Rien ne sert de tenter de mettre celle-ci en veilleuse pour permettre à l'enfant de « mûrir » au plan affectif ou psychomoteur (ce qui est trop souvent le cas dans les écoles maternelles), au contraire. Il s'agira, en l'absence de ressources institutionnelles (classes spéciales) de veiller à ce que l'enfant ne devienne pas triste et ne perde ses intérêts. Il pourra être nécessaire de mettre en place de manière transitoire, un accompagnement individualisé (précepteur, école à mi-temps) en veillant à ce que sa vie sociale soit la plus riche possible.

6. Psychopathologie des déficits de l'intelligence

Face à un déficit des fonctions cognitives, l'attitude du clinicien doit être de tenter de mettre en évidence les causes manifestes de celui-ci et dans un deuxième temps d'évaluer son retentissement sur le développement affectif de l'enfant.

Lorsque sont éliminés les facteurs organiques, telles les atteintes prénatales, les souffrances péri-natales ou les souffrances post-natales précoces (comme les maladies infectieuses ou métaboliques ou traumatiques) il faut rechercher des causes psycho-sociales, parmi lesquelles, la carence massive et prolongée des soins maternels précoces reste la plus souvent retrouvée (associée ou non à une carence psycho-culturelle du milieu). Cette carence perturbe, comme on sait, le développement affectif (Bowlby, Spitz) mais aussi le développement des fonctions instrumentales dans la mesure où l'absence de plaisir partagé dans la relation mère-enfant fait l'impasse sur la stimulation de celles-ci (en dehors des défenses contre les influences externes que l'enfant peut mettre en place pour ne pas souffrir). Dans ces conditions, non seulement l'appétit de savoir est définitivement compromis, mais les acquisitions minimales sont déficitaires, qui contraignent à des réaménagements ultérieurs toujours complexes et souvent pathologiques.

La déficience des fonctions cognitives a été largement étudiée par Misès, Lang et Garonne, dans un contexte, il est vrai, étiologiquement marqué par des atteintes organiques légères ou profondes. Même dans ces cas, il y a unanimité sur le fait qu'on ne peut qu'artificiellement isoler le déficit des fonctions cognitives du développement psycho-affectif.

« Tout enfant, dit Misès[8] *se construit dans un mouvement complexe, marqué par des étapes à travers lesquelles on observe que l'élaboration et la structuration des fonctions cognitives sont inséparables du mouvement évolutif, global, de la personnalité ».* Et concernant les déficiences associées à des atteintes somatiques, il ajoute *« Il existe sans doute des cas où les facteurs organiques, sous forme d'atteintes lésionnelles ou génétiques, vont peser de manière évidente, mais ces perturbations, il ne faut pas seulement en mesurer l'incidence au niveau du fonctionnement cérébral. Il faut toujours se souvenir, qu'à partir d'eux, les expériences vécues de l'enfant vont se vivre sur un modèle différent, que le climat familial en sera modifié, que les réponses de la mère à cet enfant en seront transformées. Bref, il convient donc de suivre les effets de l'atteinte organique, non seulement dans le registre neuro-biologique, mais sur d'autres plans, sur celui de l'évolution des pulsions, sur celui de l'investissement par la mère et de la mère par l'enfant ».* On retiendra donc aussi qu'un déficit intellectuel d'étiologie organique peut être plus ou moins massif selon la qualité de l'investissement maternel.

Certains psychanalystes ont fait du déficit intellectuel de l'enfant, l'expression d'un conflit latent avec son environnement (la mère). Ainsi, pour Maud Mannoni, l'enfant débile est pris dans les rets d'une relation duelle qui lui rend inaccessible une position de sujet. *« Même dans le cas où un facteur organique est en jeu, un tel enfant n'a pas seulement à faire face à cette difficulté innée, mais encore à la manière dont la mère utilise cette défectuosité dans un monde fantasmatique qui finit par leur être commun à tous les deux »*[9]. M. Mannoni met ainsi l'accent sur l'impossibilité pour le père de trouver sa place et de permettre l'accession de l'enfant à l'ordre symbolique. Il ne semble pas que cette position puisse aujourd'hui se soutenir tant elle est extrême. Le déficit intellectuel témoignerait d'une relation mère-enfant organisée sur un mode symbiotique, ce qui est loin d'être

8. Misès R. Réévaluations dans l'approche psycho-pathologique des déficients intellectuels. *Confrontations psychiatriques,* Specia, éd. 1973, n° 10.
9. Mannoni M. *L'enfant, sa maladie et les autres.* Paris, Seuil, 1967.

toujours le cas. Si les déficits intellectuels lourds et non organiques appartiennent souvent à des organisations psychotiques, les déficits moyens et légers échappent au systématisme de cette étiologie.

Ainsi se pose la question des déficits intellectuels sans cause apparente. Il faut évoquer la place de l'enfant dans la constellation familiale, l'interdit de savoir dont il serait frappé, ou le secret de famille pesant sur ses origines. Il faut évoquer aussi la carence affective de l'environnement, même lorsque celui-ci ne semble pas suspect de déficit intellectuel. Le manque de stimulation verbale ou motrice dans la découverte précoce du monde, qui peut caractériser certains modes de garde non contrôlés (nourrices non agréées) a des conséquences qui ne se repèrent pas toujours de manière immédiate mais qui sont souvent irréversibles. La difficulté reste que l'on ne repère les déficits intellectuels que quand il est trop tard pour modifier le contexte d'émergence des fonctions cognitives.

7. Psychopathologie de l'enfant surdoué

Les fonctions cognitives ne faisant problème que lorsqu'elles sont déficitaires, ce paragraphe est sans doute superflu. Cependant, outre le fait que les enfants surdoués sont sur-représentés dans la population d'enfants posant des problèmes psychopathologiques, demeure l'interrogation concernant les conditions d'émergence de l'intelligence « hors norme ». On peut évoquer des facteurs génétiques mais ils n'épuisent pas la question. Nous aurions intérêt à développer nos observations sur l'émergence des premières perceptions et relations d'emprise pour en faire théorie. Si l'intelligence résume la capacité de gérer sa relation au monde et aux objets, elle est d'abord gestion de la relation sensorielle et perceptive à l'environnement. C'est sur cette initiale manière d'être au monde que va s'édifier la structure mentale de l'enfant surdoué. Celui-ci est rarement un enfant calme ; plus souvent anxieux, volontiers insomniaque dans les premiers mois de son existence. Il a souvent appris à lire tout seul, témoignant très tôt d'avoir prise sur les outils de communication de l'adulte. Dans la réalité cependant, les limites de cette maîtrise (l'inaptitude psychomotrice au graphisme par exemple) le font apparaître sensible à l'échec et vite blessé.

Les « vrais » enfants surdoués méritent un accompagnement psychologique de longue durée, tant qu'ils n'ont pas acquis cette sécurité intérieure que leurs aptitudes devraient leur permettre d'atteindre. Il y va de leur devenir, trop souvent compromis par la dysharmonie des lignes de développement et la nature des mécanismes de défense qu'ils doivent mettre en place pour gérer leurs conflits.

CHAPITRE XIII

La psychopathologie scolaire L'entrée à l'école et ses troubles

L'entrée à l'école est une étape importante de la vie de l'enfant. Que la maternelle soit le « dit » prolongement de la crèche, ou qu'elle soit la première occasion de quitter la maison pour la journée, elle constitue symboliquement, et pour l'enfant, et pour la mère, une épreuve qui porte en elle quelque chose de l'irréversibilité. Les pleurs des mamans le jour de la rentrée en témoignent. L'entrée à l'école implique donc l'ébauche d'un travail de séparation de la qualité duquel dépendra la capacité pour l'enfant d'aller vers les autres, vers le monde, et de l'investir.

C'est un moment extrêmement crucial du développement de l'enfant, auquel il semble que l'on ne porte pas assez attention, en raison de l'évolution des conditions de vie, du travail des couples et de l'obligation pour les parents de recourir à des systèmes de garde, parmi lesquels l'école n'apparaît pas comme le plus mauvais. Il existe cependant beaucoup d'enfants qui en rentrant à la maternelle ne sont pas prêts à renoncer aux liens particuliers, attentifs et affectueux qu'ils avaient en crèche, chez leur nourrice ou chez leurs parents et qui vont vivre, à l'entrée en maternelle, en raison du nombre d'enfants dans les classes, de véritables épreuves d'abandon. Ceci est encore plus accusé pour des enfants, chez lesquels, dès la crèche, on a pu noter un développement dysharmonieux ou retardé.

1. Se séparer

M. Mahler a été la première à observer les conditions dans lesquelles la séparation mère-enfant opérait dans de bonnes conditions. Cette épreuve est à l'origine de ce qu'elle a appelé « la naissance psychologique de l'être humain » [1] et qui, contrastant avec l'impossibilité, chez les enfants *autistes* ou *symbiotiques* d'intégrer graduellement le sentiment d'être séparé de leurs mères, aboutit dans le développement normal à la conscience d'une première « individuation ».

Nous avons déjà évoqué les critiques faites aux travaux de Mahler et n'y reviendrons pas. Nous voudrions cependant rappeler les observations pertinentes sur lesquelles se sont fondées ses expérimentations.

En 1952, Mahler observe que chez certains bébés, la poussée maturative de la locomotion et le développement d'autres fonctions autonomes du moi apparaissent bien qu'ils ne soient pas en mesure, « émotionnellement » de fonctionner sans leur mère. Elle évoque ainsi des « paniques organismiques », dont le contenu mental est inaccessible puisque ces enfants n'ont pas encore un langage évolué, mais elle note que cette panique ne se transforme jamais en signal d'angoisse mais garde son caractère insidieux ou aigu. L'enfant, par exemple, ne peut, dans ces cas, solliciter l'aide d'une autre personne. Mahler évoque la fragilisation de la structuration du moi (voire sa fragmentation) dans ces cas où le processus de maturation suit son cours alors que le développement psychologique ne le fait pas. Ces observations sont cliniquement observables chez les bambins qui nous intéressent ici, et qui, entre deux et trois ans, s'apprêtent à vivre un grand changement de vie.

En 1958, six ans plus tard, Mahler avancera que la capacité à vivre en son temps l'épreuve de la séparation et de l'individuation (2-3 ans) « constitue le premier prérequis d'importance cruciale pour le développement et le maintien du sentiment d'identité ». Cette observation mériterait un débat sur le concept d'identité que nous n'ouvrirons pas ici ; nous l'entendons comme « sentiment d'existence » ou « sécurité de base » : ce qui est observable cliniquement dans les groupes d'enfants où nous repérons aisément ceux qui, sans forfanterie, ont une conscience d'eux-mêmes qui les met à l'abri d'un certain nombre d'agressions externes ou internes.

Les travaux de Mahler et de son équipe aident à penser l'importance des réaménagements internes que l'enfant doit accomplir lorsqu'il passe d'un système tutélaire de prise en charge à un système collectif. L'enfant dont le développement physiologique et psychologique est d'une suffisante qualité pour entrer à l'école est un enfant qui va très rapidement participer aux activités et qui investira vite les relations à ses petits congé-

1. Mahler M., Pine F., Bergman A., *La naissance psychologique de l'être humain*, Paris, Payot, 1980.

nères. Il existe cependant des détresses à bas bruit que ce passage peut entraîner, qui peuvent ne pas s'exprimer, dans la mesure où le langage ne sous-tend pas encore la communication, mais qui sont manifestes lorsqu'on veut y être attentif : pleurs de moins en moins bruyants, manque d'appétit (à la cantine) ou d'intérêt pour les activités d'éveil, accidents sphinctériens souvent à répétition, tristesse etc. La non-prise en considération de ces symptômes, trop souvent traités par le mépris, au prétexte qu'il faut que les enfants s'habituent est responsable des problèmes ultérieurs d'intégration et d'apprentissage[2].

2. La grande école

L'entrée à la grande école est une autre épreuve. Elle mobilise chez les parents et les enfants une lourde charge imaginaire. Du côté des parents, elle éveille le souvenir de leur propre scolarité, de ses blessures éventuellement ; du côté de l'enfant, il s'agit de représentations transmises par les parents ou les aînés, et qui sont tissées autour des espérances placées en lui. « Tu vas voir quand tu seras à l'école » fonctionne comme un appel à la sagesse nécessaire, mais aussi au « dressage » dont on ne pourrait faire l'économie.

Se pose aussi la question de la séparation, mais sous une autre forme. Il s'agit ici de montrer que l'on peut être grand.

Les angoisses (dites de séparation) d'entrée au C.P., si elles sont durables, participent de problématiques intra-psychiques d'organisations névrotiques. La plupart du temps, l'entrée en C.P. ne se fait pas, du côté des enfants, dans les larmes et les cris, sauf, peut-être le premier jour. La séparation problématique va s'exprimer sous forme de plaintes : mal au ventre, coliques, céphalées, qui se répéteront chaque jour de la semaine et disparaîtront le week-end. L'enfant questionné peut quelquefois dire qu'il n'aime pas son maître, sa maîtresse. La plupart du temps cependant, cet aveu-là n'est pas possible. Ce type de symptômes, souvent associé à des cauchemars, à des phobies s'inscrit dans un contexte névrotique et doit faire rapidement l'objet d'une prise en charge (qui sera sans doute de courte durée).

2. Il est indispensable d'attirer l'attention des parents et des pouvoirs publics sur l'importance de ce moment. Il requerrait que les mamans puissent bénéficier de facilités de travail pour leur permettre d'accompagner leurs enfants dans ces moments difficiles. Il requerrait aussi que les petites sections ne reçoivent pas plus de 12 bambins par classe pour ne pas passer aveuglément sur tous ces petits troubles discrets qui peuvent demain devenir majeurs.

Ce que l'enfant ne supporte pas, en effet, mais à son insu, (ceci n'est pas conscient) c'est de ne pas avoir barre sur sa mère ; de ne pouvoir en maîtriser l'existence et les activités. À la différence du plus petit qui a encore besoin de sa mère tutélaire pour intégrer son développement psychomoteur et ses acquisitions instrumentales, l'enfant du C.P. n'en est plus là, mais ne veut pas renoncer à l'idée que sa mère n'existe que pour lui, car il craint d'être supplanté.

Ces premières angoisses dites « de séparation », mais qui sont de véritables angoisses névrotiques peuvent s'organiser en véritables phobies si elles ne sont pas soignées. Elles peuvent aussi s'obsessionnaliser et laisser place à des rituels précédant le départ pour l'école (le besoin d'aller à la selle au moment de partir ; ou la nécessité de vérifier plusieurs fois ce qu'il y a dans le cartable).

Ces troubles anxieux peuvent être induits ; non pas qu'ils soient indépendants d'une organisation névrotique, mais parce qu'ils expriment plus un symptôme familial que le conflit de l'enfant. Les mamans inquiètes peuvent rendre leurs enfants pusillanimes dans la mesure où leurs exigences (ne fais pas cela ; est-ce que tu as fait ceci ? comment ça s'est passé ? etc.) vont conditionner une attention de l'enfant sur des choses qu'il n'aurait pas investies de lui-même. Par exemple, une enfant de C.P. était très malheureuse parce que la maîtresse ne vérifiait pas que les élèves avaient les mains propres avant de manger leur goûter. Elle avait développé une véritable inhibition devant les activités scolaires de l'après-midi, par peur de se salir les mains. La fillette expliqua très bien à son thérapeute que sa maman disait que les saletés de la cour et des cailloux qu'ils touchaient pouvaient faire mourir si elles allaient jusqu'à la bouche. Il fut nécessaire de demander à maman d'expliquer, d'être moins exigeante, sans renoncer à ses principes éducatifs ; les craintes de l'enfant n'en disparurent pas pour autant tout de suite, se saisissant alors d'objets plus personnels, donc plus élaborables (elle exprima ensuite la peur que des bonbons ne la blessent, ce qui permit de la libérer d'une agressivité fortement réprimée).

Cette problématique de la séparation, qui est la conséquence d'une nécessité de « s'individuer », se complique chez des enfants dont nous avons vu que leur premier développement pouvait être lourdement carencé ou compromis par une distorsion du lien à la mère dans les premiers moments de la vie. Le développement psycho-affectif est tenu en bride par les expériences traumatiques précoces et au cours des premières années, toutes les épreuves maturatives fournissent des occasions de réaménagements pathologiques. On verra, par exemple, des enfants abandonniques et plutôt passifs, développer, au moment du travail de séparation-individuation, une activité incontrôlée et souvent explosive, de mise à l'épreuve de l'objet. On assistera, chez d'autres, à l'impossibilité de se projeter dans un espace triangulé (enfants qui recherchent le contact corps à corps avec la même personne) ou encore à l'installation dans une dépression passive, qui compromet les fonctions appétitives et le désir d'apprendre.

3. Les troubles des premiers apprentissages

Sauf trouble neurologique majeur ou déficit majeur (de l'appareil cognitif) il n'y a aucune raison pour qu'un enfant ne puisse apprendre à lire. Les méthodes ici ont bon dos, qui toutes ont leur faiblesse, mais qui toutes ont fait leurs preuves. Le problème, en fait n'est jamais celui de la méthode, mais celui de la pertinence, à un moment donné de son histoire, de solliciter l'enfant à entrer dans ce type de communication. Un enfant normalement développé, vivant dans un milieu de parents lecteurs, et à qui on n'apprendrait pas à lire, lirait spontanément aux alentours de 7 ans (et quelquefois plus tôt). À savoir que c'est le désir de connaître ce que font les parents qui fait naître chez l'enfant le désir de savoir et d'apprendre.

Deux types de problèmes peuvent compromettre cet appétit naturel : une mise en apprentissage trop précoce ; en effet, si certains enfants sont susceptibles de tirer bénéfice de telles expériences en raison du développement de leur équipement psychomoteur et cognitif, ces tentatives tournent souvent au cauchemar pour l'enfant et pour la mère. Le souvenir de l'échec persistera quelquefois chez l'enfant lors de son entrée à l'école. De plus, le non respect, dans les horaires de l'enfant, d'un « temps pour rêver », pour regarder les images sans les lire, pour regarder la télé, pour jouer est très préjudiciable à la croissance de l'enfant. Bon nombre d'enfants qui refusent la lecture (en dehors des déficits cognitifs que nous explorons dans ce chapitre) sont des enfants « programmés » : Je veux dire par là qu'entre le solfège, le violoncelle, le catéchisme, le judo, la danse, l'anglais et autres activités, et l'école, il n'y a plus de temps pour le jeu. Ce temps-là, indispensable à l'enfant, sera pris sur l'école, en évinçant la contrainte d'apprendre. Ici, ce ne sont pas les possibilités d'apprendre qui sont en question, mais le désir d'apprendre[3] de l'enfant, saturé par une multitude non hiérarchisée d'activités dans lesquelles la pression sociale et souvent familiale veut qu'il fasse ses preuves.

3. Un très petit nombre d'enfants ne possède pas l'équipement neuro-physiologique suffisant nécessaire à un apprentissage basique.

Il se trouve que les apprentissages scolaires sont plus facilement désinvestis que les activités extra-scolaires parce que, d'une part, ils sont moins ludiques, et que d'autre part, la classe de C.P. n'est pas nécessairement propice (quoi qu'on dise) à l'apprentissage de la lecture lorsque l'enfant n'y est pas motivé. On sait en effet combien le nombre important d'élèves empêche dans les petites classes les pédagogies individualisées pourtant nécessaires, combien enfin, la motivation relative de certains maîtres va contribuer à enterrer ces difficultés plutôt qu'à les prendre en charge.

Bien que la moitié de nos consultations concerne des problèmes d'échec scolaire, j'attire encore l'attention des lecteurs sur le fait que cet échec ne devient psychopathologique qu'en raison des réaménagements auxquels il contraint l'enfant : (blessure narcissique, réactions de prestance, dépression devant l'échec, relations difficiles avec la famille). Initialement, l'échec est la conséquence d'une inadéquation entre les exigences de l'institution et les attentes et besoins de l'enfant. L'institution est souvent peu attentive aux besoins psycho-affectifs spécifiques des enfants, à leurs conditions de vie, à la qualité ou non de leur environnement (où le niveau socio-culturel n'est pas le seul déterminant ; la qualité des interrelations parents-enfants étant aussi facteur de réussite ou d'échec). Secondairement l'échec est une affaire complexe qui va conjuguer des facteurs multiples (internes mais aussi externes). Je ne développerai pas ici la question de l'échec scolaire chez les enfants de migrant dont on sait que seuls 20 % d'entre eux y échappent.

4. Échec scolaire - retard scolaire - refus - désintérêt - inhibition

Entre **l'échec** et le **retard** existe une distinction classique qui permet de penser la réversibilité du retard scolaire alors que l'échec viendrait nommer un retard de plus de deux ans, peu susceptible d'être compensé. En fait, il est difficile dans nos structures scolaires de tenir l'espérance d'une récupération de niveau, dont devrait bénéficier le retard. La notion de classe d'âge s'oppose à cette espérance. L'enfant de 9 ans qui se trouve dans une classe d'enfants de 7 ans a un développement psycho-physiologique qui le rend « indésirable » dans sa classe. Ses intérêts sont autres, sa taille ou sa force physique le font craindre, son regard sur le monde est souvent moins infantile que celui de ses petits congénères : bref, on le jugera grossier, mal élevé ; bref, ces disparités l'empêcheront, pour des raisons alors psychologiques, de se remettre à niveau. En fait, un retard scolaire de 2 ans en primaire (sauf cas particuliers : enfants de migrants, enfants adoptés dans des pays étrangers, enfants ayant eu des interruptions de scolarité pour des raisons diverses) signe l'échec scolaire et l'entrée dans une pathologie spécifique.

Il ne faut pas confondre le retard scolaire avec le fléchissement des résultats. Celui-ci est généralement transitoire, réactionnel à des difficultés familiales (maladie d'un parent, décès), à un déménagement (perte des repères antérieurs) ou tout simplement à des difficultés de relation avec le maître ou la maîtresse, mais a été précédé d'une période de réussite satisfaisante. Un fléchissement scolaire brutal ou progressif, sans raison apparente, doit être rapidement examiné et pris en charge. Il peut être le premier signe d'une désorganisation psychotique.

Le **refus scolaire**, lui, désigne une conduite d'opposition active à l'égard de l'école qui entraîne l'enfant à s'opposer à toute acquisition scolaire. Les formes en sont différentes selon l'âge. Chez le jeune enfant, il s'agit d'une opposition bruyante et souvent explosive, faite de colères, d'instabilité et de refus de toutes les activités proposées. Cette opposition peut être associée à un besoin de détruire les prestations des petits voisins. Chez l'enfant plus âgé, il peut s'agir d'un refus plus passif ou d'une opposition qui va se marquer par l'école buissonnière ou les fugues.

La plupart du temps, ce refus s'inscrit dans une organisation limite de l'enfant, mais il peut s'agir d'un symptôme qui vient rendre compte d'un conflit lié aux exigences familiales auxquelles l'enfant ne peut répondre, ou éventuellement de la traduction de l'hostilité ou de l'agressivité des parents à l'égard de l'école. L'enfant règle ainsi des comptes à son insu, comme s'il était mandaté pour le faire.

On ne parle de **désintérêt scolaire** qu'à l'adolescence ou à la fin de la latence. Cependant c'est un terme qui a sa pertinence en psychopathologie de l'enfant dans certains cas très précis, à savoir d'hyperprécocité cognitive de l'enfant. Bien qu'il ne soit jamais recommandable de propulser l'enfant en avant de sa classe d'âge, en raison des disparités de la maturation physique dont nous avons évoqué les conséquences à propos des retards scolaires, un certain nombre d'enfants précoces (lecture courante et spontanée à 3 ans et demi, transcription au clavier à 4 ans et demi) dont le développement psycho-affectif est harmonieux, manifestent un vrai « désintérêt » dans les dernières sections de maternelle, voire en C.P. On peut rencontrer de tels enfants dégoûtés par l'école et ce qu'elle évoque, et malheureux de devoir s'y rendre[4]. Le développement de ces enfants une

4. Il ne faut pas méconnaître que ce désintérêt a pour point de comparaison ce que l'enfant vit à la maison (ou dans la rue avec ses copains, dans certains quartiers), mais il est toujours dommageable pour l'enfant de sous-estimer son ennui.

fois leur scolarité aménagée (passage dans une classe supérieure, classe à mi-temps...) est tout à fait harmonieux dans la mesure où les parents prennent la mesure à la fois de l'appétit et des capacités « hors normes » de leur enfant, mais aussi du risque qu'il y aurait à confondre le développement cognitif et le développement libidinal et à attendre de leur enfant des réactions affectives plus matures, ou un parcours scolaire sans faiblesse (L'enfant surdoué a le droit d'échouer ou de marquer le pas dans ses apprentissages).

L'inhibition scolaire elle, est une incapacité de se concentrer sur une tâche malgré le désir de le faire. C'est une situation qui entraîne une véritable souffrance dont l'enfant n'est pas toujours en mesure de parler. Elle peut se voir en dehors de toute autre inhibition des processus cognitifs ou des conduites relationnelles. Elle est conséquente d'une organisation névrotique et doit être soignée. Dans la plupart des cas il s'agira de lever la culpabilité associée à la pulsion épistémophilique et au désir de savoir ; dans d'autres cas, il s'agira de mettre à plat la menace de la castration qui infiltre le fait de désirer acquérir le savoir investi par une figure paternelle puissante et redoutable.

5. Dyslexie-dysorthographie

Il faut d'abord rappeler qu'il existe une corrélation étroite entre le niveau intellectuel exprimé par le Q.I. et la réussite de l'apprentissage de la lecture en première année d'école primaire. Selon les études de C. Chiland, 73 % des enfants ayant un Q.I. inférieur à 90 y échouent, alors que seulement 9 % des enfants ayant un Q.I. supérieur à 110 et plus.

La dyslexie est une difficulté ou une incapacité à acquérir la lecture à l'âge normal, en dehors de toute déficience sensorielle ou neurologique. Celle-ci entraînant généralement des difficultés d'apprentissage du langage écrit, on parle alors de dyslexie-dysorthographie.

Celle-ci n'apparaît pas avant 7-8 ans. Avant, les achoppements et erreurs sont normaux. Entre 5 et 15 % de la population sont, selon les auteurs, atteints de difficultés de ce type, lesquelles ont été imputées essentiellement à la méthode d'apprentissage de la lecture. La plupart des auteurs estiment cependant que les troubles ne sont pas le fait d'erreurs pédagogiques.

Le problème de la dyslexie-dysorthographie est celui de ses conséquences sur les acquisitions exigées par l'école en fonction de l'âge. La plupart du temps, les dyslexiques comprennent le texte qu'ils lisent, même si le déchiffrage pouvait laisser augurer d'une grande perte de l'information écrite, mais il se trouve qu'avec l'âge, cette perte d'information, même minime, va parasiter les autres matières (énoncés de mathématiques, histoire, sciences) et devenir générale, d'où la nécessité de traiter rapidement.

De même la dysorthographie aura des incidences avec le temps, en ce sens que les fautes, banales en début d'apprentissage vont entraîner avec l'âge un véritable handicap de la communication écrite.

La dyslexie-dysorthographie ne peut être mise en relation avec aucun tableau psychopathologique précis. Longtemps mise sur le compte des troubles de la latéralisation, de l'incapacité à structurer l'espace, il semble qu'elle puisse être considérée aujourd'hui par certains, comme un symptôme de troubles de la personnalité. Elle serait corrélée à des troubles du comportement de la série « impulsivité ou passages à l'acte ». En fait, il semble que ces difficultés d'accéder au langage écrit ou à la lecture témoignent de troubles de la symbolisation, à quelques niveaux qu'ils existent. Les règles principales féminin-masculin ; singulier-pluriel, les conjugaisons, ou tout simplement celles qui régissent l'orthographe de mots courants, pour être appliquées, nécessitent qu'elles soient intégrées moins comme règles de grammaire que comme principes au fondement de la subjectivation (différence des sexes ; altérité et relation). Et ceci est une autre histoire.

Dès qu'elle est diagnostiquée, la dyslexie-dysorthographie mérite une prise en charge. Le débat qui reste ouvert est celui de l'indication d'une rééducation ou (et) d'une thérapie. Si la dyslexie-dysorthographie est associée à des troubles plus ou moins profonds de la personnalité, il est peu probable que la rééducation soit suffisante. En tout cas, elle risque de buter sur le symptôme. Par contre, les psychothérapies n'ont jamais montré leur pertinence dans le cas de dyslexies-dysorthographies confirmées si elles ne sont pas associées à une rééducation. Dans la plupart des cas, on s'aperçoit que lorsque le rééducateur est très qualifié et sensible aux déterminants psycho-affectifs du trouble, la majorité des enfants sont nettement améliorés au bout d'un an de traitement en moyenne. Néanmoins, de 10 à 15 % d'enfants ne tirent aucun bénéfice de ces traitements.

6. Les difficultés d'apprentissage des mathématiques

Il y a peu d'études sur les difficultés d'apprentissage des bases du calcul en regard de ce qui existe sur les troubles de la lecture et de l'orthographe. Sans doute faut-il y voir le reflet de l'intérêt relativement récent des chercheurs pour la culture scientifique.

On appelle dyscalculie les troubles de l'apprentissage de l'arithmétique élémentaire au cours de la scolarité primaire et chez des enfants ne présentant pas de troubles neuro-physiologiques.

Les principaux troubles rencontrés sont de l'ordre de la numération et de l'acquisition de la notion de nombre, ainsi que des difficultés dans le maniement des opérations. Les troubles de la résolution des problèmes ne sont pas nécessairement liés aux précédents.

La plupart des enfants apprennent les nombres par cœur sans d'ailleurs le savoir, puis, peu à peu, et quelquefois bien avant l'école primaire l'enfant s'autorise leur usage de manière pertinente. Les troubles de la numération concernent l'impossibilité d'accorder à un nombre une valeur ordinale ou cardinale. Ces troubles sont rares chez des enfants ne présentant pas de déficits intellectuels.

Dans le maniement des opérations, il est rare que l'addition sans retenue pose problème, par contre les soustractions, les multiplications, les divisions avec retenue sont souvent inaccessibles à des enfants apparemment intelligents.

Il paraît évident qu'au-delà de la capacité intellectuelle, intervient ici, comme dans le langage écrit, une dimension symbolique qui peut être tout à fait inhibante. La soustraction, la division véhiculent des représentations agressives sur le plan corporel et psychique, au point que certains auteurs voient dans les dyscalculies l'expression de la reviviscence d'angoisses primitives de morcellement ou de castration. Ces hypothèses ne doivent pas être rejetées avant d'être éventuellement fondées, mais il serait hasardeux de les tenir pour explicites de ce type de difficultés. *A contrario* en effet, beaucoup d'enfants maniant le calcul et les opérations avec dextérité sont des enfants qui dépassent ainsi des angoisses massives de morcellement. L'argument n'est sans doute pas suffisant, mais il témoigne de l'état peu élaboré de la recherche sur la question. Celles-ci auraient intérêt à être poussées, moins du côté des failles symboliques directes que du côté de l'intégration par l'enfant, de ce qui constitue ses repères familiaux et de la manière dont il les a constitués. La névrose infantile semble une condition nécessaire pour accéder à la numération et aux opérations simples qui en découlent. Si un certain nombre d'enfants psychotiques ou dysharmoniques aux marges de l'Œdipe semblent en mesure de manipuler les nombres, cet usage ne s'inscrit pas dans des opérations symboliques (fonction de la mémoire).

Quant aux problèmes mathématiques, quelquefois insolubles bien que l'enfant sache manier les quatre opérations avec facilité, il s'agit me semble-t-il d'un autre type de troubles, soit associé à un défaut de compréhension de l'énoncé, soit plus névrotiquement dépendant d'un « symptôme » personnel ou familial. Ceci n'implique pas que le symptôme familial soit imposé à l'enfant, mais celui-ci peut s'en faire, à l'insu de tous, le dépositaire. Ainsi, s'organise chez l'enfant la conviction que résoudre « un problème » c'est courir le risque soit de révéler aux autres ce qu'il croit être le seul à savoir, soit d'être disqualifié en allant jusqu'au bout de son raisonnement. Ceci est bien sûr imaginaire.

Ici encore, comme pour les troubles du langage écrit, la psychothérapie ne se justifie que si les troubles névrotiques sont au devant du tableau. Si les difficultés d'apprentissage sont précoces et invalidantes, la psychopédagogie (pédagogie curative selon Debesse) est indiquée. Les psychopédagogues savent, sur ces sujets, mettre en relations la parole porteuse des fantasmes de l'enfant et l'opération mathématique qui en serait affectée. Les résultats peuvent être ici spectaculaires.

Conclusions

La psychopathologie de l'enfant ouvre des débats que ce livre n'a pas la prétention d'avoir soulevés. La question de la psychose, par exemple, aurait mérité d'autres développements, si n'étaient les contraintes éditoriales et le format de ce livre. De même, dans la troisième partie, les différents chapitres concernant les troubles les plus fréquents qui constituent des motifs de consultation, auraient pu être nourris d'autres exemples. Si nous avons choisi cette formule, c'est essentiellement par souci pédagogique, la liberté demeurant à l'étudiant d'approfondir les questions de son choix dans un manuel exhaustif.

Nous avons aussi fait le choix de ne pas traiter des troubles de la latence dans la mesure où ils ouvrent sur la psychopathologie de l'adolescent qui fera l'objet d'un autre volume. Ceci n'est certes pas sans poser problème dans la mesure où le refoulement secondaire de la période de latence est un processus dynamique qui modifiera considérablement le monde interne de l'enfant. Mais nous pensons que la latence a aussi sa spécificité et qu'elle mérite une autre place que celle qui lui serait attribuée dans un travail concernant l'enfant.

BIBLIOGRAPHIE

AJURIAGUERRA (DE) A. MARCELLI D., *Psychopathologie de l'enfant*, Paris, Masson, 1989.

BIRRAUX A., *Éloge de la phobie*, Paris, PUF, 1996.
Les phobies, Paris, PUF, Que sais-je ? 1997.

DIATKINE G., Les obsessions chez l'enfant, *Confrontations psychiatriques,* Spécia Ed, 1981, 20.

DOLTO F., *L'image inconsciente du corps*, Paris, Seuil, 1980.

FREUD S., *La naissance de la psychanalyse*, Paris, PUF, 1973.
Trois essais sur la théorie de la sexualité, Paris, Gallimard, 1991.
Introduction à la psychanalyse, Paris, P.B.P., 1992.
Inhibition, symptôme, angoisse, Paris, PUF, 1993.
La vie sexuelle, Paris, PUF, 1969.
Névrose, psychose et perversion, Paris, PUF, 1973.

FREUD A., *Le traitement psychanalytique des enfants*, Paris, PUF, 1955.
Le normal et le pathologique chez l'enfant, Paris, Gallimard, 1968.
L'enfant dans l'analyse, Paris, Gallimard, 1975.

HOCHMANN J., Cordélia ou le chant des sirènes, In *Autismes de l'enfance*, Monographies de la S.P.P., Paris, PUF, 1994.

KLEIN M., *Le traitement psychanalytique des enfants*, Paris, PUF, 1959.
Envie et gratitude, Paris, Gallimard, 1968.
Essais de psychanalyse, Paris, Payot, 1976.
Psychanalyse d'un enfant, Paris, Sand et Tchou, 1983.

LAPLANCHE J. ET PONTALIS J.B., *Vocabulaire de psychanalyse*, Paris, PUF, 1976.

LEBOVICI S., BRAUNSCHWEIG D., À propos de la névrose infantile, *Psychiatrie de l'enfant*, 1967, 10, (1).

LEBOVICI S., À propos de l'hystérie, *Psych. Enf.*, 1974, 17, (1).
L'expérience de l'analyste chez l'enfant et chez l'adulte devant le modèle de la névrose infantile et de la névrose de transfert, *39e congrès des psychanalystes de langues Romanes*, Paris, PUF, 1979.

MAHLER M., PINE F. BERGMAN, *La naissance psychologique de l'être humain*, Paris, Payot, 1980.

MAHLER M., *Psychose infantile,* Payot, Paris, 1973.

NAGERA H., *Les troubles de la petite enfance,* Paris, PUF, 1969.

SMIRNOFF V., *La psychanalyse de l'enfant*, Paris, PUF, 1968.

TUSTIN FRANCES, *Autisme et psychose de l'enfant*, Paris, Seuil, 1977.

WINNICOTT D.W., *Jeu et réalité*, Paris, Gallimard, 1971.
La consultation thérapeutique de l'enfant, Paris, Gallimard, 1971.
Le bébé et sa mère, Paris, Payot, 1992.
Processus de maturation chez l'enfant, Paris, Payot, n° 245.
De la pédiatrie à la psychanalyse, Paris, Payot, n° 253.

TABLE DES MATIÈRES

LA COLLECTION "PSYCHO"

Ouvrages déjà parus :

- ***L'entretien en clinique***
  sous la direction de Catherine Cyssau
  (345 pages, 120 F)
- ***La psychologie projective en pratique professionnelle***
  sous la direction de Valérie Boucherat-Hue
  (265 pages, 110 F)
- ***Histoire de la psychologie générale***
  Du behaviorisme au cognitivisme
  Claudette Mariné et Christian Escribe
  (200 pages, 110 F)
- ***Psychologie cognitive***
  Bernard Cadet
  (345 pages, 130 F)
- ***Statistique en psychologie***
  Nathalie Rude et Olivier Retel
  (350 pages, 140 F)
- ***Psychiatrie de l'enfant et de l'adolescent***
  Collège National des Universitaires de Psychiatrie
  (350 pages, 130 F)
- ***Psychomotricité : entre théorie et pratique***
  sous la direction de Catherine Potel
  (250 pages, 140 F)
- ***Psychologie sociale***
  sous la direction de Nicolas Roussiau
  (380 pages, 150 F)

À paraître :

- ***Clinique de l'intentionnalité***
  sous la direction de Jacquy Chemouni
- ***Psychopathologie de l'adolescent***
  Pierre Sullivan

Achevé d'imprimer en septembre 2001
sur les presses de la Nouvelle Imprimerie Laballery
58500 Clamecy